本书得到贵州省社会科学院
2019 年度“贵州省哲学社会科学创新工程”创新团队项目
《法学理论与应用研究》（编号：2019CXTD05）资助。

法律人类学论丛

（第6辑）

LEGAL ANTHROPOLOGY
REVIEW

主　编／吴大华

《法律人类学论丛》编委会

序

吴大华
中国人类学民族学研究会副会长
法律人类学专业委员会主任委员

法律人类学是一门运用人类学的理论与方法对法律问题进行解释和研究的学科。它处于法律学与人类学的交汇点，是一门交叉性的分支学科。作为19世纪中后期产生并发展起来的一门边缘学科，法律人类学是传统法学和传统人类学的"扩张"与"互渗"，要求不同文化间相互理解与尊重，对法律进行动态的研究，认同法律多元，认同非国家法律，要求运用国家法律与非国家法律寻求纠纷解决以维护社会秩序。

20世纪90年代以来，西方后现代法学思潮逐渐被引介到中国，这种思潮认为存在多种可供选择和互不等同的概念体系或假设体系，在各自体系里都可以解释世界，因为不存在权威的客观的选择方法；它主张视角的多元性、多样化，倡导一种多元主义的方法论，允许各种法律理解的存在。受此影响，矢志于民族习惯法、民间法调查研究的学者和学术群体日渐增多。正是在这样的背景下，法律人类学在中国逐渐得以传播。经过三十多年的发展，中国的法律人类学研究从无到有，得以蓬勃发展起来。研究的领域从最初的少数民族习惯法拓展到民间法、乡村社会治理等诸多领域。在研究的范式上，从以规则、制度为中心的研究范式逐渐转向了以纠纷、过程为中心的范式，从关注特定条件下法律制度的发展与现状转向了更为关注现实社会中的法律现象和法律问题。总之，近三十年来，中国的法律人类学研究在诸多方面都取得了令人瞩目的成绩。当然，存在的不足与问题也是明显的，例如法律人类学在中国尚未形成明确的学科体系，在理论层面的贡献尚欠缺，有影响力的学术成果之数量仍显不足，专业人才比较分散，尚未形成核心团队，在国际法律人类学界尚缺学术地位。

为了进一步推动中国的法律人类学发展，促进法律人类学研究经验的交流，不断繁荣中国的法律人类学研究，加强对外交流，在中国人类学民族学研究会和国家民委、民政部的支持指导下，国内热心于法律人类学研究的一批学者于 2011 年成立了中国人类学民族学研究会法律人类学专业委员会，并从当年开始每年举办一次法律人类学高级论坛，到 2018 年年底已陆续举办了八期论坛。为了更好地推进法律人类学的研究，法律人类学专业委员会决定出版《法律人类学论丛》（集刊），以此为会刊，作为国内法律人类学研究与交流的学术阵地。《法律人类学论丛》第 1 ~ 5 辑已分别由中央民族大学出版社、民族出版社、社会科学文献出版社于 2013 ~ 2017 年出版发行。

希望《法律人类学论丛》集刊的创办，能够推动以下几方面的工作。

一是进一步推动国内学术界对国外法律人类学理论及研究成果的译介。

二是推动中国法律人类学理论和研究方法的创新。目前国内法律人类学的研究在一定程度上还只是用中国的资料验证西方的理论，中国的法律人类学研究对此应当予以反思，回应中国的时代使命，创造出更为贴切中国现状的理论和方法。

三是促进法律民族志成果的研究。我国有着法律人类学发展的独特而丰富的民族资源，但尚缺乏能与阿尔福雷德·拉德克利夫 - 布朗的《安达曼岛人》、埃文斯·普理查德的《努尔人》等相比肩的法律民族志精品成果。特别是在法律现代化的背景下，我们也同样面临着现代法律文化与我国各民族传统法律文化之间的冲突与调适问题，而法律民族志的研究能够更好地帮助我们认识自身。

四是促进法律人类学研究的视角更多地关注现实社会中的法律现象与法律问题，研究民间的“活法律”如何适应法律现代化和全球化的进程，探讨“活法律”背景下乡村社会、民族地区的治理问题，从而推动我国的法治建设和社会建设。

五是推动法律人类学研究内容的进一步丰富，从民族地区、乡村社会走向汉族地区、城市社会，运用法律人类学的方法研究一切非正式规则甚至是国家法律的运行实践，以寻求社会治理中的“活法”。

愿《法律人类学论丛》在学界同好倾力支持之下，能做出更多有价值的思考和探索。

是为序！

2018 年 12 月 26 日

Preface

Wu Dahua
Vice President of the Society for Research on Chinese Anthropology and Ethnology
Chairman of the Professional Committee of Legal Anthropology

Legal anthropology is a discipline that uses the theory and method of anthropology to explain and study the legal issues. It is in the intersection of law and anthropology and is a branch of cross discipline. As a frontier discipline emerging and developing during the mid 19th century or later, legal anthropology is the expansion and mutual penetration between traditional law and traditional anthropology, calling for the mutual understanding and respect from different cultures. It carries on dynamic study of law, identifies with multiple cultures and national laws, requiring the common application of national laws and informal rules as settlement mechanism of disputes in order to maintain social orders.

Since the 1990s, Post – modern legal ideological trend has been introduced from the west, which claims there are multiple choices and different conceptual systems or hypothesis systems explaining the world existing in their own systems because there exists no an authoritative and objective choosing way. The ideological trend asserts multiplicity and variety of perspective and advocates a kind of methodological theory of pluralism, allowing the existence of various understanding of law. Under these influences, the number of scholars and academic groups committed to the investigation and research of national customary law as well as folk law grows gradually. It is in the background that legal anthropology in China is gradually spread. Through more than 30 years' development, the researches on legal anthropology in China starts from scratch and flourishes. The research fields expand from initial minorities' customary law to folk law, rural social governance and so on. Its Research Paradigm gradually changes from the Paradigm of research on rule and system as its centers to the Paradigm of research on dispute and process as its centers, from valuing the status and development of legal system under specific condition to valuing more legal phenomena and legal problems in real society. In brief, in recent 30 years, legal anthropology in China has made sparking progress in many aspects. Of course, it is obvious that there exists deficiency and problem. For example, definite disciplinary system in legal anthropology in China has not formed, there are no enough theoretical contributions, there are less academic findings in legal anthropology, professionals are comparatively dispersed and key research team has not formed, making it still lack academic position in international Legal anthropology circles.

In order to further promote the development of legal anthropology in China, promote communication in studying experience in legal anthropology, gradually flourish study of legal anthropology in China and intensify communication with the outer theoretical world, Under the guidance and support of the Society for Research on Chinese Anthropology and Ethnology, National Ethnic Affairs Committee and Ministry of Civil Affairs, a group of scholars in China who are enthusiastic about the study of legal anthropology established Professional Committee of Legal Anthropology affiliated to the Society for Research on Chinese Anthropology and Ethnology in 2011 and decided that from that year on it would annually held an advanced forum on Legal Anthropology. By the end of 2018, it has successively held eight – phase forums. In order to better promote the study of legal anthropology, Professional Committee of Legal Anthropology decided to publish *Legal Anthropology Review* (yearly) as academic platform of domestic research and communication of legal anthropology. The first volume, the second volume, the third volume, the fourth volume and the fifth volume of *Legal Anthropology Review* have been respectively published by Minzu University of China Press in 2013, Law Press in 2014 and Social Science Literature Press in 2015, 2016 and 2017.

We established *Legal Anthropology Review* (Journal) with the hope of promoting the following tasks:

One is to urge Chinese academic world to research into overseas legal anthropological theories and translate some of their excellent academic works into Chinese works.

Two is to innovate Chinese legal anthropological creativity of theory and method Presently, at some extent the study in domestic legal anthropology is still to test western theory by Chinese documentary. Aiming at this, we need retrospect and to think into the deep, responding to times' needs and create more reasonable and scientific theories and methods suitable for Chinese social reality.

Three is to promote the study of Legal National histories. In China, there are so abundant and unique national resources for the development of Legal Anthropology, but there are less highly influential great researching works like legal national histories. However, there is a lack of legal ethnography of high quality comparable to these works like *the Andaman Islanders* by Alfred Radcliffe Brown, *Noor* by Evans Pritchard and so on. Especially in the context of legal modernization, we are also faced with the problem of conflict and adjustment between the modern legal culture and the traditional legal culture of our country, while the study of legal ethnography can better help us to understand ourselves.

Four is to promote the research of legal anthropology to pay more attention to legal phenomenon and legal issues in the real society, to study how to adapt to the process of legal modernization and globalization, to explore the governance of rural society and ethnic areas under the background of "living law", thus promoting the rule of law and social construction in our country.

Five is to make the research contents in Legal Anthropology more plentiful from the national regions and rural society to the Han nationality region and urban society, It applies basic anthropological methods to study all informal rules and even operation practice of national laws to seeking for the real "living laws" in the process of social governance.

It is hoped that *Legal Anthropology Review* can make out more valuable thinking and exploration under the studious supports of academic colleagues.

Above is the preface!

December 26th, 2018

目录 Contents

第一篇 研究方法与学科理论探讨

第二篇 民族事务治理法治化研究

第三篇　少数民族习惯法研究

第四篇　民族经济法治研究

第五篇　其他研究

第一篇

研究方法与学科理论探讨

跨学科研究范式的缺陷[*]

——以法律人类学为分析对象

刘顺峰[**]

摘要：法学与人类学的跨学科研究范式对我国法学知识、方法体系的推进做出了重要贡献。然而，该范式所存在的缺陷却未受到学界关注，其主要表现在：从方法论层面来看，强调人类学方法论的价值，忽视法学方法论的作用，诸多分析方法具有适用的场域限制；从知识论层面来看，未对法学与人类学共有的某些法律概念与术语的生成情境予以区别化分析，过于强调知识范围的有限性；从问题意识的场域来看，缺乏对法学与人类学内部"问题束"的分析与提炼，注重法学问题的发现与分析，忽视人类学问题的发现与讨论。克服法律人类学研究范式的缺陷，需要法学界与人类学界一同从方法、知识、问题意识等层面展开深层次的技术合作性研究。

关键词：跨学科　法律人类学　研究范式

近10年来，法学与其他学科的跨学科研究不仅打破了传统法学"法言法语"式的知识生产习惯，而且还对中国法学的格局产生了重大影响。[①] 不容否认，跨学科研究由纯粹的方法论向研究范式迈进的过程中，对法学知识体系的更新与推进所做的贡献。[②] 遗憾的是，学界在不断揭示其知识贡献

---

* 本文系国家社科基金重大项目"文化法治体系的建构"（I4ZDC024）的子课题"文化法治建设的基本理论问题"的阶段性成果。

** 刘顺峰，男，安徽庐江人，湖北民族学院法学院讲师，法学博士。

① "社科法学"以强调运用社会科学跨学科的方法来发现法律制度与社会之间的关系为方法论特质，自其于2000年诞生以来，经过十多年的发展，已然形成了与政法法学、注释法学齐头并进的研究范式之一。有关社科法学在当下中国法学研中的格局，可参见苏力《中国法学研究格局中的社科法学》，《法商研究》2014年第5期。

② 有关法学与人类学的跨学科研究对法学的知识贡献，可参见刘顺峰《理论、方法和问题意识：法律人类学对中国法学的知识贡献》，《江苏社会科学》2017年第2期。

的同时，却忽略了对其缺陷的探究，这对我们整体理解法学与其他学科跨学科研究范式的实质、价值与意义等形成了严重阻碍。职是之故，笔者在本文中拟以法学与人类学的跨学科研究范式——法律人类学研究范式——为分析对象，从方法论、知识论与问题意识三个层面，揭示并分析其存在的缺陷，以期为法学同人更清晰地认识跨学科研究范式的实质及适用其可能带来的误解提供参照。

一　方法论层面的缺陷

20 世纪 90 年代初期，法律人类学由国内人类学家从西方学界引进，而后又被引介至法学界。[①] 法学界早期从事法学与人类学跨学科研究的学者，大多只是借由西方经典时代人类学家创设的方法论体系，调查、搜集、整理与分析民族地区的风俗/习惯，并将之命名为习惯法，[②] 以区别于具有国家强制力保证实施的成文法。习惯法研究打破了“只有国家法才是法”的传统思维局限性，为认识民族地区固有民间规范体系提供了新的视角。不仅如此，由于我国少数民族众多，各个民族地区的自治立法在当时大都还处在不成熟阶段，其也为民族地区习惯法的人类学研究提供了动力。20 世纪 90 年代后期以来，借用人类学的方法论从事少数民族习惯法研究的成果，在国内法学界如雨后春笋般涌现。

然而，搀诸国内法学界借由法律人类学方法从事习惯法/民间法的研究著述，[③] 可以发现两个尤为吊诡的现象：一是对法学与人类学跨学科研究方法的本质存在认识误区，二是对借由法律人类学方法从事习惯法/民间法研究过程存在的缺陷未有客观认识。

---

① 刘顺峰：《建构法律人类学的中国知识体系》，《文汇报》2016 年 3 月 25 日，第 11 版。

② 相关代表性著述，可参见高其才《中国的习惯法初探》，《政治与法律》1993 年第 2 期；周勇《习惯法在中国法律体系中的历史地位》，《上海社会科学院季刊》1991 年第 4 期；梁治平《中国法律史上的民间法——兼论中国古代法律的多元格局》，《中国文化》1997 年第 Z1 期。

③ 笔者此处的分析样本来自中国知网与读秀。通过搜索发现，自 1991 年 1 月至 2016 年 12 月，国内有关习惯法/民间法的研究论文、专著年均 200 篇左右，在研究方法上以法律人类学、法律社会学研究方法为主。

（一）运用人类学方法分析法学问题并不必然等于法学与人类学的跨学科研究

人类学作为一个术语，起源于希腊，[1] 但直到19世纪初叶，其才作为一门学科体系为学界所普遍接受，[2] 受其创设目的与意义影响，人类学先天就被认为一门跨学科的知识体系，[3] 其不仅研究对象具有鲜明的混融性，举凡关涉人类生活、生产、政治、经济、文化等现象的研究都是人类学研究，[4] 而且还有着诸多的研究方法，[5] 如田野调查、文化比较等。

不过，运用人类学的研究方法分析法学问题并不必然等于法律人类学研究。比如，从事刑法规范解释学研究的学者，其在对中国刑法某个条文的缺陷进行研究时，会习惯性地拿西方国家某个与之内容相近的条文——从立法的科学性、法条语义的解释范围、法条适用的社会效果等方面——进行比较，这种横跨不同文化场域的规范比较研究，虽说属于人类学意义上的文化比较的范畴，但其并不是法学与人类学的跨学科研究。

文化比较是人类学的研究方法之一，但并不是人类学特有的研究方法。法学、经济学、历史学等学科诞生的早期都有从事文化比较研究的先例与习惯。比如，公元6世纪，在查士丁尼的《法学总论》中，其提到"每一个国家的市民法是以它使用的国家命名的，如雅典的市民法、罗马人的市民法"，[6] 万民法则是通过对这些不同地区的市民法进行整理、归纳、比较，继而抽象出其同质部分的方式制定的。"文化比较"是法学家们在制定万民法的过程中使用的重要方法。同样，作为中国封建法典代表作的《唐律》，其以"疏议"的方式对每一律条进行立法解释的方式深深地影响了日本、朝鲜、越南等地区的法学家的思维方式，这些国家都纷纷效仿《唐律》制

---

① Paul Bohannan, *Social Anthropology*, Holt, Rinehart and Winston Inc., 1963, p. 2.

② 周大鸣：《关于人类学学科定位的思考》，《广西民族大学学报》（哲学社会科学版）2012年第1期。

③ Josep R. Llobera, "An Invitation to Anthropology: The Structure, Evolution and Cultural Identity of Human Societies," *Berghahn Books*, 2003, p. 1.

④ 王铭铭：《我理解的"人类学"大概是什么?》，《西北民族研究》2011年第1期。

⑤ Thomas Hylland Eriksen, *What is Anthropology*? Pluto Press, 2017, p. 42.

⑥ 〔罗马〕查士丁尼：《法学总论》，张企泰译，商务印书馆，1989，第7页。

定本国的法律。[1] 何勤华的研究表明，日本古代法发展过程中，其学者很早便借由文化比较的方式来编纂、解释日本的法典。如在制定《大宝律》《养老律》中的“特权法”时，日本法学家便借用了《唐律》中的“十恶”与“八议”的内容，并将其改为符合日本文化的“八虐”与“六议”。[2]

相较于其他学科而言，人类学的研究大都集中在部落/原始社会的经济、法律、文化等领域，其需要借用西方文明知识体系的解释学框架来分析、解决部落/原始社会存在的诸多问题，由此，文化比较在人类学学科发展中显得更为特出，然其并不是人类学的方法专利，运用文化比较的方法来从事法学问题的研究，并不是法学的跨学科研究。

（二）法律人类学过于强调人类学方法论的价值，忽略了法学的规范分析方法的作用

众所周知，规范分析方法是法学的经典研究方法，其核心是法律规范的演绎推理。[3] 在当前国内法学的研究实践中，无论是民法、刑法等实体法，还是民诉、刑诉等程序法，揭示立法原则、意义、价值、精神，阐释法律条文含义等被视为标准的法学研究范式，[4] 不过，随着社会生活变化发展与既有法律条文的可解释性之间的矛盾日益突出，法学家需要不断寻求法解释学之外的其他方法来维持法律的稳定性，法律人类学由此便以修复法律条文与社会发展之间“缝隙”（gap）[5] 的角色出现了。法律人类学作为一种研究方法，主要被运用于习惯法/民间法的研究，在该方法指引下，学者们在习惯法/民间法问题分析的过程中，始终秉持多元规范的视角，强调要跳出大传统的国家正式法的框架，借用人类学方法而不是规范法学方法对问题的类型与实质形成更清晰、全面的认识。[6] 法律人类学方法强调人类学方法论的价值，忽略规范法学方法的作用，由此也在习惯法/民间法研究

---

① 王立民：《也论中华法系》，《华东政法学院学报》2001年第5期。

② 何勤华：《中国法学史》（第一卷·修订版），法律出版社，2006，第483~486页。

③ 陈瑞华：《法学研究方法的若干反思》，《中外法学》2015年第1期。

④ 陈瑞华：《论法学研究方法——法学研究的第三条道路》，北京大学出版社，2009，第219页。

⑤ “法律的缝隙理论”（theory of gaps in law）的倡导者可追溯至美国现实主义法学代表人物卡多佐，有关该理论的内容，参见 Benjamin Nathan Cardozo, *The Nature of the Judicial Process*, Yale University Press, 1921, pp. 51 -97。

⑥ 谢晖：《法（律）人类学的视野与困境》，《暨南学报》2013年第2期。

过程中表现得更为明显。

以民族地区司法过程的习惯法/民间法研究为例，研究者会按照由法律人类学早期代表人物马林诺夫斯基（Bronislaw Malinowski）创设的“参与观察”（participant observation）法对民族地区法庭司法过程予以经验主义的观察，在庭审之前，其要努力实现由司法过程中的“他者”（the other）的角色到司法过程的“自我”（self）的角色的转变，在庭审过程中，其会详细、客观地记录当事人有关案件的事实陈述、法官援引的法律条文、裁判的结果等，庭审结束后，其还会探究案发之前一个很长时段里当事人之间的关系形态，并结合案件裁判的合理性，以进一步对该纠纷有无再发的可能性展开预测等。这样一种被习惯法/民间法研究者视为科学的方法，其内部的缺陷尤为明显：由于研究者过于注重人类学方法的运用，将司法过程等同于研究者在特定司法场域搜集、分析客观资料，继而解决认识误区的过程，从而忽略了规范法学分析方法的作用。申言之，在对民族地区司法过程的研究中，除了承认借由“参与观察”获得的经验材料的有效性与重要性之外，对法官所援引的国家法或习惯法/民间法的可适用性展开文义与学理分析同样不可或缺，否则就难以获得“法律规范”在司法实践中作用的客观理解。忽略对国家法或习惯法/民间法规范本身的分析，一直是法律人类学方法论层面的重要缺陷。规范分析是法学学科的方法论特质，从事法学与人类学的跨学科研究不应只凸显人类学的方法论价值，否认或遮蔽规范法学的方法论价值。在法学问题的分析过程中，将人类学方法与法学方法置于同等重要的位置，才能推动法学与人类学在方法论层面的深入融合，继而修复法律人类学方法论内部的缺陷。

（三）法律人类学的某些分析方法并不具有普世性

法律人类学是伴随着西方殖民主义的发展而不断发展的，[①] 受西方历史、社会、文化形态与性质的影响，法律人类学在发展过程中形成的一系列方法论，都有着较为特定的适用场域。然而，在我国当前习惯法/民间法的学术研究中，对西方法律人类学诸多方法的形式主义套用屡见不鲜，其本质上是对法律人类学方法论内部的缺陷未有深刻洞察。于此，笔者以人类学家格

① 张冠梓：《法人类学的理论、方法及其流变》，《国外社会科学》2003 年第 5 期。

拉克曼（Max Gluckman）于20世纪40年代初倡导，而后在西方学术界产生重要学术影响的“情境分析法”（situation analysis）为例，[①] 分析一旦将其不加限定地适用于我国习惯法/民间法的学术研究中可能带来的认识困境。

格拉克曼出生于法律世家，受过系统的法学与人类学知识训练。[②] 1940年，格拉克曼发表了一篇对后世人文社会科学界影响极大的论文，西方学界将其称为“桥文”（bridge paper），[③] 该文最大的贡献便是通过经验主义的观察详细探究了黑人与白人的关系，并提出了“情境分析”的方法论框架。格拉克曼在文中指出，西方文明在非洲地区的殖民实践，并不全然表现为人们所理解的白人对黑人的统治，黑人对白人的服从，同时还表现为一种“黑人与白人的平衡关系”，但是，这种关系的平衡只有在特定的情境中才会表现出来。[④] 情境分析法后来被视为法律人类学的经典方法之一。然而，情境分析法却不能直接作为分析方法，运用于我国习惯法/民间法与国家法关系的研究中，如前所述，格拉克曼创设“情境分析法”，是要将其适用于两种不同文明类型的社会问题分析场域，即部落社会与现代西方文明社会之间的关系场域。我国的习惯法/民间法与国家成文法是同一文明秩序中的两种不同规范体系，其在关系结构中表现出来的冲突与和合始终发生在中华文明的秩序内部。如果不加说明地便将情境分析法用来分析我国习惯法/民间法与国家法的冲突，就会改变习惯法/民间法的规范性质，从而无法对其与国家法关系的实质形成科学认识。此外，由格拉克曼的学生巴恩斯（John Arundel Barnes）、米切尔（James Clyde Mitchell）等倡导的“网络分析法”（network analysis），自20世纪60年代后期成为法律人类学的研究方法后，也同样存在着适用场域与情境的问题。[⑤]

需要注意的是，望文生义地将早期法律人类学家创设的方法论不加思

---

① 有关该方法在西方人类学界、法学界的发展史，可参见刘顺峰《从社会情境分析到扩展案例分析——格拉克曼法律人类学方法论思想研究》，《民族研究》2016年第1期。

② Raymond Firth, Max Gluckman, *Proceedings of the British Academy* 61, 1975.

③ Hugh Macmillan, "Return to the Malungwana Drift - Max Gluckman, the Zulu Nation and the Common Society," *African Affairs*, Vol. 94, No. 374, 1995, p. 41.

④ See Max Gluckman, "Analysis of a Social Situation in Modern Zululand," *Bantu Studies* 14 (1940).

⑤ See John Arundel Barnes, *Politics in a Changing Society: A Political History of Fort Jameson Ngoni*, 2nd ed., Manchester University Press, 1967; See James Clyde Mitchell, *Social Networks in Urban Situations: Analysis of Personal Relationships in Central African Towns*, Manchester University Press, 1969.

考地用于当下我国法学问题的分析过程中，带来的只能是理解困境。法律人类学虽以研究方法的多样性为特征，但并不是说运用了人类学方法从事法学问题分析就是法学与人类学的跨学科研究，那些人文社会科学共有的方法在法学问题分析过程中的运用，不属于法学与其他学科的跨学科范畴。与此同时，在肯定法律人类学方法论的价值时，应对其存在的缺陷有清醒的认识，尤其是对其方法适用的具体场域应有知识发展史视角的理解，注重人类学方法与法学方法的交融，避免将法律人类学方法论等同于人类学方法论。

二 知识论层面的缺陷

法学与人类学虽然学科差异明显，但都以知识生产为推进学科发展的根本方式。近 20 年来，虽说法学与人类学学科间对话与交流的广度、深度有所拓展，[①] 但受两门学科既有知识传统的影响，法学与人类学在融合的过程中，还是不可避免地呈现了一些知识论层面的缺陷。

（一）法律人类学对法学与人类学共有的某些概念与术语的生成情境缺少区别化分析

在法学与人类学的跨学科研究范式中，法学知识与人类学知识如何有机融合，一直是法律人类学发展过程中面临的现实困境。[②] 法律、法庭、权利、义务、所有权等概念与术语被法学家视为法学学科的基础性概念与术语，不过，我们同样会在人类学家借由田野调查书写的法律民族志中看到这些概念与术语。在从事法学与人类学跨学科研究过程中，研究者必须要对这些法律概念与术语在法学、人类学学科中所呈现的意义等同的假象有

---

① 由谢晖教授发起的“全国民间法/民族习惯法学术研讨会”，自 2005 年至今，已连续举办了 13 届，其参会者大都是法学与人类学、社会学等跨学科研究领域的学者。此外，自 2006 年至今，《甘肃政法学院学报》开设《民间法》栏目至今，已吸引了一大批法学与人类学学者就法学问题展开讨论，其都对法学与人类学的跨学科交流与讨论做出了重要贡献。

② See Annelise Riles, “Representing In - between: Law, Anthropology, and the Rhetoric Interdisciplinarity,” *University of Illinois Law Review* 3 (1994).

清晰的认识。以“权利”（right）为例，早在罗马法里，我们无法看到相关表述，直到中世纪，神法学家阿奎那才将其定义为“一种正当要求”，[①] 此后，自然法学家从天赋人权的视角，对权利展开了自然法意义上的解释，并创设“义务”一词，以与权利对应。可以说，法学意义上的“权利”一词，是在资产阶级反对神权的情境中创设的，其核心要义是表达个体的人的要求的实现，与对方满足个人的要求密切相连。在人类学家的法律民族志中，我们看到其有关权利的含义，则完全不同。20 世纪 40 年代早期，人类学家格拉克曼刚到赞比亚的巴罗策洛兹部落从事田野调查时便发现，在巴罗策部落社会，人们用“*swanelo*”一词表达英文的“right”（权利）。然而，经过对巴罗策洛兹部落司法过程的长期参与观察后，其发现了一个尤为怪异的现象：在部落社会的司法实践中，“*swanelo*”不仅被法官与当事人拿来表示个体要求的满足，还被拿来表示国王/立法者的特权，甚至还被拿来表示个人的义务。比如，一个洛兹人可能会在法庭上说“*litunga unani swanelo yakung manaka atou*”（洛兹语，国王有权力拿去大象的长牙），但也会说“*litunga unani swanelo yakukutiseza muzumi linaka lelilin'wi*”（洛兹语，国王有义务把大象的长牙还给猎人）。[②] 再比如，英文的“法律”（law），虽然有关其概念含义的表述诸多，[③] 但法学家们还是普遍承认其核心要义是“一套由国家制定与认可的由权利与义务组成的规则体系”，然而，人类学家哈特兰（E. Sidney Hartland）与巴顿（R. F. Barton）的研究则表明，在部落社会，法律的核心要义是习惯和禁忌，[④] 其之所以被部落成员认可，来源于部落成员对法律的内心认同。

法学家与人类学家对同一法律概念与术语予以不同的解释，其根本原因在于这些概念与术语在不同学科中有着不同的生成情境。在法学家看来，法律概念与术语在很大程度上与利维坦（Leviathan）这个巨型“怪兽”的诞生密切相关，“利维坦”不仅是人们让渡个体权利的产物，也是人们履行

---

① 张文显：《权利与人权》，法律出版社，2011，第 10 页。

② Max Gluckman, *The Judicial Process among the Barotse of North Rhodesia*, 2nd ed. (Manchester: Manchester University Press, 1967), p. 166.

③ Max Gluckman, *Politics, Law and Ritual in Tribal Society*, Basil Blackwell, 1965, p. 178.

④ E. Sidney Hartland, *Primitive Law*, Methuen & Co. Ltd., 1924, p. 5; R. F. Barton, *Ifugao Law*, University of California Press, 1919, p. 11.

义务的最后保障。但在人类学家看来，有关法律的概念、术语与国家之间没有必然的联系，部落社会与国家形成的方式、组织的结构原则不同，法律的概念与术语诞生于部落公民实践生活的需要。由于大多数部落社会并不存在西方社会那样一套成熟的文字表述系统，社会秩序的实践理性又要求人们对法律概念与术语做超越西方社会纯粹法律文本意义上的阐释，法律概念与术语被深刻地烙上了部落社会原始文明的印记。[①]

法律人类学在发展过程中，一直忽略对法学与人类学共有的法律概念与术语的生成情境展开比较分析，从而表现为“需要表达成文法意义上的法律概念与术语的意义时，就采用法学的解释范式”，“需要超越于国家法意义上的法律概念与术语的意义时，就采用人类学的解释范式”，这也犹如研究者在分析一个法学问题时，分析过程运用的是马克思的唯物主义观，结论的证成却运用了黑格尔的唯心主义观。殊不知，这两种哲学观在生成情境方面的不同，并由此产生的矛盾认识。法学与人类学的跨学科发展，应避免法学与人类学知识机械主义合并的倾向，在知识交融的深度上不断探究，让法学界与人类学界共同分享并认可法律人类学知识生产的成果。

（二）法律人类学受早期人类学家有关知识范围的认识影响，过于强调知识范围的有限性

揆诸法学的早期发展史可以发现，在罗马城市生活的基础上，产生了市民法，[②] 其创设初衷是为罗马市民提供一套调整其内部法律关系的规范体系，不久，万民法、自然法又相继被创设出来，此后，法学家有关法学知识的探究，不断超越地域限制，他们相信并为创设一套为世界公民所普遍使用的共同的法学知识体系而不断努力着，这种努力在中世纪后期自然法思想家的著述中表现得尤为明显。在自然法学家看来，世界是统一的，人类有共同的本性与规律，那么，人类的法律就应该是共同的。[③] 这种意在创

---

① 20 世纪 50 年代中期，格拉克曼与博安南（Paul Bohannan）有关“部落社会的法律概念与术语可否用现代文明社会的法律概念与术语来表达”产生的争论，其实质也凸显了法学与人类学在跨学科融合过程中面临的知识论困境。参见刘顺峰《法律人类学知识传统的建构——格拉克曼对法律概念与术语本体论问题的探究》，《民族研究》2017 年第 1 期。

② 徐国栋：《市民社会与市民法——民法的调整对象研究》，《法学研究》1994 年第 4 期。

③ 严存生：《自然法、万民法、世界法——西方法律全球化观念的历史渊源探寻》，《现代法学》2003 年第 4 期。

设一套具有普世性适用价值的法律规范的尝试，直到当下，对法学的知识生产还有着一定的影响。[①]

相较于法学家对知识范围的探究所表现出的不懈努力与积极乐观，人类学家对法学知识范围的探究始终采取的是审慎的态度。现代法律人类学在英国诞生之初，[②] 虽说有少数学者对法学知识较为熟悉，但大多都未接受过系统的法学知识训练，他们选择小型社会为研究对象，除了满足实践意义上的殖民主义需要之外，理论意义上则是为了弥补法学家在此领域的知识生产空白。他们普遍认为，知识是有范围的，法学知识同样如此，创设一套适用于世界范围的法学知识体系实在是个不切实际的想法。法律人类学是人类学的分支学科，人类学是一门科学，[③] 其要求知识生产的准确性与严谨性，因此，法律人类学仅仅是关于部落社会或小型社会法律问题的知识，其不适用于有关文明社会或大型社会的问题解决场域。[④]

虽说有不少法律人类学家曾尝试过将法律人类学的知识生产范围拓展至跨国贸易、移民问题、国际条约等领域，[⑤] 但至今还是无法改变法律人类学是有关部落社会/小型社会法律知识的传统印象。

值得注意的是，近些年来，在谢晖、吴大华、张冠梓、张晓辉、徐晓光等法学家的积极推动下，法律人类学在法学界的认可度逐渐提升，法律人类学的知识生产开始慢慢由民族习惯法/民间法领域拓展至法治秩序的建构方式、法官的司法技术、法庭的运行规律等新领域。不过，法律人类学

① 法学界经常讨论的“法律移植”的可行性问题，其核心便是“法律知识是否具有普世性?”据笔者的有限阅读经验来看，国内学者有关于此问题的态度，肯定者远远大于否定者。有关该问题的详细讨论，可参见王晨光《法律移植与转型中国的法制发展》，《比较法研究》2012年第3期；高鸿钧：《文化与法律移植：理论之争与范式重构》，《环球法律评论》2008年第5期。

② 学界普遍认为，现代法律人类学的诞生以马林诺夫斯基发表的《野蛮社会的犯罪与习俗》（Bronislaw Malinowski, *Crime and Custom in Savage Society*, Kegan Paul, Trench, Trubner & Co., Ltd., 1926.）为标志，参见 James M. Donovan, *Legal Anthropology: An Introduction*, Altamira Press, 2008, p. xiii。

③ 〔美〕科塔克：《文化人类学》，徐雨村译，巨流图书股份有限公司，2009，第20页。

④ 博安南是法律人类学发展过程中，强调知识相对性的重要代表人物。在其看来，部落社会的知识与文明社会的知识存在本质差别，文明社会的知识生产应使用文明社会的基本概念与术语，部落社会的知识生产应该用部落社会的传统语言及概念，二者不可互换。See Paul Bohannan, *Justice and Judgment Among the Tiv*, Oxford University Press, 1957.

⑤ See Sally Folk Moore, “Certainties Undone: Fifty Turbulent Years of Legal Anthropology, 1949 - 1999,” *The Journal of the Royal Anthropological Institute*, Vol. 7, No. 1, 2001.

那种注重对人类学问题展开法学叙事及个案研究的知识生产方式，一时间还难以改变。若要改变传统法律人类学对生产范围的限定，需要的不仅是学科意义上的形式主义融合，还需要有代表性的经典著作问世。

三 问题意识层面的缺陷

不难发现，法学知识与人类学知识的差异性尤为明显，以“问题意识”为中心，似乎可以遮蔽法学与人类学学科间知识的差异。然而，“问题意识”作为跨学科研究得以展开的重要“媒介”，其在跨学科研究过程中呈现的问题却未受到学界的关注，对“问题意识”本身的问题进行探究，有助于厘清法学与人类学跨学科研究过程中“问题意识”的实质与缺陷。

（一）法律人类学缺乏对法学与人类学内部问题束的分析与提炼

由于法学家与人类学家不同的知识先见与使命，被意识到的同一问题在各自学科内会衍生出不同的问题束，法律人类学研究对如何归纳、分析这些“问题束”，进而提炼出法学与人类学共同关注且互不矛盾的问题，还一直未有关注。

当前，社会治理、纠纷解决、族群关系等都是我国法学家与人类学家共同关注的问题。以社会治理问题为例，法学家在讨论该问题时，关注的核心是治理的方式，即法治如何发挥其在解决社会治理问题中的重要作用，法治相较于其他治理方式，如人治、德治等所具有的优越性等。人类学家在讨论该问题时，关注的核心是治理的对象，即治理社会这个群体，与治理一个简单的、没有政府/权威机构的小型部落存在哪些不同？治理小型部落的经验是否对于治理社会具有可借鉴性等。由此，不难看出，受法学家与人类学家不同的知识先见影响，同样的问题，在其学科谱系中会衍生出不同的问题束。

社会治理问题在法学知识内部衍生出的问题束可能有“法治在社会治理中的必要性”“法治在社会治理中的可行性”“法治在社会治理中的具体作用方式”等，在人类学知识内部衍生出的问题束可能有“治理社会的方式有哪些?”“治理社会与治理部落的经验比较”“文化及社会成员的关系结构在治理社会中的价值”等。从社会治理这一问题在法学与人类学知识体系内部衍生出的不同问题束中可以看出，人类学家在讨论社会治理问题时，只是将法治作为社会治理的方式之一，文化治理、社会成员的结构关系治理同样不可或缺，其知识使命是勾勒治理社会与治理部落的差异，探究如何实现对社会治理的总体方式。循沿此一使命，其解决问题的大致路径是：首先，揭示治理方式的类型；其次，探讨如何在不同的治理实践中选择不同的治理方式；再次，分析小型部落治理方式的参照价值；最后，勾勒出社会治理的总体性方式等。与人类学家的知识使命不同，法学家在面对社会治理的问题束时，则会将法治的治理方式贯穿问题思考、讨论与解决的核心位置，其所循沿着的问题处理路径由此也大致是：首先，分析法治相较于其他治理方式而言，在社会治理中为什么有着优先适用性；其次，对法治在社会治理中的成功范例展开个案分析；最后，探究如何将法治作为一种优先的治理方式推广到不同类型的社会治理中。

从如上法学与人类学面对社会治理这一问题时，产生的不同问题束，再到对这些不同问题束的不同阐释、处理进路，可以发现，一旦从事法学与人类学的跨学科研究，研究者必然会面临一个尤为矛盾的困境：法治作为社会治理方式的作用与意义究竟如何。法律人类学要解决这个困境，不只是将这些问题束收集起来逐一回答，而是要将这些问题束与研究目的连接起来，对相互矛盾着的问题束进行情境化的处理，然而，这对研究者法学与人类学的知识水平、同一问题在不同学科内性质的判断及冲突着的问题束之间的“最大公约数”的发现技术等有着极高要求，其是突破当前法律人类学“混乱的”问题意识的困境的重要前提。

我国法学与人类学的跨学科研究，虽说一直强调以“问题”为中心，带着问题意识来研究问题，但在面对问题时，法律人类学并未就其在法学、人类学学科内部可能产生的问题束进行归纳与梳理，并在此基础上提炼出法学与人类学同时关注且并不矛盾的问题点，这种对于问题意识的粗线条处理，显然不利于法学与人类学跨学科研究的深入推进。

（二）注重法学问题的分析，忽略人类学问题的分析

有学者认为，法律人类学的历史可追溯至孟德斯鸠提出的“相对主义

法律观”。[①] 不同时空背景下的法律文化究竟有否同质性，曾长期被从事法学与人类学跨学科研究的学者视为最重要的问题，[②] 有关于此，笔者以为，其原因可能有二：一是在学科意识还不曾形成的早期，从事人类学研究的不少学者，如孟德斯鸠、摩尔根、梅因等都出身法学，受过较好的法学知识训练，[③] 他们认为，对诸多法学问题的认识与讨论应跨越不同的时间与空间，文化则恰好可以涵括时间与空间中的一切，因此，法律文化的比较研究是法学与人类学跨学科研究的首选；二是“法律文化比较”需要社会这一载体，法律人类学的文化比较是不同社会类型中的异质文化比较，这也是诸如孟德斯鸠等早期学者为何反对法律文化具有可移植性的理论前提。

或许是受到早期法律人类学家对法学问题偏爱的影响，又或许是受到法律人类学是以人类学学科的方法论视角阐释法学问题的思维传统影响，法律人类学在其发展过程中，一直偏重于法学问题的发现。在马林诺夫斯基的经典法律人类学著作《野蛮社会的犯罪与习俗》中，贯穿全文的核心问题是“原始人究竟是出于什么动机来遵守法律的”；[④] 在巴顿（R. F. Barton）的《伊富高法》中，其探究的核心问题是“伊富高的法律渊源有哪些，其是以何种形式表现出来的”；[⑤] 在格拉克曼的《北罗得西亚巴罗策部落社会的司法过程》中，贯穿其全文的核心问题是“部落社会的法律文明与西方文明社会的法律文明究竟有无同质性”。[⑥] 如果说，马林诺夫斯基、巴顿与格拉克曼都是人类学家，其在从事法律人类学知识生产的过程中，侧重于运用人类学视角来分析法学问题，凸显的是法学问题人类学叙事的进路的话，那么，由人类学家霍贝尔与法学家卢埃林合著的《晒廷方式：原始法中的冲突与案例法》，关注的同样也是法学问题的发现与解决。在该书中，两位

---

① 张冠梓：《多向度的法：与当代法律人类学家对话》，法律出版社，2012，第2～5页。

② 赵旭东：《法律与文化：法律人类学研究与中国经验》，北京大学出版社，2011，第24～29页。

③ 明辉：《穿行于法律与人类学之间——西方法律人类学的历史、现状及趋势》，《比较法研究》2008年第4期。

④ Bronislaw Malinowski, *Crime and Custom in Savage Society*, Kegan Paul, Trench, Trubner & Co., Ltd., 1926.

⑤ R. F. Barton, *Ifugao Law*, University of California Press, 1919.

⑥ Max Gluckman, *The Judicial Process among the Barotse of North Rhodesia*, 2nd ed., Manchester University Press, 1967.

作者想要厘清的根本问题是“原始社会法的分析方式究竟是什么”。[①]

与法律人类学在其发展过程中，一直关注法学问题的发现与讨论不同，对人类学问题的忽视始终未能引起法律人类学家的关注。文明社会也好，部落社会也罢，其社会结构的基本功能、族群关系的表现方式、人与自然的关系等问题，都可以借由法学知识来思考、讨论，只是，相关著述在学界尚不多见。

法律人类学之所以侧重于法学问题的发现与讨论，除了上述历史缘由外，还有一个更为现实的原因：法律人类学研究“原始/部落社会”，随着现代化进程的展开，那些“原始/部落社会”正在不断消失，对那些正在不断消失的社会展开法律问题研究，不仅具有历史意义上的文化保护作用，同时对呈现一个国家法律文明的多样性与丰富性也有重要意义。

弥补法律人类学在问题意识场域存在的缺陷，不仅需要研究者从法学与人类学视角分别提炼出同一问题在不同学科内部可能衍生出的不同问题束，进而对这些问题束展开综合分析，还应注意，不能只将法学问题的发现与讨论作为其问题意识的核心，同时也应关注人类学问题的法学阐释，发现人类学问题，用法学知识与方法去解决人类学问题，真正体现法学与人类学的跨学科研究特质。

结　语

当前我国法学与人类学的跨学科研究范式，正在不断地由理论法学向部门法学领域拓展，就在我们不断肯定其对法学知识与方法体系的建构所具有的价值与作用的同时，还应清楚地看到其内在的缺陷。如何对这些缺陷进行修补，需要的不是形式意义上的加大法学与人类学的融合力度及在研究过程中注意两门学科的知识与方法互渗的口号，而是对两门学科融合的必要性、可行性展开技术层面的深入探究。

如果说，一百多年前，霍姆斯（Oliver Wendell Holmes）大法官的那句“如果你的专业是法学，那么，你就有了一条通往人类学的康庄大道”[②] 是

① K. N. Llewellyn & E. Adamson Hoebel, *The Cheyenne Way: Conflict and Case Law in Primitive Jurisprudence*, University of Oklahoma Press, 1941.

② 石泰峰:《跨越文明的误区——现代西方法律人类学》，山西高校联合出版社，1995，第 1 页。

在告诉我们，法学先天就与人类学密不可分。那么，格拉克曼的那句“法律概念与术语是一系列命题，其必须要被放入社会人类学的某个问题的实践分析中予以讨论”,[①] 则提醒我们，法学知识与人类学知识是共同在有关社会问题的思考与探究中创造的。然而，困境恰恰在于，法学与人类学在面对同样的社会问题时，却可以衍生出不同的问题束，在对这些问题束进行梳理、分析的过程中，如何摆脱专业学科训练带来的知识先见，真正提炼出法学与人类学共同关注且互不矛盾的问题，并对这些问题做跨学科分析，是法律人类学迈向成熟范式的必经之路。未来，我们应更加注意对包括法律人类学在内的跨学科研究范式缺陷的发现与修补，以为法学知识与方法体系的建构不断贡献力量。

---

① Max Gluckman, “Concepts in the Comparative Study of Tribal Law,” in Laura Nader ed. , *Law in Culture and Society*, University of California Press, 1997, p. 373.

我国民族法治文明建设中普通公民主体参与的探析

和　跃*

摘要： 民族法治文明建设是当前我国社会主义现代化建设的一项重要战略任务，是构建社会主义核心价值观的前提与基础。为了使民族法治文明建设取得实效，我们需要一切社会力量的参与，其中普通公民是我国民族法治文明建设的主体。只有普通公民切实有效地发挥了主体参与的作用，我国的民族法治文明建设才能不断取得进步。

关键词： 民族法治文明　普通公民　主体参与

前　言

人类历史的发展经历了原始文明、农耕文明、工业文明之后，今天进入了民族法治文明的新时期。随着民族法治文明的兴起成为一股不可逆转的世界潮流，这是中国共产党在全面建设小康社会的基础上，对建设中国特色社会主义事业提出的新的更高的要求，是对中国特色社会主义理论体系的丰富和发展，必将在中国特色社会主义建设中产生重大而深远的影响。

民族法治文明建设是一项全面系统的工程，需要多角度、多层次和多层面的展开，需要全社会的共同参与。从普通公民的视角出发，在明确普通公民是我国民族法治文明建设的主体的基础上，从理论和实践上积极探索，努力推动普通公民在民族法治文明建设中积极有效地发挥主体参与的作用，对当代中国的民族法治文明建设具有重大理论意义和实践意义。

---

*　和跃，男，云南丽江人，云南师范大学教授、博士，民盟云南省委海创支部委员会主委。

一　现实的诠释：普通公民主体参与的实现——基于马克思主义主体性理论的分析

主体性问题是哲学认识论中的一个至关重要的问题，也关涉对人之存在的终极价值关怀。主体性思想发源于古希腊哲学，从其发展的历程来看，不论是近代的理性主义，还是现当代的非理性主义、主体间性、主体性的消解和重构，对主体性的探讨终究只是局限于解释世界，而对于改变世界则收效甚微。而建立于实践基础之上的马克思主义主体性理论，超越了诸种传统的主体性理论，从而具有了新的丰富的科学内涵。目前学界已从多个方面对马克思主义主体性理论进行了研究和论述，取得了相应的研究成果。一般认为，马克思主义主体性理论应该从实践主体、社会主体和价值主体三个方面来把握。

1. 实践主体

马克思主义认为，实践是人类能动地改造世界的客观物质性活动。首先，在实践当中，客观世界是作用的对象，人是作用于客观世界的主体。离开了人的实践活动，抽象的主体在实际上是不存在的。主体的作用和地位只有在实践中才能得以体现和确认。其次，人的实践活动，不同于动物的本能活动，是一种能动的、有意识的、创造性的改造世界的活动。对此，马克思曾说过："动物只是按照它所属的那个种的尺度和需要来构造，而人却懂得按照任何一个种的尺度来进行生产，并且懂得处处都把固有的尺度运用于对象。"①

2. 社会主体

马克思主义认为，不仅要从个体的角度来理解主体，也需要从一定的群体的角度来考察主体。人既是现实的、单个的社会存在物，"同样，人也是总体，是观念的总体，是被思考和被感知的社会的自为的主体存在"。作为社会的人，人不仅体现为个体主体，更体现为社会成员共同组成的社会主体，体现为人民群众。社会历史的发展演变总体而言，就是一定的群体（人民群众）的认识活动和实践活动及其产物的演进过程。这正是毛泽东所明确指出的："人民，只有人民，才是创造世界历史的动力。"②

---

① 马克思、恩格斯：《马克思恩格斯全集》（第 42 卷），人民出版社，1982，第 97 页。

② 毛泽东：《毛泽东选集》（第 3 卷），人民出版社，1991，第 1031 页。

3. **价值主体**

人作为主体，不仅是把自身作为自己的工具和手段，更是把自己作为自身的目的。这就是马克思所说的："每个人是手段同时又是目的。"[①] 作为目的来说，人就需要不断满足自身各种各样的物质和精神的需要，最终实现自身的价值。主体创造的全部历史，归根结底是为了人自身的存在和发展，是为了不断满足人多层次和多方面的需要。因此，个人和人类能动地改造世界的过程，实质上就是为了满足个人和人类生存和发展需要的过程。另外，主体要完成一定的实践活动，就必须具备相应的科学的知识、思想和理论。知识、思想和理论都是对客观存在的主观反映，属于意识的范畴。从辩证唯物主义的观点来看，意识对物质有能动作用。意识的能动作用主要是通过指导人们的实践活动来实现的。一种意识发挥作用的程度和范围，与它被人民群众掌握的深度和广度密切联系。而科学的知识、思想和理论并不是人与生俱来的，不能从人民群众内部自发的产生，需要从外部获得。

综上所述，一方面，人的主体性只有在具体的实践活动中才能展现出来。人的实践活动的根本目的是满足人本身生存和发展的需要，是作为人的价值与意义的实现。而人只有其需要不断得到满足，其价值得以真正地实现，才能作为主体而存在，才能有效地发挥其主体作用。另一方面，人作为主体只有具备了相应的科学的知识、思想和理论，并在其指导下，才能顺利地进行相关的实践活动。

从民族法治文明建设来看，民族法治文明建设既需要普通公民卓有成效地主动参与相关决策的制定，也需要普通公民养成民族法治文明的行为习惯。然而，当前我国民族法治文明建设的现状却突出地表现为：随着民族法治文明的思想和理念不断深入人心，普通公民一方面积极呼吁改善民族法治环境；另一方面，在行为方式上却明显表现为强调自我保护和依赖政府，知多行少，知行脱节，主体参与严重不足。究其实质，这一问题就是，法律制度上对于普通公民参与民族法治文明建设的相关权利的需要没有得到具体的满足与较好的体现和普通公民民族法治文明意识的淡薄，使得普通公民的主体性作用未得到充分有效发挥。为此，充分有效地发挥普通公民的主体性作用就成为普通公民积极主动参与民族法治文明建设的关键。

---

① 马克思、恩格斯：《马克思恩格斯全集》（第 46 卷），人民出版社，1982，第 196 页。

二 未来的展望：我国生态文明建设中普通公民主体参与实现的思考

为加快构建社会主义核心价值观，实现全面建设小康社会的奋斗目标，必须把民族法治文明建设摆在重要的战略位置。但建设民族法治文明是一个艰巨和长期的过程，仅仅靠政府是远远不够的，需要全社会每一个普通公民的共同参与。因此，在民族法治文明建设中，要切实有效地发挥普通公民主体参与的作用。首先，要从立法上明确和确认普通公民参与民族法治文明建设的具体的系统的权利，这是普通公民主体参与得以实现的前提和基础；其次，参与机制的构建要立足于普通公民的实际，确保参与的实效性；最后，普通公民要具备较高的民族法治文明的意识，在此基础上，在日常的生产和生活中养成民族法治文明的行为习惯。具体而言，在民族法治文明建设当中，要有效地发挥普通公民主体参与的作用，首先要加强和完善普通公民参与民族法治的相关立法，使普通公民的参与权在法律实体和法律程序上得到明确的和具体的确认。只有普通公民获得了受法律保护的相应的权利，用法律从外部对普通公民的行为进行规范和指导，从而主动自觉地做出有利于民族法治文明建设的行为选择。民族法治文明建设是利国利民的重大战略举措，要保证我国民族法治文明建设中普通公民主体参与的实现，需要密切结合中国的现实，立足普通公民的实际，从参与信息的公开、参与方式的多样和参与结果的反馈三个方面来不断完善参与机制。

1. 参与信息的公开

信息对普通公民开放的程度，从某种意义上说决定了普通公民主体参与的广度和深度，最终将会对所制定的政策是否符合社会的需要带来深刻的影响。因此，在现代社会当中，政府应该积极采取各种方式向普通公民发布有关生态文明建设的相关信息，满足普通公民的知情权，而普通公民只有获得了真实有效的信息后，才能明确知道参与什么和怎样参与，这是促使和保证普通公民主体参与的先决条件。第一，政府相关部门应主动利用各种媒体，发布和公告民族法治文明的相关信息、知识和法律制度。当前，根据调查，普通公民一般通过电视、报刊和因特网等获得民族法治文明的相关信息、知识和法律制度。相关的媒体也应该勇于肩负传播的重任，认真负责，形式多样，使普通公民能够通过相关的媒体获得真实的、充分的民族法治文明的相关信息、知识和法律制度。第二，政府相关部门应该真正做到凡涉及普通公民权益的民族法治文明建设的信息及时向社会公开。小到污染和破坏的投诉和维权的电话和网站，大到某一新项目的论证和听证的内容与程序，都应该通过相关媒体进行公告。第三，政府相关部门在信息公开和发布中要充分考虑普通公民的实际。传播不仅仅是传送，而且还是接受与反应。根据传播学的观点，主体对信息的接受程度常常受到其知识结构、理解能力和情绪状态的影响，因此，政府相关部门要尽量使用通俗易懂的语言，易于接受的方式来发布和公告相关信息，便于普通公民的接受和理解。参与信息的充分公开可以增进普通公民与政府之间的信任合作关系，从而消除由于信息不对称所带来的参与率低和参与实效性的不足，最终有利于民族法治文明建设的有效实施。

2. 参与方式的多样

普通公民参与民族法治文明建设是通过一定的方式得以具体体现的。参与方式的单一则会在一定程度上对普通公民参与民族法治文明建设带来制约性影响，而参与方式的不断多样化则在相当程度上丰富了普通公民参与的手段和渠道。因此，政府需要尽快完善相关的政策和措施，有效运用多种方式，促进普通公民积极参与到民族法治文明建设之中。第一，政府相关部门要进一步完善相关的参与方式。目前，我国普通公民参与民族法治文明建设主要以信访和上访、参加听证会和座谈会、参与建议征集和社会调查等方式进行。这些参与方式都在推动普通公民参与民族法治文明建设方面发挥了积极的作用。但是，由于方法简单、利益因素作祟和操作性不强的原因，这些方式有时使用起来显得非常僵硬，有时或成了装饰性的形式主义，从而导致普通公民参与的面不够广、参与的积极性不高，甚至出现不愿参与的情况。因此，进一步完善这些参与方式就成为当前及今后的一个重要问题。第二，政府相关部门要重视网络化参与方式的建设。当前，随着科学技术的迅猛发展，因特网已经深入到了人们社会生活的每一个角落。运用现代网络技术可以方便、广泛和快捷地向普通公民征求意见和建议，提高决策的效率和质量。因此，加强网络化参与方式的建设也成为目前政府所面临的一项重要任务。因此，在民族法治文明建设当中，民间法治宣传组织积极作用的发挥至关重要，不可或缺。参与方式的多样既为普通公民个体，也为民间法治宣传组织提供了发挥主体参与作用的渠道和途径，对民族法治文明建设相关决策的制定和实施起到了积极的促进和推动作用。

3. **参与结果的反馈**

普通公民参与民族法治文明建设要注重实效，即对普通公民的意见和建议是否给予了应有的重视和采纳，应该对普通公民进行相应的结果反馈，才能使普通公民真实地感知自己是否得到了应有尊重，自己的努力是否得到了重视和承认，这对于增强普通公民参与的积极性，真正发挥主体参与的作用将会造成深远的影响。因此，政府要高度重视普通公民的意见和建议，充分利用各种渠道及时向普通公民反馈参与的结果，与普通公民形成互动和对话。第一，政府相关部门的工作人员要高度重视和科学分析处理普通公民的意见和建议。首先，普通公民参与民族法治文明建设具体是以通过制度性安排的渠道提出相关的意见和建议的形式体现出来，发挥普通公民的能动性和创造性，尊重普通公民的主体地位，实质上就是重视普通公民所提出的相关的意见和建议。其次，对于普通公民通过网络和微博以嬉笑怒骂的方式，甚至是以恶搞的方式所提出的意见和建议，也应该受到应有的关注。这部分普通民众并非拒绝和抵制民族法治文明建设，而是以一种独特的方式来表达自己的意见和建议。因此，宽容和包容差异有利于构建和谐与团结，“只有我主动地关怀他者（外在于我自己的）个性特征的发展，我们共同的目标才能实现”。最后，相关的工作人员应该认真收集和整理普通公民的意见和建议，并对之进行科学的分析，采纳合理的意见和建议。因此，要使普通公民发挥主体参与的作用，就要认真对待普通公民的意见和建议，对合理成分积极予以吸收和采纳。第二，政府相关部门要通过各种渠道及时向普通公民反馈参与的结果。对参与结果的及时反馈能增强普通公民参与的积极性，如不能对参与结果进行及时的反馈或不反馈，长此以往，将会使普通公民认为这样的活动仅仅只是形式，对这样的活动的参与变现为冷漠或不参与，从而严重影响普通公民参与的积极性。因此，政府相关部门应该要通过各种媒体，例如电视、报刊和因特网，及时对普通公民所提出的意见和建议做出解释和公示，使普通公民清楚地知道自己的努力和能力得到了认可，从而使普通公民愿意参与和乐于参与民族法治文明建设。参与结果的反馈使普通公民能够更好地树立主体意识，在民族法治文明建设中发挥越来越大的主体参与的作用。

三　民族法治文明意识的提高是普通公民主体参与实现的内在要求

民族法治文明建设是一项全面系统的工程，涉及的内容非常广泛，一切有利于人与自然和谐和社会和谐的理论层面的探索和实践层面的努力都属于民族法治文明建设的范畴。众所周知，思想是行动的先导，观念决定成败，根据马克思主义经典著作中的观点，价值、思想、观念和知识等都属于意识的范畴。意识对客观物质世界具有能动的反作用，能够通过思想和理论指导人的实践活动。对此毛泽东同志明确指出："人们的社会存在，决定人们的思想。而代表先进阶级的正确思想，一旦被群众掌握，就会变成改造社会，改造世界的物质力量。"① 基于此，在民族法治文明建设中，普通公民首先要弄清楚民族法治文明建设的价值、思想、观点和知识等，然后在其指导下进行科学的实践活动。

民族法治文明意识是指人们为了谋求和实现人与自然的和谐相处，而形成的指导民族法治文明建设的基本立场、思想观念和理论知识。具体地说，包括人与自然的平等意识、民族法治忧患意识、保护意识、生态责任意识和生态道德意识等方面的内容。究其实质，民族法治文明意识是人类个体价值观的一个部分，它将直接影响人类法治习惯的形成和法治行为的选择。实践证明，普通公民民族法治文明意识的觉醒和提高是民族法治文明建设的基础。只有民族法治文明意识觉醒了和提高了，普通公民才有可能有意识地保护民族法治环境，主动放弃对民族法治环境造成破坏的行为习惯，最终实现人与自然、人与社会的和谐发展。同时，民族法治意识对普通公民来说，并非天生就具备，而是通过了解和学习来获得，民族法治文明意识的提高也如此。因此，第一，从宏观层面来看，国家和政府需要大力宣传和普及民族法治文明建设的重大意义、民族法治文明建设的方针政策、民族法治文明的基本信息和知识、民族法治文明建设的相关法律和制度等，让普通公民进一步了解民族法治文明建设的重要战略意义，了解国家民族法治文明建设的法律、制度、方针和政策，坚定建设民族法治文

① 《毛泽东文集》第八卷，人民出版社，1999，第320页。

明的信心和决心。第二，从中观层面来看，各级地方政府要积极响应国家的号召，搞好民族法治文明建设的具体的宣传普及工作。例如组织宣讲团和社会学术团体深入乡镇、街道、村、社区等基层单位具体开展民族法治文明基础理论知识的宣讲。第三，从微观层面来看，各类民间法治宣传组织，包括政府部门发起成立的民间法治宣传组织、民间自发组成的法治宣传组织、学生法治宣传组织和社团，应该积极地带头投身于民族法治文明建设的宣传普及和具体实践之中。通过这样的方式，在社会中逐渐形成关心民族法治环境和重视民族法治文明建设的文化氛围，普通公民在这种文化氛围的影响和塑造之下，把民族法治文明建设的规范和要求，内化为个体的认知结构、心理结构和道德情感，使个体内心之中形成道德的约束，严格自律，从而养成民族法治文明的行为习惯。

四　结语

今天，民族法治环境的重要性已日益凸显，民族法治环境问题已成为世界各国共同关注的中心问题。作为一个发展中的社会主义国家，我国也面临着制约社会经济可持续发展的民族法治环境问题。因此，建设民族法治文明，实现经济建设与生态环境等可持续发展，实现人与自然和谐共生，就成为一项长期和艰巨的任务，需要几代人共同不懈的努力才能实现。

新形势下民族乡法治建设研究的法理学思考*

张　帆　吴大华**

摘要： 具有民族特点的基层政权形式之一的民族乡，是促进新型民族关系形成和发展的“助推器”。随着我国依法治国战略的推进，区域法治发展进程中的民族乡法治建设逐步成为专家学者关注的重要话题。鉴于此，本文在关注国内外民族乡法治发展研究领域的同时，借助本体论诠释、价值论诉求、方法论思维三个维度对民族乡法治建设研究的逻辑架构进行理性分析，将有利于民族乡法治建设基本理论体系的构建。

关键词： 民族乡　法治建设　本体论诠释　价值论诉求　方法论思维

引　言

新形势下，随着市场经济的发展和少数民族区域城镇化加剧，民族区域发展中存在的各种影响正常社会秩序的问题均已成为各级政府决策的核心问题之一，其中民族乡法治建设是否健全，直接影响到如何构建民族法治理论体系和民族法治治理体系的现代化进程。所以在“区域法治发展的新时期做好民族乡各项基层事务工作，首要的任务是加快民族乡的法治建设”。① 从我国民族乡建设的历史与现实来看，民族乡法治建设离不开民族

---

* 该文系吴大华主持国家社科基金重大招标项目“建设社会主义民族法治体系、维护民族大团结研究”（课题批准号：14ZDC025）阶段性成果。

** 张帆，男，四川通江人，贵州民族大学法学院教授、法学博士；吴大华，男，湖南新晃人，贵州省社会科学院院长、二级研究员、法学博士、博士生导师。

① 陈永亮：《加快有关民族乡的法制建设进程》，《中国民族报理论周刊·前沿》（第6版）2014年1月17日。

政策、民族经济、民族文化、民族观念和民族历史等因素的影响，同时还需要民族风俗、民族人口、民族资源、民族制度和现代化信息等因素的共同作用。因此，民族乡法治建设的健全程度对于促进区域法治化建设，具有不可替代的基础性作用。

从民族乡的核心问题出发，将民族乡的概念、[①] 民族乡的法治建设内涵、民族乡法治建设理论基础等本体论问题作为逻辑起点，进而对民族乡法治建设的价值依归、功能定位等价值论问题进行思考，并在此基础上探寻有利于民族乡法治建设的方法论思维。通过对这些问题的分析，本文试图构建起民族乡法治建设基本理论和民族法治治理理论体系研究的逻辑框架。

一　语境：民族乡法治建设研究的现实情结

通过对区域法治发展研究领域的关注，我们发现在民族学或民族法学领域中民族乡法治建设是重要的研究内容，同时在散杂居少数民族法律制度研究中也是被关注的焦点。新形势下结合区域法治发展实际，在民族法学领域，学术界对民族乡的法治化建设进行系统的研究还很少，这与该论题的重要性很不相称。因此，笔者将注意力主要放置于民族乡法治建设的逻辑建构上。以期能够借此提高研究领域以及实务机构的关注度，为促进民族乡法治进程出谋划策。可见，民族乡法治建设是当前我国积极推进区域法治建设的可行之策。

（一）有利于民族区域自治体制的补充

我国现行宪法第30条明确规定：“县、自治县分为乡、民族乡、镇”，

① 这里“民族乡与一般乡”的区别：一是创建主体有所差别。一般乡与民族乡的创建主体分别为汉族、超过1~2或2~3个少数民族，这些地区的总人口一般很少，民族乡主要是民族的聚集地带；二是设立的目的不同，一般乡是基于一级政权的组织原则而建的，民族乡则以维护少数民族的切身权益为创建目的；三是具体的行政手段有所不同，对于民族乡而言，其乡长的工作由少数民族承担，而政府组织内的工作人员则优先考虑少数民族，该乡可通用自己的文字与语言；四是法律地位有所差别，按照法律的相关规定，在地区自治方面，民族乡拥有着更多的自主权；五是受到的扶持不同，较普通乡镇而言，国家与政府对民族乡的扶持力度较大，如在税收、金融、基础设施建设、财政等方面均有具体体现。

“自治区、自治州、自治县都是民族自治地方”。[①] 这说明我国在自治区、自治州与自治县内均推行民族自治体制。从中可知，民族乡并不是民族自治体制的实行对象。同时宪法还规定，为了切实保障自治权，民族自治区域内可以设立自治机关。很明显，民族乡并不拥有此项权利，所以民族乡并不属于民族自治的区域。民族自治体制与民族乡之间既有相同点，又有不同点，二者的共同之处在于，它们都是以处理民族问题为发展目标的；二者的不同之处在于，它们所处理的民族问题的种类与范围均不尽相同。[①]对于具备民族自治条件的地区而言，其有权推行民族自治体制，并组建相应的自治组织，实现自治；而对于尚不具备民族自治条件、人口与区域面积均不达标的民族集聚地区，民族乡的建立可有效确保自治权，它属于乡级的行政组织。可见，民族乡即为民族区域自治体制的重要形式补充。

（二）有利于完善民族乡法治治理体系

现阶段，宪法在民族乡法治化治理体系中占据基础性地位，国务院构建民族乡的指导意见、民族乡的行政工作条例与各省市的地方性法规为其提供了有力的支撑。但随着社会主义市场经济的转型，部分条款已经不适应当前社会的发展，缺乏可操作性，需要修改和完善。一些有利于民族乡发展的政策缺乏稳定性，没有通过法律的形式确定下来。

通过对民族乡问题的考察与研究，笔者认为根据民族乡的实际，适当修改《民族乡行政工作条例》，结合该条例尽快制定专门的民族乡法，如此便能有效保障该地区少数民族的切身利益。当然，民族乡法治治理体系除了现存条款外，还需要充分结合该区域本土化的“软法”资源。关于这一点，学者姜明安教授认为，除了倡导性的法律条款，以及没有明确法律责任的法律条款之外，“软法”资源中还应该包括社会团体、行业协会和群众自治组织等社会主体，他们在规范其本身的组织和活动的章程、原则，以及执政党和参政党在规范本党的组织及其活动，规范党员自身行为的章程和原则等中发挥重要作用。[②] 这也表明在促进民族乡自治方面，“软法”有着不可或缺的作用。

---

① 引自《中华人民共和国宪法》，法律出版社，2017，第 2 页。

② 罗豪才、宋功德：《软法亦法——公共治理呼唤软法之治》，法律出版社，2009，第 36 页。

（三）民族法治建设的重要组成部分

我国少数民族基本形成了“大杂居、小聚居”的分布状态。倘若我们忽视了这些“大杂居、小聚居”社会领域的法治建设，那么我国的法治建设就会出现一块巨大的空白地带。询其理由，一方面，民族乡区域的法治建设，在时间维度上同非民族地区呈不同步发展的趋向；另一方面，在空间维度上，多元文化背景使民族乡区域法治建设的地方性和自主权更为突出，从而形成法律多元的局面。更为重要的是，在我国法治现代化的建设过程中，民族乡区域法治建设处于特殊的地位，因为它是在多元文化背景下进行的社会法治化治理，同时还将丰富我国民族法制建设的理论内容以指导实践，是我国民族区域加快发展、缩小差距、实现现代化的基本保证。随着我们对“民族乡法治建设”问题的不断探索，我国民族法治建设的作用也日益凸显。

（四）有利于民族间的团结与进步

1847 年 11 月，为了纪念 1830 年波兰起义十七周年，马克思在英国伦敦举行的国际大会上讲道：“要使各民族真正的达到团结，他们就必须能够获得大家彼此能够感同身受的共同利益。”① 这蕴含着法治建设能为民族乡区域少数民族的切身权益提供有效保障。李维汉曾认为：“工人阶级（无产阶级）是能够实现各民族平等联合的唯一领导力量，全世界工人阶级的联合和团结，是各民族平等联合的核心。任何其他阶级都不能成为这样的领导力量和核心。”这表明在文化、经济与政治等方面，民族乡中的少数民族想要获得平等的合法权益与诸多帮扶，只有用法律手段来保障民族乡群众的各项权利，才能更好、更有效地解决民族问题，使少数民族群众能安居乐业。较之民族自治法推行的区域，民族乡内少数民族的经济发展程度不高，且具有较强的传统性。

现阶段，我国有少数民族聚居的地方，即使已经达到了国家精准扶贫的要求，可经济基础仍然非常薄弱，返贫的可能性较大。因此，无论何时民族乡区域经济社会的发展都离不开法律的保障，加快民族区域的科学立

① 《马克思恩格斯全集》（第 4 卷），人民出版社，1964，第 409 页。

法进程，构建完备的社会治理法治化体系，其最终目的是保障少数民族经济的健康发展，以促进各民族大团结。

二　本体论诠释：民族乡法治建设的研究基础

古代哲学中，本体论又称作“本根论”，学者夏锦文教授在《区域法治发展的法理学思考》一文中认为：“一般而言，在一个理论体系中，本体论的地位始终居于该理论的逻辑起点，它要探究的主题是一定的社会现象赖以存在的根基。”[①] 民族乡法治建设的本体研究概不例外。它涵盖了民族乡法治建设的概念内涵、必要性、发展机制等根本性的理论问题。

（一）民族乡法治建设概念内涵

从社会系统的“整体性”和“区域性”出发，民族乡法治建设是一项艰巨的系统工程。宏观上的法治发展着眼于区域社会大系统的“整体性”概念，是经济、政治、文化、社会建设等各方面的整体法治建设；微观上的民族乡法治建设着眼于社会大系统中的“区域性”概念，[②] 即为社会子系统的良性运行，是经济、政治、文化、社会建设等方面的区域性法治建设。这就体现为民族乡法治建设系统是整个国家法治建设系统的一个子系统。而子系统除与大系统具有共同的特征、属性、层次外，还有自身的“特殊性”。[③] 倘若在区域法治建设系统中，只强调“一般”而忽视“特殊”，就会严重影响这些地区社会的正常发展。

可见，我们理想的法治建设系统不能仅仅局限在“大系统”中。因此，

---

① 夏锦文：《区域法治发展的法理学思考》，《南京师大学报》（社会科学版）2014 年第 4 期。

② 在当代中国，“区域”不仅意味着以地理因素为基础的空间结构，更重要的是以经济、政治、社会、文化、历史等因素作为基础的社会结构。它是融合了跨行政区域的特定经济区域、社会区域和文化区域三种主要形态的空间地域单元的集合体，也是基于特定行政辖区的空间地域单元，这两个纵向和横向价值指向的空间地域结构结合在一起，便是法学意义上完整的“区域”概念。引自张文显《变革时代区域法治发展的基本共识》，载《变革时代的区域法治发展》，法律出版社，2014，第 3 页。

③ 这里的“特殊性”主要表现在：第一，地理位置的邻边性和边缘性；第二，经济上的滞后性和边际性；第三，生态上的多样性和脆弱性；第四，资源上的丰富性与潜在性；第五，文化上的多元化和地域性；第六，宗教上的多样性和复杂性；第七，社会发展的特殊性。

考究民族乡的政治、经济、法治、文化、社会、环境等这一“小系统”各领域的新特点、新趋势，架构民族乡法治体系的基本框架，无疑是不可或缺的理论和实践问题。基于该种意义，“民族乡法治建设”概念内涵应该界定为“主权国家通过‘法的主治’而形成的，具有良好社会秩序的少数民族区域，具有共同民族语言、共同民族信仰特征的社会群落，该群落包含民族地方立法、执法、守法、法律监督和法治理念培育等诸多要素，这些要素能共同实现法的价值和法的功能定位所组成的法的综合体”。[①] 而在新的历史条件下就“民族乡法治建设”的概念内涵，我们认为应该是“民族区域的各项措施和政策通过法的形式确定下来，加快民族乡法律治理体系的制定和落实，以切实维护少数民族的合法权益”。[②] 从这个意义上讲，“民族乡法治建设”这一概念内涵被赋予了新时代的理论意蕴和实际价值取向。

（二）民族乡法治建设的必要性

正如西方学者哈耶克所言：“只有依据累积性发展的框架和在此框架内，人的理性才能得到发展并成功的发挥作用。”[③] 这说明法律法规、社会制度、风俗习惯、文化、道德和社会思潮等社会现象都是以一种渐进性（累积性）的发展方式渐趋形成。因此，我国民族乡法治建设正好符合法治发展道路的渐趋性（累积性）演进规律，民族乡的法治建设应当以“区域性的规则共治”[④] 理念为研究基础。

与民族自治法推行的区域相比较，民族乡区域内少数民族的经济发展程度不高，传统性占据主要地位。据不完全统计，我国现在有民族乡 1100 多个，其中尚未脱贫的还有一定比例，这些民族乡大多分布在我国的西北

---

① 丁同民、李宏伟等：《法治区域构建论——中原经济区法治建设研究》，黑龙江人民出版社，2011，第 39 页。

② 李鸣：《民族乡法制化进程研究》，水利水电出版社，2012，第 21 页。

③ 〔英〕哈耶克：《自由秩序原理》上册，邓正来译，三联书店，1997，第 65 页。

④ 这里“区域性的规则共治”，可以理解为：在我国，具体区域化的规则共治模式的逐步建立才能满足整体法治实践，形成不同经济生活区域的共治秩序，实现整个社会层面的秩序转换。当然，这必须要充分考虑到中国的国情，要符合当代中国法治建设与发展的精神。参见魏小强、宫宝芝《中国法治建设——理念、方法及实践》，江苏大学出版社，2008，第 87 页。

与西南领域，即使有些地方的少数民族已经达到了当前提出的精准扶贫的基本要求，但这些地域经济基础仍然非常薄弱，返贫的可能性较大。这种经济水平是与社会秩序的渐进式变迁相呼应的，这说明：无论何时经济社会的发展都是与法治保障分不开的。因此，必须加快民族乡的法治化建设进程，结合地方完备的法律治理体系，使现代化程度不同的民族区域形成各自不同的法治化治理模式，这必将有利于民族区域的民族乡推行法治建设做出有益的抉择。

（三）民族乡法治建设的动力发展机制

西南政法大学付子堂教授认为形成地方法治现象的内在动力，主要有“国家试错理论”和“地方竞争理论”。[①] 这里的地方“试错”是国家推进与实现法治建设的基本策略，地方法治发展进程中的地方间的竞争是地方法治建设的内在动力源泉。这种内在动力比较适用于区域法治发展，当然就民族乡法治建设而言也同样适用。通过对民族乡法治建设与实践的情况分析，我们有必要把握和吸收法治现代化研究领域中的“内在动力”的阶段性成果。

除上述“内在动力”外，还要借鉴和吸收区域经济学领域中关于经济发展的“动力机制”研究成果。因为当前民族乡法治建设的核心问题就是动力机制的逆转，这与国家直接推进的整体法治建设的预设思路有极大的差异。国家是以地方或区域法治建设为中心，通过这个中心媒介逐步推进整体法治国家建设。但由于存在动力机制的逆转，民族乡的法治建设特别需要动力机制的社会导向。因此，民族乡法治建设应该建立“社会本位”的评估评价机制，而不是完全依靠上级对下级的考核。这就是我国当前民族乡法治建设所积极推进和发展的第三方评估评价机制，通过公众和社会组织的参与，通过民意测评与社会评估机制来衡量民族乡法治建设的绩效。另外，在现代社会，尽管多元权力主体并存，但法治也逐步成了各方妥协

① 两种理论取向：一是国家试错理论，以中央为视角探讨地方法治的兴起及建构逻辑，地方“试错”是国家推进与实现法治建设的基本策略；二是地方竞争理论，以地方为视角探讨地方法治的兴起及建构逻辑，地方之间的竞争是地方法治发展的动力源泉。引自付子堂、张善根《地方法治实践的动力机制及其反思》，《浙江大学学报》（人文社会科学版）2016年第4期。

与合作的必然选择。多元主体的合作治理已经逐步取代原有的政府中心主义，在社会自治中非政府组织开始扮演治理社会的重要角色，并成为推动法治发展的“民间治理”[①] 的动力源泉。

三　价值诉求：民族乡法治建设的研究核心

针对民族乡法治建设的价值论研究，我们需要一定的社会主体结合民族乡的自然环境、经济基础、意识传统、民俗习惯等因素，以理论和实践中的“问题”为对象，用民族式的体验、风格和话语，对这一领域的社会发展现象和法治意识形态做出评价、选择和对价值取向进行分析。逐步理解民族乡法治建设的内在价值定位与价值选择、外在价值取向与价值追求，同时我们还要认真思考基层区域的法治建设所蕴含的时代法治化治理精神。

（一）民族乡法治建设的内在价值

价值这个普遍的概念，是一定社会物质生产关系的产物，但又离不开一定历史条件下主客体范畴。[②] 作为客体性质的民族乡法治建设也同样蕴含平等、公平、正义、效率、健康、权利、秩序、自由等各种内在价值形态。当然，在研究民族乡法治建设的内在价值形态时，我们必须要处理好“国家整体主义”（大系统）和“地方中心主义”（小系统）的关系。因为“国家整体主义”（大系统）无法正确地解释和解决民族区域的地方法与国家整体法的冲突，而“地方中心主义”（小系统）则过于强调民族乡法治建设的区域性，往往会忽略国家法治建设的整体性。为此，我们应该关注民族乡法治建设内在价值中存在的“一般性”与“特殊性”、“传统性”与“现代性”、“整体性”与“自主性”的辩证关系等。

1.“一般性”与“特殊性”的关系

民族乡法治建设与发展的内在价值应该重点投放在更能体现区域法治

① 作为“民间治理”与“政府治理”的二元互动使法治得以实现，西方社会法治秩序生成的主要动力来自民间，政府的作用受到了极大的限制。引自孔令秋《俄罗斯法治发展的“民间治理”动力机制研究》，《黑龙江省政法管理干部学院学报》2015 年第 1 期。

② 《马克思恩格斯全集》（第 19 卷），人民出版社，1963，第 406 页。

发展的特性方面，如本土法治发展与域外法治发展两方面的价值关联。由此我们认为，区域法治自身内在的价值主要体现为区域法治特殊性、自主性和个别性。就国家整体法治建设而言，民族乡法治建设着眼于社会“大系统”中的区域性，即为社会子系统的良性运行，是涵盖经济、政治、文化和社会建设等方面的区域性法治化建设，这就体现为民族乡法治建设系统是整个国家法治建设系统的一个“子系统”。而子系统除与大系统除具有共同的特征、属性、层次外，还有自身的“特殊性”。倘若在民族乡法治建设系统中，只强调“一般”而忽视“特殊”，就将会严重影响民族乡法治建设的正常进行。

2. **“传统性”与“现代性”的关系**

我们对中国当代语境中民族乡法治建设的解释和研究，集中表现为国家整体主义法治建设能在中国现实民族区域法治建设实践中推进，同时主要着眼于民族乡法治建设理论与实践诠释的“视界”方面。首先，这体现了中国传统法制建设“视界”与现实法治建设实践“视界”之间的积淀和流转、承继和扬弃的“视界融合”①，这里的“视界融合”的传统性与开放性使得我们对民族区域法治建设与发展进行解释和关注，这种解释和关注在现实与传统的交互碰撞中不断表现为一个与时俱进的过程；其次，它同样体现了具有开放、动态和现实嬗递的视界与保守、静态和传统法制建设及发展“视界”相互作用的“视界融合”。可见，我们研究民族乡现实法治建设问题的路径就是将法治建设过程理解为与理解者视野之间的和更具有开放性特征的“视界融合”。

3. **“整体性”与“自主性”的关系**

区域法治建设必须满足“整体性”与“自主性”两个特性，在法治生成的土壤中，离开“整体性”的区域，这种法治的发展就会缺乏生存的根基。在民族区域民族乡法治建设与发展进程中，法治生成的条件是在“整体性”中寻求“自主性”，否则无法谈及法治的生成逻辑构建。如在民族乡法治建设的每个具体环节中，都得以国家整体性法治建设为指导，只有这样，才能获得完整建设的地方性特质。同时，现代区域性法治建设的时代

① 该词是解释学术语。即理解者对对象理解的视界同历史上已有的视界相接触，形成了两个视界的交融为一。

灵魂就是寻求自主性，结合地方实际，使地方性法治建设充满生机与活力。具体而言，民族乡法治建设的自主性研究领域包括结合民族乡经济发展实际的政治建设法治化、经济建设法治化、科技建设法治化和文化建设法治化等方面。

（二）民族乡法治建设的外在价值

区域法治发展的价值重在关注对社会发展的价值，亦即它能正确处理与社会发展、稳定与和谐之间的效用与满足的关系。民族乡法治建设的外在价值同样体现在对区域社会发展的价值关注，对该民族区域内各种利益关系的平衡与协调。学者张敏杰曾在《利益关系的调整与和谐社会的构建》一文中认为社会关系之所以不和谐，深层次的根本原因是利益的失衡。鉴于我国正处于深化改革与发展的关键时期，要缓和民族乡域内的经济、政治、文化、科技等领域爆发的利益冲突，只有依靠民族乡的法治建设来保障。

同时，可持续发展[①]不仅要民族乡域内的政治与经济、文化与资源、人口与环境等各因素协调发展，还要与民族乡之间协调、民族乡与城镇间协调、民族乡内部间的整体与局部的统一与协调、该法治建设在时间与空间上相协调等。为了达到协调的目的，我们应该主要采用法治手段并辅之以道德手段，通过民族乡法治建设与发展，使区域可持续发展战略得以有效实施，逐步实现民族乡法治建设所追求的外在价值取向与内在价值追求的合一。

四　方法论思维：民族乡法治建设的研究手段

“方法论”是知识借以产生、发展的思维过程体系。没有思维过程体系，社会学就比无根据的猜测强不了多少。[②] 美国社会学家波普诺的观点蕴含着我们如何对民族乡法治建设进程中存在的诸多社会问题采取何种立场和观点，并运用恰当的方法（手段）做出必要性研究。

---

① 这里的“可持续发展”可以理解为作为一种全新的发展观，要求在调整和转变经济增长方式和社会生活方式的同时，使经济、社会、资源和生态环境等达到持续良性的发展。

② 〔美〕戴维·波普诺：《社会学》，刘云德等译，辽宁人民出版社，1987，第48页。

（一）普通意义的研究思维

从结构上讲，方法论是一个多层次的体系，与一定的社会条件紧密关联。对此，我们认为对民族乡法治建设存在的问题进行研究，可以采取的普遍方法有：文献研究方法、历史研究的方法、哲理思辨的方法、比较研究法和规范研究等。

第一，文献研究法。针对有关民族乡的文献和调查资料做了大量的参考和借鉴，从共性中寻找个性，以民族乡的特殊性为背景，并基于对民族理论与政策的深入分析，制定出推动民族乡法制建设进程的有效方略。第二，历史的方法。强调结合该民族乡的发展历程，历史发展中存在什么样的法律制度或民间习俗，或历史上有值得人们记忆的历史人物对该民族区域在社会治理方面提出过什么学说的起源等来发现其内在法治精神，认为法律就像该民族区域的语言、风俗以及道德等具有很强的民族性，具备历史的传统特征与对现代社会有延续意义的旺盛生命力。第三，哲理思辨的方法。以传统思辨哲学或法哲学理论为基础，强调抽象的价值分析①在民族乡法治建设与发展研究中的重要性，目的是考究一定的法律原则、法律制度和法律规则。第四，比较的方法。这种方法强调对不同国家或法系的民族乡法治建设与发展在法律体系、法律制度所涉及的民族乡法治建设内容、结构、概念等要素的比较考究，从而指出法律的共通性以及差异性等，目的是相互借鉴。

（二）特殊意义的研究思维

民族乡法治建设特殊意义的研究思维重在样本分析，即专家学者在法学研究领域所做的对已有材料或调研资料进行的整理与分析。该研究思维主要包括社会实证研究法、个案研究法、材料整理与分析法和法律社会学研究法等。

对样本的分析实质上是以民族乡法治建设与发展的基础理论为逻辑起点，同时涵盖民族乡落实《民族区域自治法》以及遵循民族区域的地方立法、执法、司法、守法和法律监督等法治运转规律。如学者吴大华教授曾

① 这里的“价值分析”包括价值认知、价值评价与价值选择等内容。

以西部大开发法治保障为研究视角，借助西部大开发实际，结合文本资料进行实地考究，提出了应当积极开展区域法治建设研究的理论与实践。[①] 文正邦教授、付子堂教授等曾以西部大开发的法治建设研究和探索为切入点，对我国区域法治建设的研究提出了独到的理论建构。[②] 还有学者结合“生态型法治”案例、“程序型法治”案例、“大数据型法治”案例、“民生型法治”案例等进行了深入研究。这表明当前专家学者对国家法治建设视角下的区域法治建设试验已经做了个性化的分析。又如中央民族大学学者宋才发教授采用了社会实证分析的方法。研究者实地走访了一个或几个有样本型的民族区域，获取研究所需的客观、真实材料，把实证研究和理论分析进行有机结合。基于对民族区域法治建设的细致研究，尽力找到其中存在的法律问题，进而制定出相应的可行方案以健全其法律法规治理体系，为其社会的发展奠定坚实的法律基础，对实在法的构成要素也做了逻辑意义的分析，作为法律社会学的研究方法。[③] 法律社会学在对确定调研的民族乡区域法治建设进程中出现的法律现象进行研究时，所采取的技术性方法，有民族乡法治建设的社会统计分析方法、民族乡法治建设的社会调查方法、民族乡法治建设的社会实验方法和民族乡法治建设的田野调查方法等。再如，个案分析方法，为展现省、市、县各级政府在法治建设方面所取得的成就所采取的方法，如对毕节市法治政府建设的解析、对贵州省贵阳市花溪区社会治理法治化建设的评述、对贵州省检察院阳光检务的阐释等。结合经验进行分析，以区域经济协调发展与区域法治建设的相互关联性为视角，为我们深入研究民族乡法治建设进程中存在的法律问题提供了思维平台。

结　语

法治中国建设路径选择的新时代进程中的区域法治建设，密切关注民族乡良好的法治环境具有时代价值。探索民族乡法治建设与发展的道路，

---

① 吴大华：《西部大开发的法律保障》，民族出版社，2001，第 10 页。

② 文正邦、付子堂：《区域法治建构论——西部开发法治研究》，法律出版社，2006，第 3 页。

③ 这种方法指出了社会学的研究方法在学科运用中的特别意义，因为不同的方法论思维可以为法律社会学研究提供理论思考。

有着特殊的历史使命，尽管我们在民族乡法治建设的理论与实践道路上会遇到很多困难，但只要我们竭力营造并立足于良好的区域法治环境，民族乡法治建设定会走向社会治理能力现代化。

然而，通过关注民族乡法治建设与发展的研究领域，我们发现：我国民族乡的法治建设内容却体现出了明显的形式法治特征，不同版本但内容几乎相同的法治建设纲要、各个区域法治发展规划及法治建设与发展的评估考核机制仍漂浮于社会之上，难以通过民族乡法治建设切实解决该领域所面临的难题。尽管各地遇到了不相同的社会问题，但在基层社会中，尤其在民族乡等领域存在的民生问题、社会治理难题及经济社会发展问题等已经成为基层领域乃至国家的发展瓶颈，民族乡法治建设的内容却没有对此进行实质性回应。[①] 鉴于此，笔者认为，从理论意义上讲，在我国散杂居少数民族中，作为重要组成部分的民族乡少数民族正处于民族互动的认同前沿，他们与主流社会的关系以及他们的权益，如受教育权、机会均等权、环境资源收益权、就业歧视和基层社会保障权等，应该获得法律保护是当前推进民族事务的难点，同时也是民族法学和民族学学术研究领域的突破点。从实践意义上讲，民族乡是在我国现有国情下由民族成分和民族分布特点构成的，是党和政府在处理民族问题的过程中逐步形成和渐趋完善的综合体。因此，我们提倡制定适合于民族区域自治地方和非自治地方的专门法案，目的是共同促进民族乡少数民族各项事业持续稳定和健康发展。

---

① 付子堂、张善根：《地方法治实践的动力机制及其反思》，《浙江大学学报》（人文社会科学版）2016 年第 4 期。

多元文化主义视野下的民族认同与国家认同

朱　俊*

摘要： 当前，多元文化主义在理论和实践上均遭非难，它促进了民族认同，却导致国家认同的弱化。但实际上，无论是从理论上还是实践上看，多元文化主义都是在“多元一体”的格局中倡导多元化与平等，既主张民族认同，又强调国家认同，在一个国家的前提下展开。英、法等国的多元文化主义政策的失败，其问题的根源并不在多元文化主义，而是这些国家的政府并未真正认识该国的不平等现状，也并未制定出合适的多元文化主义政策。各国的多元文化主义政策因国情不同而不同，但这些政策的目标均指向强化国家认同与民族认同。

关键词： 多元文化主义　国家认同　民族认同

一　引言

多元文化主义遭遇了困境。在理论上，王希认为，多元文化主义没有完全解决“一元”与“多元”的关系问题，导致对群体权利的过度关注，在族群间加固“篱笆”，强化族群的自主、自足以及防范意识，不利于族群融合。[①] 换言之，多元文化主义对国家认同造成了困扰。周典恩认为，从民主政治角度看，主张族群政治虽然有利于政治参与，但人为扩大了族群的分裂和对立。[②] 即“选举已成为族群问题的放大镜，候选人提出选举议题以吸引选民时，族群问题是大家都关心且很容易赢得选票的议题，因而它成

* 朱俊，男，四川自贡人，重庆大学法学院教师、法学博士。

① 王希：《多元文化主义的起源、实践与局限性》，《美国研究》2000 年第 2 期。

② 周典恩：《台湾族群政治的特征分析》，《贵州民族研究》2013 年第 5 期。

为候选人的必选议题。经过选举议题的发酵，原本不是问题的族群仇恨成为问题，原本是小问题的族群纠纷被放大，无形中加剧了族群的分裂”。[①] 概言之，多元文化主义强化了民族认同，但导致了国家认同的弱化。从实践上看，德国民众自2011年来的排外情绪持续高涨，德国总理默克尔承认德国构建多元文化主义社会的努力彻底失败。2011年2月，法国、英国和荷兰也相继承认本国的多元文化主义政策失败。[②] 它表明，多元文化主义在这些国家的实践不是强化而是弱化了国家认同。但问题是，多元文化主义就真的只强化民族认同而弱化国家认同，从而导致了社会撕裂与民族分裂活动吗？本文对此略有质疑，拟从多元文化主义理论与政策实践两方面来澄清多元文化主义对国家认同的努力。但在行文之前，需对有关术语进行说明。

二　多元文化主义、民族认同、国家认同概念

多元文化主义最早可追溯至20世纪美国哲学家霍勒斯·卡伦在1915年提出的“文化多元”概念以及1924年的“文化多元主义”概念，该概念试图说明美国内部移民和主体民族之间的关系。[③] 随着20世纪五六十年代美国民权运动等的兴起，学术界对“文化多元主义”进行了再思考，在此基础上产生了“多元文化主义”概念。[④] 此外，亦有“差异的政治”“身份政治”“承认的政治”等术语，虽然这些术语在内涵上有细微差异，但在根本观念上却是类似的。[⑤] 经过多年的发展，多元文化主义已有多重含义，但主要可从三个层面予以界定：人口、意识形态、政策。在人口方面，一个多元文化主义社会是由共同生活在特定地理环境中的多种族群文化团体组成；在意识形态方面，多元文化主义是普遍的政治、宗教精神气质，其中可能含有宗教宽容和相互尊重，以及允许族群文化团体传承族内文化的规范性，但并非意味着意识形态的多样化和文化群体间的和谐共存；在政策方面，

---

① 朱俊：《族群平等的多元文化主义路径分析》，《民族研究》2014年第6期。

② 陈天林：《欧洲移民社会冲突中的多元文化主义困境》，《社会主义研究》2012年第1期。

③ 钱皓：《美国民族理论考释》，《世界民族》2003年第2期。

④ 王希：《多元文化主义的起源、实践与局限性》，《美国研究》2000年第2期。

⑤ 〔加〕金里卡：《当代政治哲学》，刘莘译，三联书店，2004，第585页。

政府在立法、执法中体现政治管理的多样性以及群体间和谐氛围的程度。① 它有多元化和平等两个重要特征。从多元化角度看，多元文化主义承认并尊重人口与文化的多元，维护并支持文化多样性。从平等方面看，多元文化主义在承认社会多元化的基础上促进文化群体间在历史补偿的基础上相互尊重和理解，以建构一个立基于众多亚文化及其群体的国家文化、共同社会。②

既然多元文化主义有多重含义，那么它必然会有很多内部差异。常士訚将之四分为激进多元文化主义、自由多元文化主义、社群主义多元文化主义和保守多元文化主义。③ 但实际上，保守多元文化主义就其观点而言，是反对而非主张多元文化主义，因而这里不赞成它是多元文化主义的一个分支。④ 激进多元文化主义的代表人物玛丽·杨认为，普遍主义的公民理想和观念建立在优势族群自我认同的基础上，他们有意无意地把自己基于特定经验与文化的价值取向普遍化、中立化，造成"文化上的帝国主义"。⑤ 激进多元文化主义主张，"承认少数群体的文化身份和多数文化具有相同的意义和地位，珍惜多元文化并存的现实，将它视为国家的共同资产和力量，并根据差异原则和少数群体的文化特点区别对待，赋予少数群体以更多的文化权利，使他们能够有效参与国家的政治经济生活，同时也能发展和享用自己的文化传统"。⑥ 这是希望通过差异公民身份去矫正自由主义的普遍主义公民观所造成的不公正，从而实现少数群体与多数群体的真正平等。自由多元文化主义在坚持自由主义的个人主义的同时，重视群体文化对实

① Chan – Hoong Leong & James H. Liu, "Whither Multiculturalism? Global Identities at a Cross – road," *International Journal of Intercultural Relations*, Vol. 37, No. 6, 2013.

② 朱俊：《族群平等的多元文化主义路径分析》，《民族研究》2014 年第 6 期。

③ 常士訚：《异中求和——当代西方多元文化主义政治思想研究》，人民出版社，2009，第 233 ~ 424 页。

④ 根据周少青在《多元文化主义视阈下的少数民族权利问题》，《民族研究》2012 年第 1 期的介绍，保守多元文化主义包括自由主义的保守派、传统保守派对多元文化主义的观点。自由主义的保守派坚持传统个人权利的优越性和国家中立观，认为少数族群的群体权利属于私权，反对将之纳入公共领域；传统保守派则坚持传统价值观，认为多元文化主义破坏社会团结和国家认同。就此而论，它并非归属多元文化主义阵营。

⑤ Iris Marion Young, *Justice and Politics of Difference*, Princeton University Press, 1990, pp. 164 – 165.

⑥ 常士訚：《异中求和——当代西方多元文化主义政治思想研究》，人民出版社，2009，第 344 页。

现个人权利的影响。金里卡认为，“自由和平等的自由主义价值必须同这些社会性文化联系在一起时才能被界定和理解”。[①] 因而，他主张，少数族群有自治权利、多族类权利和特别代表权。[②] 社群主义多元文化主义调和激进多元文化主义和程序自由主义。其代表查尔斯·泰勒认为，差异政治在强调差异性的同时，忽视了普遍主义的平等原则，放弃了启蒙的平等构想；程序自由主义则在强调普遍平等主义的同时，抹杀了不同族群之间的差异与实际地位的不平等，因而，他主张并论证一种“温和的自由主义”，既承认差异，又坚持平等。[③] 无论如何，多元文化主义都坚持平等与多元这两个基本观点。

在界定民族认同与国家认同之前，必须先对认同有个认识。认同是一个将心理学引入民族研究领域的重要概念。心理学意义上的“认同”一词最早是由精神分析学派大师弗洛伊德提出的。他认为，认同是个体与他人、群体或被模范人物在感情上、心理上趋同的过程。此后，美国心理学家埃里克森在20世纪50年代提出了“认同危机”。[④] 经过发展，该术语已成为社会科学各领域共享的理论词汇。事实上，认同理论还受到米德“符号互动论”的影响，“把世界看成是符号的、象征的世界，相信主体在积极介入经验世界时，通过互动的方式重构自身”。[⑤] 20世纪70年代，泰弗尔等人提出“社会认同理论”以解释群体社会行为。该理论认为，如果群体目标不一致，一个群体就会以其他群体的利益为代价达成自己的目标，这导致竞争出现，群体间倾向于歧视和相互的敌意；如果群体间的利益一致，所有群体都朝着同一目标前进，彼此就更容易建立共同的、合作的、友好的关系。[⑥] 换言之，该理论把认同视为个体对其所属群体的认知感和归属感，认为群体间个体会出现互动与分化、整合的趋势。而曼纽尔等人主张的后现代认同理论及其研究取向则是现代认同理论的新趋势。他们认为，认同是

---

① 〔加〕金里卡：《少数人的权利：民族主义、多元文化主义和公民》，邓红风译，上海世纪出版集团，2005，第46页。

② 周少青：《多元文化主义视阈下的少数民族权利问题》，《民族研究》2012年第1期。

③ 〔加〕查尔斯·泰勒：《承认的政治》，董之林等译，王辉、陈燕谷主编《文化与公共性》，三联书店，1998，第321页。

④ Erikson, H. E., *Identity: Young and crisis* (Oxford/ England: Norton & Co., 1968), p. 5.

⑤ 黄雪梅：《汉字教育与民族文化认同研究》，《重庆大学学报》（社会科学版）2014年第2期。

⑥ Tajfel, H., *Social Identity and Intergroup Relations* (Cambridge England: Cambridge University Press, 1982), p. 16.

人们意义、经验的来源，应把意义建构的过程放在一种文化属性或一系列相关文化属性的基础上来解释；认同只有在社会行动者将意义进行内化并围绕这种内化过程建构其所理解的意义时，它才能够成为认同。① 简言之，认同是指“个人或群体在社会交往中，通过辨别和取舍，从精神上、心理上、行为上等将自己和他人归属于某一特定客体”。②

作为一种关系状态，认同总是在“自我”与“他者”的相互关系中存在。自我是关系主体，他者是关系指向，自我正是在与他者的交往过程中意识到自我与他者的差异，并在此基础上反省自身，从而确立了自我的“认同”。换言之，自我是在与他者的互动关系中才产生了认同。他者的存在是自我映照出来的镜像，是对他者认知后的一种反观。③ 研究认为，认同根源于人类的独特需要和相似需要，即自我既有向内寻求自我独特性的需求，又有向外寻求群体成员资格相似性的需求。④ 因此，认同首先意味着承认和尊重“他者”的合理性与合法性。这里，认同有自我认同与社会认同两个方面，通过自我认同确立主体性，通过社会认同确立社会性。同时，认同还意味着一种宽容与平等的政治理念。既然认同是在与他者的互动中产生的，那么，在此过程中自我即意识到他人的重要性，即“在社会生活中积极接受他者的影响，不断吸收间接经验”。⑤ 这实际上印证着安德森对民族乃至群体的界定，它就是一个想象的共同体。⑥ 换言之，认同乃是一种人为的建构，它一直处于一种流变的状态，个体在与他者交往的过程中，随着自我认知以及他者对自我的不同影响，个体在自我群体与他者群体间不断经历着“认同——不认同——认同”的反复转变，具有后天的再生性。

因此，民族认同与国家认同都是个体在与他者交往中所形成的对本民族与他民族，本国与他国的认知感、归属感和荣誉感。但二者对个体而言

① 胡斌：《文化认同——音乐人类学研究的重要理论视角》，《音乐艺术》2010 年第 3 期。

② 王沛、胡发稳：《民族文化认同：内涵与结构》，《上海师范大学学报》（哲学社会科学版）2011 年第 1 期。

③ 王纪芒：《民族文化保护中政府与民众双向互动研究——以新疆昌吉州木垒县乌兹别克民族乡为例》，《中央民族大学学报》（哲学社会科学版）2013 年第 4 期。

④ 张向东：《认同的概念辨析》，《湖南社会科学》2006 年第 3 期。

⑤ 司马俊莲：《中国少数民族文化权利的法理依据新论》，《法学评论》2010 年第 6 期。

⑥ 参见〔美〕本尼迪克特・安德森《想象的共同体：民族主义的起源与散布》，吴叡人译，上海世纪出版集团，2005。

有着不同的含义。或者说，民族与国家在现代社会有不同分工。当然，对先民社会的部落或单一民族国家而言，二者几乎是同一的。但是，现代社会没有绝对单一的民族国家，这意味着民族与国家分别满足了现代个体的不同需求。民族认同是个体的文化身份归属，而国家认同是个体的政治身份归属。作为民族认同的文化[①]解决了“此人是谁”的问题，它提供给个体一个选择的范围，“在这个范围内选择并追求我们的幸福生活的观念”。[②] 应当讲，民族为其族裔提供了信念体系、理解体系、态度体系和规范体系。[③] 民族认同满足了个体的意义需求。而国家认同则是超越了民族这一群体的更大群体的认同，国家为个体提供的无论是消极保护还是积极保护，都是在满足个体的安全或政治的需求。当然，国家为实现国民的认同，也诉诸共同的历史与文化，但历史与文化有时候会成为分裂的依据，如英裔加拿大人为麦克唐纳在建国中的突出贡献而自豪，而法裔加拿大人却对此表示极大不满。然而，这并不表示国家不能诉诸文化，有研究表明，现代国家亦需强调政治文化建设，使国民具备基本的公民品德。[④] 但这是政治文化，与民族文化不同。这里的问题是，国家如何满足个体的政治需求以获得认同。从实践来看，现代国家通过宪政、民主、法治、自由和人权来获得个体的认同。从合法性意义上讲，这是一种程序型认同，不同于宗教或者魅力领袖等的意识形态型认同。[⑤] 故而，在现代社会，“只有当公共理性不是简单地反映多数人的文化传统语言和宗教，而是包括了这个时候各种各样声音时才是有效”。[⑥] 简言之，在认同意义上，国家是要满足个体的政治需求[⑦]，据此它才能

---

① 民族出现后，文化往往以民族的形式出现。可参见〔美〕本尼迪克特·安德森《想象的共同体：民族主义的起源与散布》，吴叡人译，上海世纪出版集团，2005；田艳《〈乌苏里船歌〉案与少数民族文化权利保障研究》，《广西民族研究》2007 年第 4 期。

② Will Kymlicka, *Liberalism*, *Community and Culture* (Oxford: Clarendon Press, 1989), p. 172.

③ 常士訚：《多元文化与民族共治——凯米利卡多元文化主义政治思想研究》，《天津师范大学学报》（社会科学版）2004 年第 1 期。

④ 〔加〕金里卡：《当代政治哲学》，刘莘译，三联书店，2004，第 517 页。

⑤ 赵鼎新：《当今中国会不会发生革命?》，《二十一世纪》2012 年第 12 期。

⑥ 常士訚：《多元文化与民族共治——凯米利卡多元文化主义政治思想研究》，《天津师范大学学报》（社会科学版）2004 年第 1 期。

⑦ 当然，现代国家也非常重视经济，经济亦满足了个体的生存和发展需求，它也为国家带来了绩效型认同。但从国家与社会二元对立的角度看，国家是在满足个体的政治需求，社会是在满足个体的经济等需求，即便国家在经济领域有重大的发言权，但二者毕竟有所分工，故这里将国家理解为满足个体的政治需求。

获得认同。

虽然，民族与国家在满足个体上有不同分工，但二者实质上可相互影响。民族认同具有相对于国家的依附性，因为近现代以来的国家控制力不断加强，使得人们对各自国家的认同意识不断强化，爱国在今天成为超越了多民族国家内部各民族界限的至高无上的原则。[①] 在政治实践中，当今世界没有哪个族群或族裔能够离开国家而独立生存。另外，国家认同和民族认同相互依存，没有民族也就没有国家，国家是以民族为基础的，而民族（并非单一）以国家为存在形式。周平即认为，国家认同会对民族认同有一定程度的抑制作用，而多样性的民族认同则会对国家认同产生某种消解性的影响。[②] 事实上，这是文化与政治关系在群体间的反映，二者在实践中“存在着一种微妙的辩证关系”，“如果过于突出民族认同会被民族主义者所利用，从而导致社会动荡，国家分裂。反之，如果忽视民族认同存在或压制民族认同也会引起民族不满，破坏民族团结，导致社会失序”。[③]

三　多元文化主义的理论与民族认同、国家认同——以金里卡的多元文化主义为例

金里卡的多元文化主义关注的是社会深刻的多样性与文化多元性。因为这在过去常常受到“正常”公民模式的忽略或压制，这里的“正常”公民仅指身体健康、遵循传统两性关系的白人男子。一旦有人偏离了这样的正常模式，即经历被排斥、被沉默、被同化或被边缘化的命运。于是，西方社会通常不允许非白人进入，即便被允许进入，主流社会亦只是想把它们同化成“正常”公民：土著人要么被排挤到保留区，要么被迫放弃自己的传统生活方式；同性恋要么被当作犯罪，要么必须在公共生活中就自己的性倾向保持沉默；残疾人也以同样的方式隐藏在各种机构之中。[④] 事实上，这些人受到了不公正的待遇，或者说他们被不平等地对待了。他们被

---

① 钱雪梅：《从认同的基本特征看族群认同与国家认同的关系》，《民族研究》2006 年第 6 期。

② 周平：《论中国的国家认同建设》，《学术探索》2009 年第 6 期。

③ 袁娥：《民族认同与国家认同研究述评》，《民族研究》2011 年第 5 期。

④ 〔加〕金里卡：《当代政治哲学》，刘莘译，三联书店，2004，第 585 ~ 586 页。

不公正地对待，不是因为经济问题，而是因为身份问题。换言之，金里卡的多元文化主义关注的是因身份不同而导致的政治不平等问题。

首先，金里卡认为，西方的每一个民主国家内都有两种严格的等级划分存在。第一种是经济等级，“该等级由上到下的是拥有土地的贵族、商业和工业资本家、职业工作者、白领工人、有技术的工匠、无技术的劳工”，[①] 人在这个经济等级中处于什么位置，由他与市场或生产资料的关系而决定。针对这种经济不平等而进行的斗争就是再分配的政治。这种再分配的政治就是马克思、恩格斯所主张的阶级斗争，恩格斯强调，“平等的要求在无产阶级口中有双重意义。或者它是对极端的社会不平等……或者它是从对资产阶级平等要求的反应中产生的，它从这种平等要求中吸取了或多或少正确的、可以进一步发展的要求，成了用资本家本身的主张发动工人起来反对资本家的鼓动手段；在这种情况下，它是和资产阶级平等本身共存亡的。在上述两种情况下，无产阶级平等要求的实际内容都是消灭阶级的要求。任何超出这个范围的平等要求，都必然要流于荒谬”。[②] 此外，还有另外一种不被马克思等人所关注的等级存在，那就是身份等级，它可以是“英格兰人要优越于爱尔兰人、新教徒要优越于天主教徒（无论哪种基督徒都要优越于犹太教徒和穆斯林）、白人要优越于黑人或棕色人或黄种人、男人要优越于女人、异性恋者要优越于同性恋者、健康人要优越于残疾人”[③]。它广泛存在于历史上针对各种少数群体的歧视性法律中，也体现在现代传媒、博物馆、学校以及国家象征所呈现出来的对该族群的冷漠或成见中。并且，在经济等级和身份等级之间并没有简单的因果关系。金里卡解释说，“这解释了为什么马歇尔通过共同社会权利进行整合的策略对工人阶级有意义，但不能令其他群体感到满意”，[④] 因为工人阶级问题是再分配政治关注的焦点，但不涉及承认政治问题。对挑战身份等级的人而言，部分地实现了经济的平等，如同性恋者或犹太人。但对妇女、黑人以及印第安人而言，他们对平等的要求既涉及再分配政治，也涉及承认的政治。

---

① 〔加〕金里卡：《当代政治哲学》，刘莘译，三联书店，2004，第593页。

② 〔德〕恩格斯：《反杜林论》，载《马克思恩格斯选集》（第三卷），人民出版社，1972，第146页。

③ 〔加〕金里卡：《当代政治哲学》，刘莘译，三联书店，2004，第594页。

④ 〔加〕金里卡：《当代政治哲学》，刘莘译，三联书店，2004，第597页。

其次，金里卡解释道，身份的政治背后所存在的身份歧视问题，对自由主义而言是理论模式对文化本身的疏忽，或者说理论家下意识地选择了主流群体的文化为先决条件。这导致了理论对其他族群文化的先天漠视。换言之，文化背景对个体的自由而言并非无关紧要，它是个体自由选择的第一视域，用伽达默尔的话说，这是前见——“就是一种判断，它是在一切对于事情具有决定性作用的要素被最后考察之前被给予的”,[①] 它限制并影响了结论的生成。用金里卡的话讲，是“自由和平等的自由主义价值必须同这些社会性文化联系在一起时才能被界定和理解”。[②] 换言之，是我们的背景文化给我们提供了各种选择后，个体的自决权才可能实现。应当讲，自由首先必须审视和改变我们的背景文化给我们带来的生活方式。对少数族群来讲，他们自然形成了一个独特社会，但现在被要求融入另一个社会，在另一种文化中生存，这个过程对他们以及另一个社会而言，都是艰难且要付出很大代价的。对他们而言，这不公平。他们被不平等地对待了。在这个意义上，他们要求主流社会承认他们的身份，即承认他们的文化，这个过程就是政治。

虽然，文化或身份问题是一个民族认同问题，但放在国家范围内来讲，它却是一个政治问题。因为，不平等本身就不是一个文化问题，而是一个政治问题或经济问题。换言之，文化或身份承认的主要关注点并不在民族认同问题上，而在国家认同问题上。当然，承认的政治或多元文化主义是从文化入手来谈政治的，且是族群政治，它就必然涉及民族认同。简言之，多元文化主义在本质上既涉及民族认同，又涉及国家认同。一方面，多元文化主义要求国家给予少数族群平等对待，而一旦要求得到满足，那么被平等对待了的少数族群在享受国家给予的身份承认待遇时，他们对国家产生或强化了认同。而另一方面，要求国家给予少数族群平等对待的族裔在斗争的过程中，联合了起来，增加了民族认同；当少数族群要求平等对待的需求不能得到满足时，这种民族认同进一步强化；当他们的要求得到满足时，他们对自身的文化或身份感到了自豪，因为他们因此而得到了平等

---

① 〔德〕伽达默尔：《真理与方法——哲学诠释学的基本特征》上卷，洪汉鼎译，上海译文出版社，1999，第 347 页。

② 〔加〕金里卡：《少数人的权利：民族主义、多元文化主义和公民》，邓红风译，上海世纪出版集团，2005，第 46 页。

待遇，因而他们的民族认同也会进一步强化。换言之，无论国家如何对待承认的政治，少数族群的民族认同都会得到强化，而国家必须在满足承认要求时才能够强化国家认同。简单讲，这是从民族角度谈的文化与政治的关系，文化可以对政治产生影响，政治也可以对文化产生影响。

最后，针对不少人对多元文化主义的批评——对长期的政治团结以及社会稳定是一种侵蚀，因为多元文化主义使“种族属性政治化”，造成不同种族群体间的竞争、不信任和敌对持续升温；过分关注承认的政治将瓦解我们实现再分配政治的社会能力——金里卡强调，我们有不少零散的证据表明，“文化多元主义常常是在巩固而不是在削弱社会团结”，以澳大利亚和加拿大来讲，“就把移民整合进共同的公民和政治制度而言，这两个国家要比世界上所有国家都做得更好。此外，在这两个国家，都极大地降低了偏见也极大地增进了种族之间的友谊和种族通婚。没有证据表明，为移民争取更公平的整合条件已经削弱了民主的稳定性”。[①] 同时，Horowitz 也表示，“早一点、慷慨一点的放权可能阻止而不是助长种族分离主义”。[②] 换言之，金里卡确信，多元文化主义对少数族群更公平的社会整合主张，是在强化而不是弱化国家认同，它的另一面是，如果国家不更公平地对待少数族群，那才会导致国家认同的弱化而出现种族的国家分裂。

当然，金里卡承认，多元文化主义同它所针对的民族主义一样，都有政治含混性，即民族主义既可以被用来建构具有排斥性的民族身份，也可以用来建构具有包容性、自由主义色彩的民族身份；作为对民族建构回应的多元文化主义也同样既可能增强国家认同，也可能弱化国家认同，关键是看国家如何行事。[③]

四 多元文化主义的政策与民族认同、国家认同——以加拿大、美国为例

（一）加拿大的多元文化主义政策与民族认同、国家认同

加拿大是最早将多元文化主义理论付诸实践的国家，早期针对的是

① 〔加〕金里卡：《当代政治哲学》，刘莘译，三联书店，2004，第656页。

② Horowitz, *A Democratic South Africa: Constitutional Engineering in a Divided Society* (Berkeley/Los Angeles: University of California Press, 1991), p. 224.

③ 〔加〕金里卡：《当代政治哲学》，刘莘译，三联书店，2004，第661页。

“二元文化”，后期关注的是加拿大社会所有族群的整合。“二元文化”是加拿大的历史问题，魁北克省的法裔加拿大人坚决反对加拿大的英国化，英法两国文化在加拿大同时并存，形成了独特的“二元文化”格局。[①] 在该格局中，法裔加拿大人一直要求文化权利，尤其是法语的使用。随着二战后越来越多的非白人移民进入加拿大，使它越发成为一个多种族的国家——“除原有的土著居民（即印第安人和因纽特人）分属56个小民族外，主要民族有法兰西人和英格兰人，非主要民族有华人、日本人、日耳曼人、荷兰人、乌克兰人、意大利人、黑人、犹太人等共计70多个民族”。[②] 此时，加拿大面临三方面的族群冲突：一是居主导地位的英裔加拿大人与土著民族关于土地以及相应权利的问题；二是存在于英裔加拿大人与法裔加拿大人之间的传统矛盾；三是主要民族与非主要民族的“主流文化”矛盾。在此情况下，多元文化主义为法裔加拿大人以及其他少数群体谋求文化权利提供了理论依据。1971年10月8日，时任加拿大总理的特鲁多颁布了多元文化主义政策，并强调国家的统一和团结所需要的共同文化政策只能是多元文化主义政策，政府要改变对法语及其文化的偏见，有意识地鼓励法语机构和文化，并采取多项措施发展土著居民的文化、教育事业。[③] 此后，加拿大政府一直致力于完善多元文化主义政策，至今可分为三个阶段。[④] 第一阶段为1971~1982年，正式将多元文化主义作为民族政策载入宪法，提高了各民族参与社会活动的积极性，维护了各族群间的和谐相处局面。第二阶段从1982年到20世纪末，政府不断完善多元文化主义政策。1988年，加拿大正式颁布了《加拿大多元文化法》。该法表明加拿大政府承认族裔与文化多样性的合法性，并将其视为加拿大国家的基本特征和宝贵资源，国家保障所有公民都有保存和享有民族文化遗产的权利，鼓励他们为民族文化的繁荣做出贡献。[⑤] 第三阶段从20世纪末至今，人们开始对各自的民族身份认同质疑，政策转向“融合性的多元文化主义”，联邦政府提倡“包容

---

① 洪霞、黄光耀：《论加拿大民族国家的形成》，《江苏教育学院学报》（社科版）2003年第3期。

② 侯万锋：《多元文化主义对多民族国家政治整合的启示——以美国和加拿大为例》，《黑龙江民族丛刊》2009年第1期。

③ 高鉴国：《加拿大多元文化政策评析》，《世界民族》1999年第4期。

④ 涂艳：《多元文化主义的制度化及启示——以加拿大为例》，《人民论坛》2013年6月中旬刊。

⑤ *Canadian Multiculturalism Act*, http://laws-lois.justice.gc.ca/eng/acts/c-18.7/FullText.html, 最后访问日期：2014年9月17日。

的公民身份”。这些措施都是为了让少数族裔心甘情愿地融入主流社会，共同参与国家建设。

从英裔加拿大人与土著的关系上看。首先，即便大多数英裔坚持加拿大人就是加拿大人的主张，承认土著族群的非主流地位，都无法改变他们的主导地位在可预见的未来仍然无法被动摇。其次，盎格鲁－撒克逊文化必然是加拿大文化的核心，其他文化更多是作为补充而存在。故此，无论是从社会稳定还是文化平等角度看，多元文化主义政策在迎合土著族群权利要求的同时，维护了英裔加拿大人主导的这个国家的稳定，进而促进了国家认同。①

从英裔加拿大人和法裔加拿大人的关系上看，法裔一次次挑战多元文化主义政策的国家统一根基，并多次向多元文化主义所向往的多元一体目标发起挑战。然而，从法裔加拿大人的生存实际上看，多元文化主义实际上应该是他们的护身符。法裔加拿大人必须承认，“法语在北美能够生存的唯一原因是加拿大存活了下来，联邦之父们的联邦方案给了法语在这一大陆继续生存的最好机会”。②

从英裔加拿大人和其他少数族群的关系上看，多元文化主义政策满足了少数族裔的权利要求，并让少数族裔意识到权利、义务的对等和统一。换言之，少数族裔在享受主流群体和国家所赋予的权利及其利益的同时，必须要为这个国家承担相应的义务和责任。他们必须承认他们无法改变盎格鲁－撒克逊文化是主流的事实，他们必须承认少数族群与主流文化对话的重要性，并积极对话，共同繁荣加拿大的文化。在此基础上形成他们对加拿大这个国家的认同。

加拿大多元文化主义政策的核心是国家承认并维护族群权利，一方面是国家“对不同的少数民族文化采取特别的措施”，给予少数族群特殊地位，即通过“不同的公民权来保护文化共同体免受不必要的解体”；另一方面赋予这些族群以权利，即金里卡所谓“只有当一种措施明确规定了某一社群自身可以行使确定的某些权力时，才可以把它视为一项群体的权利”。③这意味着，加拿大多元文化主义在承认自由主义个人权利的同时赋予少数

---

① 王俊芳：《加拿大多元文化主义政策深入实施的保障》，《世界民族》2011年第3期。

② Donald Creighton, *Towards the Discovery of Canada* (Toronto: Macmillan, 1972), p. 270.

③ 〔加〕威尔·金里卡（Will Kymlicka）：《自由主义、社群与文化》，应奇等译，上海世纪出版集团，2005，第133、146页。

族群一定的集体自治权，协调自由主义个人权利和多元文化主义集体权利之间的冲突，既保护和承认不同的族裔群体权利，又使其群体成员保持公民归属感。这里，集体性权利以群体文化特性为基础，即以族群文化特性界定族群，并以保护文化的名义尊重、承认且维护群体，在公民权利之外赋予差异性的集体权利，在新型协商式民主中行使其权利。①

当然，加拿大的多元文化主义政策也并非完美无缺。法裔加拿大人时不时地对统一国家发起挑战，黑人创建学校以反抗社会资本不公平的运行，② 在加拿大的华人亦遭受了该国的隐形种族主义的歧视。③ 然而，也许这里的问题并不全在多元文化主义理论身上。法裔加拿大人对国家统一的挑战，更多的是政治策略；黑人在加拿大的不公正待遇则是资本运作的结果——这是经济不平等；华人在加拿大的不公正遭遇所呈现的隐形种族主义却表明多元文化主义政策本身的不完善。但无论如何，从总体上看，多元文化主义政策在加拿大不仅使少数族裔群体受益，“据调查，鼓励多元文化和民族多样性有利于社会统治”。④ 简言之，多元文化主义政策保护了少数族裔的自尊，增强了不同文化间的沟通和理解，并确保所有少数群体都享有平等的权利，促进了加拿大的社会整合，使少数族裔对加拿大这个国家的认同增强了。

（二）美国的多元文化主义政策与民族认同、国家认同

有研究认为，美国并没有像加拿大一样将多元文化主义理论转变为系统政策，而仍然只是一个学术概念。⑤ 但实际上，美国的国情不同于加拿

---

① 常士訚：《超越多元文化主义——对加拿大多元文化主义政治思想的反思》，《世界民族》2008 年第 4 期。

② 〔加〕安顿·L. 阿拉哈（Anton L. Allahar）：《主流族群与少数族群的权利之辨：论加拿大黑人、社会团体与多元文化主义》，江玉梅译，《深圳大学学报》（人文社会科学版）2011 年第 28 卷第 3 期。

③ 宗力：《多元文化社会的民族关系与新种族主义：中国大陆移民在加拿大面临的社会障碍》，《西安交通大学学报》（社会科学版）2010 年第 6 期。

④ 〔加〕安顿·L. 阿拉哈（Anton L. Allahar）：《主流族群与少数族群的权利之辨：论加拿大黑人、社会团体与多元文化主义》，江玉梅译，《深圳大学学报》（人文社会科学版）2011 年第 28 卷第 3 期。

⑤ 关凯：《多元文化主义与民族区域自治——民族政策国际经验分析（下）》，《西北民族研究》2004 年第 2 期。

大，它所采取的多元文化主义政策并非同加拿大一样。换言之，美国有自己的多元文化主义政策，它多镶嵌在自由多元文化主义和个人权利的自由主义框架中。[①] 在印第安土著问题上，美国主张保留地政策；在少数族裔的政治权利问题上，美国在 20 世纪中期实行平权政策；在教育领域，美国主张从宪法第十四修正案出发。

多元文化主义关注少数族群群体权利，但美国从未考虑过在联邦制度框架下实行民族自治。金里卡等人研究，联邦制度是少数族群实现族群自治的最好条件，各族群在自治的基础上联合而成为国家。[②] 但美国却反对这样的做法。从现实来看，美国的各州从来都不是某些少数族群占据优势地位；从历史来讲，美国对夏威夷等州的归化是在白人占据优势时才宣告完成的；对印第安人等土著民族而言，他们获得自治是在联邦体系之外——"自治最初是同保留地制度联系在一起的……实质权力由管理各保留地的部落/宗族会议行使。印第安部落/宗族已经取得了健康、教育、家庭法、治安、犯罪审判及自然资源开采等方面越来越多的控制权"，[③] 然而该权利却同联邦与各州之间的关系法不同，不归宪法所保护。

但在文化保护方面，"美国国家艺术基金"部门自 1982 年起，每年都给全美众多竞争者发放"国家遗产保护基金"。该年度奖涉及 260 多人，他们将获得至少 20000 美元的资金用于传统艺术展演。此外，美国国家艺术基金自 1984 年以来授予那些极具民族特色的艺术家以"终身成就奖"。美国国家艺术基金还每年授予 10 多人"国家遗产奖金"，这些被选出来的展演者代表了美国的三种正遭受威胁的文化传统，即美国本土文化（印第安文化）、美国民俗工艺、世界级的"活的国宝"。当然，还有其他一些主要技术机构授奖。[④]

美国少数族裔有权参与政治，与民权运动直接相关。1965 年的《选举权法》及其修正案不仅取消了南部各州阻止非洲裔美国人投票的限制性规定，且在选区划分上做了重大修正，使得非洲裔美国人占多数的选区能选

---

① 周少青：《多元文化主义视阈下的少数民族权利问题》，《民族研究》2012 年第 1 期。

② 〔加〕金里卡：《少数人的权利：民族主义、多元文化主义和公民》，邓红风译，上海世纪出版集团，2005，第 89～119 页。

③ 〔加〕金里卡：《少数人的权利：民族主义、多元文化主义和公民》，邓红风译，上海世纪出版集团，2005，第 110 页。

④ 〔美〕纳尔逊·格雷本（Nelson Graburn）：《活态文化：如何保护？为谁保护?》，张晓萍译，《思想战线》2008 年第 3 期。

举出黑人官员。20 世纪 90 年代中期，美国有 400 个城镇的首席行政长官为黑人。[①] 黑人议员成为种族问题在立法方面不可忽视的力量，拉美裔议员同样如此。两党为争取少数族裔和妇女选票，在全国代表大会的代表名额分配方面实施了变相的“肯定性行动”规定，以保证一定比例的少数族裔和妇女代表。这种局面促发了多元文化主义思想和运动在美国的出现。[②] 自 20 世纪 70 年代始，“多元化”在政府决策以及美国社会的诸多层面反映出来，就连最保守的联邦最高法院也不例外。[③] 这些措施都推动了美国少数族裔对美国政治的参与，他们在参与的过程中不断增强了对美国的国家认同。

在教育领域推广多元文化主义理念是美国多元文化主义实践的重点。自 70 年代以来，美国大学的师生队伍组成即发生了重大变化，在“肯定性行动”推动下，校园肤色层次不断丰富。美国教育部统计，美国大学毕业生中的少数族裔从 1960 年的 6% 上升到 1988 年的 20%，同期的女大学生的比例从 35% 上升到 54%，同期的女博士从 10% 上升到 37%；[④] 美国高校教师中少数族裔和妇女在 20 世纪 60 年代寥若晨星，在 1985 年时却有 27% 是妇女，10% 为有色人种。[⑤] 同时，美国大学自 20 世纪 60 年代末起，研究少数族群的人员不断增加，非洲裔美国人研究在民权运动后正式进入主流大学，曾有 500 所大学建立了该类研究中心，虽在 20 世纪 80 年代因各种原因部分停止运作，但在几所著名的大学中得以保留和发展。[⑥] 当然，美国最高法院在 2003 年 6 月 23 日做出双重判决，在有限肯定“积极支持肯定行动”基础上反对招生中的少数族裔加分或配额制；在 2014 年 4 月 22 日以六比二同意各州在不违宪的情况下取消高校招生对少数族裔的优惠政策。[⑦] 但这并非对多元文化主义的否定，而是在追求多元化与平等上的新举措，即在新

---

① Joint Center Staff, *Black Elected Officials: A National Roster* (1991) (Washingtong, D. C.: Joint Center for Political & Economic Studies Press, 1992), p. xxv.

② 侯万锋：《多元文化主义对多民族国家政治整合的启示——以美国和加拿大为例》，《黑龙江民族丛刊》2009 年第 1 期。

③ 王希：《多元文化主义的起源、实践与局限性》，《美国研究》2000 年第 2 期。

④ U. S. Department of Education, *National Center for Education Statistics* (Earned Degrees Conferred: Projections of Education Statistics, 2008), Table 244.

⑤ U. S. Department of Commerce, *Statistical Abstract of the United States* (Washingtong, D. C.: U. S. Government Printing Office, 1992), Table 258, p. 278.

⑥ 王希：《多元文化主义的起源、实践与局限性》，《美国研究》2000 年第 2 期。

⑦ http://www.yicai.com/news/2014/04/3735966.html，最后访问日期：2014 年 5 月 17 日。

的历史条件下坚持美国宪法的第十四修正案的法律平等保护。换言之，多元文化主义政策会随着情况的变化而不断变化，其目的都指向保护多元化与平等。[①] 事实上，从联邦最高法院对美国宪法第十四修正案的不同审查标准的适用范围也可看出他们对种族问题的严重关切，因为他们将严格审查标准适用于有关种族问题的归类的立法和相关的国家行为，审查它们是否违反法律平等保护原则。[②]

虽然美国没有给予少数族群联邦制度内的自治权利，但它在“政治参与、政府对教育和经济资源的分配和对各级学校中人文教育课程的改革等方面，传播与普及多元文化主义的意识，使不同民族、种族、性别与性别取向的群体，超越种族、肤色、性别差别，真正平等地生活其中”[③]。就目前来看，美国的多元文化主义是在一种政治一体化前提下展开的：“国家为族裔群体提供了坚实的根基和保障，国家认同是族属认同的基础；美国国家认同的族属认同是脆弱的，同样，没有统一公共秩序的文化多元将是混乱的。”[④] 多元文化主义在“培养美国社会对不同文化与族裔群体的认同上已取得了较大的成功，有效地维护了国家统一”。[⑤] 这是一个基本观点。另有观点认为，美国自“9·11”之后所采取的行动表明，美国人的国家认同明显增强，而文化认同则让道于国家认同。似乎美国的多元文化主义政策也失败了。但从多元文化主义理论本身来看，它只是反对民族国家建构意义上的民族国家认同，承认国家认同的重要性，在多民族国家认同的前提下主张民族的多元化与平等。就此而论，并不能下结论说在美国的多元文化主义政策的失败中，它的反恐政策并非仅针对少数族裔。

五 结论

在理论上，多民族国家“多元共存、政治一体”是一个理想目标，族

① 朱俊：《族群平等的多元文化主义路径分析》，《民族研究》2014 年第 6 期。

② 周伟：《论立法上的平等》，《江西社会科学》2004 年第 2 期。

③ 王希：《多元文化主义的起源、实践与局限性》，《美国研究》2000 年第 2 期。

④ 王鉴、胡红杏：《从“承认差异”到“强化认同”——美国少数民族教育政策的演变及启示》，《兰州大学学报》（社会科学版）2012 年第 3 期。

⑤ 侯万锋：《多元文化主义对多民族国家政治整合的启示——以美国和加拿大为例》，《黑龙江民族丛刊》2009 年第 1 期。

群认同与国家认同相辅相成，互为补充。一方面是族群差异和族群认同、族群政治和文化利益不可能仅依靠少数族群自身力量去实现，它必须借助主权国家的作用，主权国家是实现少数族群权益的积极工具；另一方面是文化群体间在相互承认、相互尊重的基础上多元共存。[①] 从民主理论来看，“民主国家需要有一个公分母，一种超越种族的忠心耿耿，这种忠心耿耿将不同种族和文化背景的集团混合为一个整体。换句话说，就是一种超越了族属认同的认同”。[②] 与此同时，无论成功与否，许多国家都曾实施过多元文化主义政策，这表明这些政府都曾接受了该理论。但在实践中，多元文化主义政策在有的国家成功了，在有的国家失败了。这是事实。然而，这一事实能说明是多元文化主义理论的问题，而不是该国政府的多元文化主义政策本身的问题吗？就政治而论，重要的不是理论而是结果。但就研究而言，重要的却是理论本身。因此，我们需要就这些国家的多元文化主义政策不能成功整合社会——少数族裔的国家认同与主流群体对少数族群的承认和尊重——做具体分析。这里仅以英国为例加以分析。

英国在二战后陷入外来移民的困扰中。因为这些移民绝大多数文化水平较低，在英国只能从事被白人认为低贱的工作，并常与当地白人发生冲突，这种冲突在英国社会固有的强烈种族主义情绪环境中，使得这些移民在英国受到普遍的歧视，他们在就业、教育、住房等领域都受到了不公正待遇。[③] 为此，英国政府在 1965、1968、1976 年先后三次颁布《种族关系法》，成立“种族关系委员会”以解决该问题。该法规定在社会各领域禁止种族歧视，以为移民创造一个较好的生存环境，并赋予“种族关系委员会”以调查歧视案件的权利，在法律上确立移民的平等地位。然而，该措施并没能解决问题。2003 年又制定了“平等法案”，设立相关机构如“平等直接会”“种族与平等咨询服务处”“平等委员会”等，但 2011 年的伦敦骚乱却再次表明，该措施并未奏效。[④] 无怪英国政府承认多元文化主义在英国的失

① 王鉴、胡红杏：《从“承认差异”到“强化认同”——美国少数民族教育政策的演变及启示》，《兰州大学学报》（社会科学版）2012 年第 3 期。

② 〔美〕菲利克斯·格罗斯（Feliks Gross）：《公民与国家》，王建娥译，新华出版社，2003，第 180 页。

③ 刘金源、洪霞：《潮汐英国人》，四川人民出版社，2001，第 41 ~ 42 页。

④ 朱联璧：《“多元文化主义”与“民族 - 国家”的建构——兼评威尔·金里卡的〈少数的权利〉》，《世界民族》2008 年第 1 期。

败。但问题是，这是多元文化主义的失败吗？前文提及，平等有两种不同的形式，一是经济形式，一是文化 - 身份形式，二者不能采取同样的措施来处理。就这里涉及的英国不平等现象来看，她更多的是经济不平等，当然也不否认存在文化 - 身份形式的不平等——但这不是最主要的。换言之，英国政府的政策着力点应该在经济方面，但它将之戴上了多元文化主义的帽子。盖瑞司·詹金斯（Gareth Jenkins）指出，这是想让“一部分无辜的人为资本主义社会未能履行承诺背黑锅”，问题的根源是阶级矛盾。[①] 方长明分析，西欧多国首脑否定多元文化主义是政党政治需求与公众经济需求结合的结果：第一，经济因素是根本，失业率不断攀升使不同族群的紧张关系凸显出来，他们在该问题上有不同立场；第二，文化排他性获得了文化差异性的支持，主流文化相信外来族群无法有效地融入主体社会，此时的差异性成为排外的文化基础；第三，保护文化认同和国家认同在公众中普遍认同时，它已成为各国政客的政治工具，一方面通过否定多元文化主义以扩大自身政治影响，另一方面又可攻击多元文化主义以掩盖自身政策失误。[②] 简言之，这不能说是多元文化主义的失败，问题可能在于各国未根据国情制定合适的反对不平等的政策，进而整合社会，提升国民的国家认同。

① Gareth Jenkins, “Culture and Multiculturalism,” *International Socialism* 131 (2011).

② 方长明：《欧洲多元文化主义的危机与反思》，《中南民族大学学报》（人文社会科学版）2012 年第 4 期。

基于国际人权法视角的蒙古文化概念界定研究

张玉娥*

摘要： 基于蒙古文化在世界多样性文化体系中的重要地位，基于蒙古文化可持续发展危机的依法治理，基于落实国际人权公约中少数民族的文化权利，在对国际人权法进行考察的基础上，得出蒙古文化是居于世界各地的蒙古民族对其需要进行安排的功能性意义系统。这一意义系统由行为物质系统（表现系统）、制度规则系统（秩序系统）、意识观念系统（精神系统）以及综合系统（生活方式）四个价值不同的层级共生子系统组成。就综合系统而言，“蒙古文化”就是“蒙古族的生活方式”。

关键词： 蒙古文化　概念界定　国际人权法　少数民族文化权利

“21 世纪是作为文化的世纪开始的”，一定程度上，文化已成为解释人类社会、政治和经济行为的“最重要的因素”。① 可见，“文化”不仅是一个具有解释力的因素，在文化多样化和文化多元化的背景下，文化本身又具有极其重要的内在价值。文化及文化问题非常重要。然而“何为文化”即文化的内涵与文化的外延，在普遍意义上理解却又是模糊、不确定或者说难以达成一致的。以斯图亚特·霍尔为代表的一批关于文化研究的学者认为，文化的研究应该避免任何“关于文化到底是什么”的定义，文化研究应逃避与拒绝学科规范。② 但笔者认为，文化虽因其内涵的丰富性，而难

---

* 张玉娥，女，内蒙古赤峰市人，内蒙古大学民族学与社会学在读博士研究生、内蒙古师范大学旅游学院讲师。

① 〔美〕塞缪尔·亨廷顿：《再论文明的冲突》，李俊清编译，《马克思主义与现实》2003 年第 1 期。

② 参见劳伦斯·格罗斯伯格（L. Grossberg）等编《文化研究》（*Cultural Studies*）导言，卢特里奇出版公司，1992。

以界定。但“文化”的界定又是十分必要的。因为任何科学研究，如果不对研究对象进行界定，就很难做到“有的放矢”。也很难从事有战略高度的整体性研究。“这一切都使文化研究只有一个地方可去。没有集中地对对象的界定，却有一种相当于‘一时心血来潮’或者是机会主义的方法论，文化研究于是就只能根据它所探讨的各种话题来证明它自身”，[①] 正是在这些认识的基础上，笔者才试图探讨蒙古文化的概念界定问题。

一 基于国际人权法视角的蒙古文化概念界定的必要性

（一）蒙古文化在世界多样性文化体系中的重要地位的客观要求

《世界文化多样性宣言》称，文化多样性像生物多样性一样对人类必不可少，它是人类的共同遗产。由多样性而产生的文化多元化，能增进交流，利于尊重和团结，是增强社会凝聚力、民间社会活力及维护和平的可靠保障。文化多样性和文化多元化至关重要。作为游牧文明的集大成者——蒙古文化，其不仅是中华文明的重要组成部分，而且以其代表的中国北方草原文化区同黄河文化区和长江文化区一样共同组成了中华文化的主源。[②] 蒙古文化因其基因中的诸多“活性因素”，以及成吉思汗子孙的三代东征和世界征服，使其有机会接触到中原文化、印度文化、阿拉伯文化、希腊罗马文化等文化系统，蒙古文化不仅影响了这些文化，而且还吸收、更新丰富了自身，更是为这些不同文化的沟通和交流搭建了桥梁。对此，雷纳·格鲁塞说得很透彻：“从蒙古人的传播文化一点说，差不多和罗马人传播文化一样有益。对于世界的贡献，只有好望角的发现和美洲的发现才能够在这一点上与之比拟。这是一个足可称为马可·波罗的世纪。”[③] 著名学者孟驰北，也以人类学的视角，在考证欧亚大陆几乎所有民族都是游牧民族和当地农业土著民族的混合这一观点的同时，以诸多史实系统地论述了草原文

---

① 保罗·史密斯：《文化研究的回顾与前瞻》，选自保罗·史密斯、劳伦斯·格罗斯伯格、詹·韦布、罗伯特·史达姆《文化研究精粹读本》，陶东风主编，中国人民大学出版社，2006，第 5 页。

② 参见潘照东《中华文化大系比较研究——草原文化对中华文化的历史贡献》，内蒙古教育出版社，2007。

③ 〔法〕雷纳·格鲁塞：《蒙古帝国史》，龚钺译，翁独健校，商务印书馆，1989，第 278 页。

化在欧亚大陆三次文化辉煌（农业文化、商业文化、工业文化）中的决定性作用。[①] 不可否认，蒙古文化在其中的作用自不必赘述。蒙古文化不仅具有民族性，还具有世界性，它是世界多样性文化体系的重要组成部分，它对世界文化的赫赫功勋，均督促并要求笔者试图对其自身既有内涵和外延做出界定尝试。

（二）蒙古文化可持续发展危机依法治理的必然选择

随着经济的全球化、工业化，人口流动的常态化，以及生态环境的恶化，城市化进程加速以及民主欠缺等众多原因，许多少数民族的文化现象和文化行为面临危机，有的甚至已经消亡。在中国，蒙古文化也因上述诸多原因，在现代文明的进程中有被边缘的风险。矿产资源开发及其他工业开发，侵占草原资源，影响蒙古族的生产生活方式，使游牧甚至畜牧生活难以维系，进而影响蒙古文化的可持续发展；蒙古语言文字公共服务性缺失，蒙古语教育资源匮乏以及学习蒙古语言文字自觉意识欠缺等诸多因素，使蒙古族语言转用现象严重，进而影响蒙古文化的可持续性；民众参与的缺乏或政策连续性、制度化程度低，使政府的一些项目或政策不符合蒙古文化可持续的主要目标，造成事与愿违。凡此种种，均严重影响了蒙古文化的可持续发展。而要具体识别蒙古文化所面临的危机，需要从理论上和立法上对蒙古文化的内涵和外延进行明确界定，这样有利于进一步识别蒙古文化所面临的危机。进而为运用法治方式化解蒙古文化可持续发展危机奠定基础。

（三）落实国际人权公约中少数民族文化权利的有效途径

中国已批准或加入联合国人权公约或人权议定书等 26 项，[②] 其中国际主要人权公约 8 项，[③] 这些公约在中国境内已产生法律约束力。在文化权利保障方面，中国除已批准的《经济、社会及文化权利国际公约》外，还签

---

① 参见孟驰北《草原文化与人类历史》，国际文化出版公司，1999。

② 参见中国向联合国人权理事会提交的《国家人权报告》（2013. 8），中国人权网，http://www.humanrights-china.org/，最后访问日期：2017 年 7 月 10 日。

③ 《经济、社会及文化权利国际公约》，《消除一切形式种族歧视国际公约》，《消除对妇女一切形式歧视公约》，《禁止酷刑和其他残忍、不人道或有辱人格的待遇或处罚公约》，《儿童权利公约》，《儿童权利公约》关于儿童卷入武装冲突问题的任择议定书，《儿童权利公约》关于买卖儿童、儿童卖淫和儿童色情制品问题的任择议定书，《残疾人权利公约》。

署了《公民权利和政治权利国际公约》。中国有关部门正进行相关改革，以减少国内法律政策与《公约》规定的冲突，为早日批约创造条件。[①] 在履行《经济、社会及文化权利国际公约》规定的少数民族文化权利时，中国得到了联合国经济、社会和文化权利委员会的欢迎和赞赏。也获得了经济、社会和文化权利委员会的关注，委员会还提出了一些问题并给出了具体的建议。如委员会建议中国“采取一切必要措施，确保包括藏族、维吾尔族和蒙古族在内的少数民族充分和不受限制地享有完全保持其文化特性和参加文化生活的权利，并确保他们可以使用本族语言，保持本族文化”，“采取适当措施，保护文化多样性，并促进对族裔、宗教和语言少数群体文化遗产的认识”。[②] 而这些建议的落实，需要理论上探究少数民族文化的内涵和外延，尤其需要从国际人权法视角出发去认识少数民族文化的内涵和外延。值得一提的是，委员会基于中国新农村建设过程中的游牧民定居问题，促请中国“采取一切必要措施，立即停止游牧民在其传统土地之外的非自愿定居以及其他农村居民的非自愿搬迁或重新安置方案”。委员会还建议中国“与受影响社区进行有意义的协商，以审查和评价所有可行方案”。[③] 委员会针对中国少数民族情况提出的建议，其实部分分歧源自对少数民族文化概念的认知。我国宪法在总纲第四条针对少数民族问题，确立了民族平等、非歧视、民族区域自治等原则，提出了使用和发展语言文字、保持和改革风俗习惯的两大自由，同时要求“国家根据各少数民族的特点和需要，帮助各少数民族地区加速经济和文化的发展”。在“公民的基本权利与义务”一章，宪法确立了“国家尊重和保障人权”的原则（第32条），规定了“中华人民共和国公民有进行科学研究、文学艺术创作和其他文化活动的自由。国家对于从事教育、科学、技术、文学、艺术和其他文化事业的公民

① 参见中华人民共和国关于《〈经济、社会及文化权利国际公约〉执行情况的第二次报告核心文件》（HRI/CORE/CHN/2010），第18~22页，中国人权网，http://www.humanrights-china.org/，最后访问日期：2017年7月10日。

② 参见《经社文权利委员会审议中国根据〈经济、社会、文化权利国际公约〉第二次报告的结论性意见》（2014年6月13日），第11页，中国人权网，http://www.humanrights-china.org/，最后访问日期：2017年7月10日。

③ 参见《经社文权利委员会审议中国根据〈经济、社会、文化权利国际公约〉第二次报告的结论性意见》（2014年6月13日），第11页，中国人权网，http://www.humanrights-china.org/，最后访问日期：2017年7月10日。

的有益于人民的创造性工作，给以鼓励和帮助”。（第 47 条）在国家机构的“民族自治地方的自治机关”一节中，宪法规定：“民族自治地方的自治机关自主地管理本地方的教育、科学、文化、卫生、体育事业，保护和整理民族的文化遗产，发展和繁荣民族文化。”（第 119 条）民族区域自治法规定：“民族自治地方的自治机关自主地发展具有民族形式和民族特点的文学、艺术、新闻、出版、广播、电影、电视等民族文化事业，加大对文化事业的投入，加强文化设施建设，加快各项文化事业的发展。”（第 38 条）从这些宪法性规定可以看出，在少数民族文化权利保障方面，中国法律缺乏对少数民族传统生活方式的关注。文化概念中是否包含这一权利，在理论上及立法上均较模糊。既然上位法有此缺位，各下位法更没有对此种权利的规定。[①] 这种认知同国际人权法的精神是有分歧的。特别是同我国已经签署但尚未批准的《公民权利和政治权利国际公约》的第 27 条是有一定差距的。笔者认为，这种差距的弥补，在中国需要从理论上和立法上厘清少数民族文化的概念。这样也就厘清了蒙古文化的概念。客观上有利于蒙古文化的保护，有利于中国更好地执行国际公约，更有利于为批准《公民权利和政治权利国际公约》打下良好的基础，[②] 以树立中国的国际形象。

二　国际人权法少数人保护理念及内容为蒙古文化的概念界定确立了思路

第二次世界大战以后，基于联合国的努力，具有当代意义的国际人权法体系开始形成。其中涉及少数人（包括少数民族）文化权利保护内容的联合国人权法体系主要有《联合国宪章》、《世界人权宣言》、《公民权利和政治权利国际公约》及其第一项和第二项任择议定书、《经济、社会、文化

---

① 笔者浏览了各民族自治地方的自治条例和有关文化的单行条例，尤其是重点研读了蒙古族自治地方（1 个自治区、3 个自治州、8 个自治县）的自治条例、有关文化的单行条例，并关注传统生活方式方面的文化性权利规定。

② 联合国大会于 2013 年 10 月 23 日，对中国向联合国人权理事会提交的《国家人权报告》（2013 年 8 月）进行了审议，并于 10 月 25 日通过了最终的审议报告，于 12 月 4 日正式公布了《普遍定期审议结果（第二轮）[中国（包括中国香港和中国澳门）]（2013. 12）》（A/HRC/25/5）。在该审议结果中，笔者统计至少有 35 个国家关注中国批准《公民权利和政治权利国际公约》事宜。

权利国际公约》、《消除一切形式种族歧视公约》、《防止及惩治灭绝种族罪公约》、《少数人权利宣言》、《儿童权利公约》、《残疾人权利公约》等一系列具有法律约束力的条约和具有特别道义地位的宣言。当然在这一人权法体系中还有一些区域性公约和国际组织出台的建议书，前者如《欧洲人权公约》《少数民族保护框架公约》，后者如族群关系基金会《关于少数民族教育权利的海牙建议书》《关于少数民族语言权利的奥斯陆建议书》《关于少数民族有效参与公共生活的隆德建议书》等。另外，值得一提的是，联合国某些人权机构的一般性意见、报告、评述、建议、立法范本、司法或准司法判例等，均在不同角度上解读着上述条约、宣言。这些均对蒙古文化概念的界定有所启示。

（一）差别保护和积极促进思想为蒙古文化的概念界定提供了基本理念

通过研读上述国际人权法，可以清晰地感知到：20 世纪 90 年代前，国际人权法对少数民族权利的保护，主要是基于公民身份的平等保护，它包含平等权利的确认和非歧视。这种以普遍的平等和非歧视原则保护少数人的模式，在战后持续了 20 多年。直到《公民权利和政治权利国际公约》的通过，情况才有所改观。以《公民权利和政治权利国际公约》第 27 条为发端，以《少数人权利宣言》等为核心，形成了一个内容全面、深刻的国际少数民族人权差别保护法律体系。少数人同多数人的差别是差别保护人权法的根基。这种差别，有时体现为历史或境遇的差别，有时体现为自身特征或文化特性的差别。前一差别，在共同领域中产生了少数民族人权保护的必要性，它要求国家通过优惠或帮助等手段创造和恢复平等，以救济少数民族在公平竞争中所处的不利地位，进而取消差别，实现实质平等。后一差别，在分立领域中产生了对少数民族人权保护的必要性，它要求国家以促进民族认同和文化多元为价值基础，采取适当的立法或其他措施，保持、鼓励或促进差别，以实现实质平等。两类措施殊途同归，但对差别的态度却截然不同。可见，差别保护和积极促进，是国际人权法中的少数人保护理念。这两个理念将指导蒙古文化的概念界定。差别保护和积极促进理念要求我们在界定蒙古文化概念时，要注重蒙古文化同其他文化的差别，这些差别就是需要取消或保护的。分立领域需要保护的差别，在某种程度上可以被认为是蒙古文化的“范畴”，需要针对其进行保护和促进，而促进时，针对共同领域中的不利地位，采取积极措施保障少数群体的文化权利（包括文化决策权利），就是蒙古文化可持续发展法律保护的应有之意。

（二）《联合国宪章》《世界人权宣言》为蒙古文化的概念界定确立了原则

《联合国宪章》第 55 条确定了不得基于种族、性别、语言和宗教的非歧视原则；《世界人权宣言》第 1 条宣告了：“人人生而自由，在尊严和权利上一律平等”的平等原则。宣言第 27 条，确定了人人“有权自由参加社会的文化生活、享受艺术，并分享科学进步及其产生的福利”这一基本的文化权利和自由。宪章和宣言中的这些原则性规定，为后来的国际人权公约、宣言以及许多国家的宪法所采用。它们在国际社会中，已经起到了类似法律原则的作用。有一种国际宪法的意味。界定蒙古文化概念时，需要与他者进行区分，而这种区分不能违背上面的平等、非歧视及确保自由参加社会文化生活的基本自由和权利等基本原则。

（三）国际人权两公约、少数人权利宣言为蒙古文化的概念界定确立了范畴

国际人权两公约是在少数群体（包括少数民族）的文化权利保障方面，对缔约国具有约束力的国际人权文书。截至 2009 年，《公民权利和政治权利国际公约》缔约国已达 164 个，《经济、社会和文化权利国际公约》缔约国已达 160 个。《经济、社会和文化权利国际公约》第 15 条第 1 款（甲项）规定了普遍性的“人人有权参加文化生活”的自由。联合国经社文权利委员会针对该条的一般性意见指出：“人人”一词可指“个人”“与其他人联合”“社区或团体”三种情况。[①] 为实现 15 条（甲项）之目的，文化“包含，除其他外，生活方式、语言、口头和书面文学、音乐和歌曲、非口头交流、宗教或信仰制度、礼仪和仪式、体育和游戏、生产方法或技术、自然和人为环境、食品、服装、风俗习惯和传统，通过这些，个人、个人的

① 参见联合国经社文权利委员会 2009 年第 43 届会议通过的《第 21 号一般性意见：人人有权参加文化生活（〈经济、社会、文化权利公约〉第十五条第一款（甲）项）》第 9 项。

团体和社区表达其人性及其赋予生存的意义，并建立其世界观，这是一个人同影响其生活的各种外部力量遭遇的总和。文化塑造并反映个人、个人的团体和社区的幸福价值观和经济、社会和政治生活”。[①] 从这一定义看到了文化对人本身的决定性意义，文化对经济、社会和政治的影射及塑造作用，体现了文化内容的广泛多面性与系统综合性、文化形式的物质显性与精神隐性。这些均对蒙古文化的概念界定有重要启示，而且我国已批准了《经济、社会和文化权利国际公约》，已成为其缔约国，联合国经社理事会对公约实施的一般性意见，我国国内立法理应接受。

从目前而言，对少数民族文化认同权利的保护具有普遍约束力的也是最有效的国际人权法条文当属《公民权利和政治权利国际公约》第 27 条，该条规定在存在少数群体的国家中，不得否认属于少数人（包括少数民族）群体的成员“同他们同一群体的其他成员一起享受自己文化、信奉自己宗教、或使用自己语言”的权利。联合国人权事务委员会认为：“依照该条受到保护的权利的这个或那个方面——例如享受某一种特定文化——可能是同领土和资源的使用密切相关的一种生活方式。”[②] 从这一意见可以看出，同领土和资源的使用密切相关的生活方式，属于少数民族文化的范畴。

为落实《公民权利和政治权利国际公约》第 27 条，需要以肯定而积极的形式赋予少数群体成员以权利，赋予国家以义务。于是《公民权利和政治权利国际公约》第 27 条直接导致了《在民族或族裔、宗教和语言上属于少数群体的人的权利宣言》（少数人权利宣言）的诞生。宣言宣告了属于少数群体的人“有权私下和公开、自由而不受干扰或任何形式歧视地享有其文化，信奉其宗教并举行其仪式以及使用其语言”。（第 2 条第 1 款）国家有义务“在各自领土内保护少数群体的存在及其民族或族裔、文化、宗教和语言上的特征并应促进该特征的条件”。（第 1 条第 1 款）而且联合国促进和保护人权小组委员会少数人问题工作组主席阿斯比约恩·艾德在《对〈在民族或族裔、宗教和语言上属于少数群体的人的权利宣言〉评述的最后案文》中也重申，民族或族裔的少数人通常会以一个广义的文化概念包括

① 参见联合国经社文权利委员会 2009 年第 43 届会议通过的《第 21 号一般性意见：人人有权参加文化生活（〈经济、社会、文化权利公约〉第十五条第一款（甲）项）》第 13 项。

② 参见联合国人权事务委员会 1994 年第 50 届会议通过的《第 23 号一般性意见：第二十七条少数群体的权利》第 3 条 2 款。

生活方式来界定。[①]

（四）少数人文化权利保护案例法为蒙古文化的概念界定提供了实践范例

依《公民权利和政治权利国际公约》第27条主张少数民族文化权利的著名案例主要有Sandra lovelace v. Canada（洛夫莱斯诉加拿大：第一卷）、Bernard Ominayak，Chief of the Lubicon Lake Band v. Canada（卢比康湖队首领伯纳德·奥米纳亚克诉加拿大），Ivan Kitok v. Sweden（柯图克诉瑞典），Ilmari lansman et al. v. Finland（L. 拉斯曼等诉芬兰），Jouni E. lansman et al. v. Finland（J. E. 拉斯曼等诉芬兰）等。依《欧洲人权公约》主张少数人文化权利的案例主要有：48 Kalderas Gipsies v. the Federal Republic of Germany and the Netherland（48位卡德拉斯吉卜赛人诉联邦德国与荷兰）、G. and E. v. Norway（G. 和 E. 诉挪威）、Buckley v. UK（伯克利诉英国）。[②]上述这些案例，在细节和内容上丰富了公约第27条，使该条文的边界更加清晰，使国际人权法意义上的“文化”更具可操作性。这些案例所透露出来的法理表明：文化本身以多种形式表现出来，包括与土地资源的使用相联系的特定的生活方式，意即当经济活动构成一个社会的基本文化要素时，此时的经济活动就是公约第27条意义上的“文化”范畴。故而保护这种生活方式诸如与捕鱼、狩猎、放牧等（某种程度上是经济生产方式）密切相关的环境、资源也就间接地保护了文化和文化权利。因此成员国政府促进经济发展的措施是否破坏了少数民族特殊的生活方式，这种措施是否为客观需要且在允许的合理限度内，这些类似的措施或活动合在一起是否构成对文化权利的侵害等，这些是审查的重点。另外，委员会认为不是所有的妨碍传统生活方式的措施都是被禁止的。享受自己文化的权利不应该被理解为“不计一切代

---

① 阿斯比约恩·艾德区分了少数族群（ethic minority）和少数民族（national identity），认为前者更注重文化权利，后者既注重文化权利又注重民族国家认同。参见联合国促进和保护人权小组委员会少数人问题工作组主席阿斯比约恩·艾德《对〈在民族或族裔、宗教和语言上属于少数群体的人的权利宣言〉评述的最后案文》（英文版）第6点。资料来源于田勇《少数人权利的法理》，社会科学文献出版社，2002，第266页。

② 周勇：《少数人权利的法理》，社会科学文献出版社，2002，第72～88页，第188～194页。另外，上述案例的英文版，可以参见联合国人权事务委员会根据《任则议定书》作出的若干决定，已出至第9卷。这些决定汇集了人权事务委员会1985～2007年处理的案例。

价”和“保护一切旧有形式”。另外文化权利的行使和享有，需要积极的法律措施以及确保少数民族在相关利益事项上的有效参与或自治。[①]

三 基于国际人权法视角的蒙古文化概念界定相关因素分析

（一）蒙古文化概念界定的逻辑思路

“概念”是对特征的独特组合而形成的知识单元。这些特征分为对理解概念不可缺少的“本质特征”和一个概念同其他概念相区别的“本质特征”，即“区别特征”。描述并区别不同概念，需要借助内涵和外延。内涵是指构成一个概念的全部特征，外延是一个概念对应的客体总和。[②] 看来要界定“蒙古文化”的概念，主要是找出其本质特征，找出决定其成为“蒙古文化”的本质特征和“蒙古文化”与其他文化相区别的本质特征。从概念体系的角度看，由于上位概念“文化”概念的模糊性，所以为界定清楚“蒙古文化”的概念，需要先找出“文化”的内涵和外延，然后再找出蒙古文化的内涵，最后找出蒙古文化的外延。

另外，一个特别值得注意的是，不论是“文化”“蒙古文化”，还是“文化的内涵”或“文化的外延”，我们界定这些概念的出发点就是为了给法律的保护提供最基本的对象性界定，为法律的保护提供思路和基本的边界。这是界定蒙古文化概念的逻辑前提。

（二）蒙古文化概念的上位概念“文化”的概念界定

“文化”是人创造的，要想揭示其本质，从纷繁复杂的差别出发将是不明智的。而事实上，表面上的多样性文化背后具有惊人的统一性。这种统一性的具体要素如果从文化的“人性”基础和文化的“起因”这些根本性的问题出发来探究，无论是理论上还是实践上应该均具有可行性。因为不论这些文化有多么的不同，它们都是不同种类的“人”创造的。而人性及人的

---

① 相关观点参见人权事务委员会 1994 年第十五届会议《第 23 号一般意见：第 27 条少数群体的权利》第 7 项；白桂梅、刘骁主编《人权法教学参考生资料选编》，北京大学出版社，2012，第 50～51 页；周勇《少数人权利的法理》，社会科学文献出版社，2002，第 106 页。

② 参见中华人民共和国国家标准 GB/T15237.1－2000。

需要不论时空均具有一定的共通性。这已为人类学大师和心理学大师所洞悉。人类学家布罗尼斯拉夫·马林诺夫斯基在《文化论》中说："各个文化的差异性虽然很大，但是其中也有很多相同之点。因为文化通常用相同的方法来解决一组同一的问题。这所谓同一的问题主要的是人类有机体上的生物需要，不过，即在这些基本需要的满足方法中，又生出一串衍生的、手段的和完整的文化需要。"[①] 马林诺夫斯基认为，文化要对生物性需要（如食物和生殖）、工具性需要（如法律和教育）以及整合性需要（如宗教和艺术）做出安排，从这些需要的满足和安排方式中，能推测出文化特质的起源。[②] 美国心理学家亚伯拉罕·马斯洛，将人类的基本需要分为生理需要、安全需要、归属和爱的需要、自尊需要、自我实现的需要。在解释这些需要的文化特性时，马斯洛指出，对基本需要的分类，某种程度上是为了试图解释文化之间表面多样性后面的统一性。[③] 心理学为这种统一性提供了根据，马斯洛通过对健康心理现象的分析认为，文化是提供各种愿望满足的源泉，它是一种满足愿望、创造幸福、促成自我实现的力量。[④] 同时文化也是一种适应性的工具，它使生理上的危机情况发生得越来越少。[⑤] 承认文化在整体上是需要满足的适应性工具这一特点的同时，马斯洛也并未否认文化对个体个性的塑造、训练、影响作用和强迫、阻碍力量这些心理学研究成果。

从人性需要的角度来看，文化与需要之间密切相关。这一点已毋庸置疑。甚至法律也是需要的产物，同时又是决定人之所以成为人的需要的政治确认。这种确认可以是国家的国内法，也可以是主权国家认可的联合国的国际法。法律通过权利的形式确认对需要进行了安排的文化。这种确认也完成了法律的真正使命（法律对我们来说是什么）："为了我们想要做的人和我们旨在享有的社会。"[⑥] 文化研究的人性视角，时刻在启示我们，文

---

① 〔英〕布罗尼斯拉夫·马林诺夫斯基：《文化论》，费孝通译，华夏出版社，2002，第107页。

② 〔美〕威廉·A. 哈维兰：《文化人类学》（第十版），瞿铁鹏等译，上海社会科学院出版社，2006，第51页。

③ 〔美〕亚伯拉罕·马斯洛：《动机与人格》（第三版），许金声译，中国人民大学出版社，2013，第15～31页。

④ 〔美〕亚伯拉罕·马斯洛：《动机与人格》（第三版），许金声译，中国人民大学出版社，2013，第192页。

⑤ 〔美〕亚伯拉罕·马斯洛：《动机与人格》（第三版），许金声译，中国人民大学出版社，2013，第17页。

⑥ 〔美〕德沃金：《法律的帝国》，李常青译，中国大百科全书出版社，1996，第367页。

化是一种安排人性需要的功能性意义系统。这一意义系统由行为物质系统（表现系统）、制度规则系统（秩序系统）、意识观念系统（精神系统）以及综合系统（生活方式）四个价值不同的层级共生子系统组成，这些子系统之间不是割裂的，而是彼此融合、渗透、影响并互相需要着的，意即子系统之间具有共生关系，它们又共同成就了文化这一大系统。法律要对这四大系统做出保护。结合上文联合国经社文权利委员会对《第 21 号一般性意见：人人有权参加文化生活（〈经济、社会、文化权利公约〉第十五条第一款（甲）项)》第 13 项的解释，笔者认为语言、口头文学、书面文学、非口头交流、体育和游戏、生产方法或技术、自然和人为环境、食品、服装等，这些从其主导方面看，属于表现系统。宗教或信仰制度、礼仪或仪式、风俗习惯及传统等这些从其主导方面看，属于秩序系统；抽象的价值、信念、价值观、世界观等这些决定着人们行为理由的意识观念部分，从其主导方面看，属于精神系统；最后，人们的生活方式是法律的出发点，保证了人们的生活方式就是保护了“我是谁”“我们是谁”的个体尊严和群体尊严。而对“我是谁”“我们是谁”的这一哲学终极问题的最好回答就是保护包括表现系统、秩序系统和精神系统之和的“生活方式”这一综合系统。如果从宏观、抽象及简化的角度来理解和界定文化，将文化直接界定为生活方式也未尝不可。这可能也是《公民权利和政治权利国际公约》第 27 条的最终目的，是该条在保护少数人文化权利方面发挥巨大作用的根本原因。

（三）影响蒙古文化概念界定的其他相关因素

从国际人权法的平等和非歧视原则及相关的法律规则规定可以看出，法律意义上的少数人的文化在某种程度上可以看作基于平等和非歧视的原则而保障的某一少数人主体的特殊的生活方式。而这种生活方式并不是孤立的而是同其他相关方面紧密相关的。

首先，文化同种族、族群等密切相关，但种族或族裔特性是文化差异的决定性因素吗？对此汤因比在探究文明起源时认为，如果文明的起源由种族决定，那其假设的前提便是：心理素质的人种特征与体质上的人种特征之间存在一种永恒的确定不变的联系。[①] 而这种假设显然是不成立的，将

---

① 〔英〕阿诺德·汤因比：《历史研究》，刘北成等译，上海世纪出版集团，2005，第 64 页。

一对双胞胎放在迥然不同的文化环境中成长，成年后其人种特征相同，但其心理素质是极其不同的。可见，文化同种族有关，但种族不是决定性因素。另外，种族本身还是一个不十分确定的概念。在蒙古族的形成过程中，融合并同化了许多北方的少数民族。可以说蒙古族曾经享有并创造了属于自己的游牧“生活方式”，但不能说游牧这种生活方式是由蒙古族这一人种特征所决定的。另外，以蒙古族为例，蒙古民族遍布世界各地，不同地方的蒙古族，都在同各种自然的、环境的、国家的、民族的等各种关系的互动或者对各种挑战的应战过程中形成了自己的生活方式，而这些生活方式均应在保护之列。只不过对其保护的主体或主导力量是不同的。主要由所在的主权国家进行保护，当然联合国或主权国家的联合保护也非常重要。

其次，环境是文化差异的决定性因素吗？对此，汤因比列举了许多环境相同，文化却十分迥异的例子。并进而指出，在文化或文明的起源中，不存在单一因素的决定论。文明起源于多因，它不是一个统一的整体，而是一种挑战与应战的关系，根据不同挑战的不同应战方式划分了各色人等，这就是不同文化或文明的起源。① 这种说法对我们理解国际人权法规则及案例有较大的帮助。文化的保存同其他因素紧密相关，比如同特定生活方式密切相连的环境、资源、土地等。这些本身不是文化，但如果对其破坏会影响文化的“生活方式”系统，那就会被国际人权法所禁止。

再次，少数人文化如何应对全球化、现代化和信息化趋势？既然文化是一种生活方式，而生活方式并不是永恒不变的，在全球化、现代化和信息化的背景下，这一问题更加突出。上文已经论述过，尊重少数民族的生活方式，从人类的角度看，是为了保护多样性的文化。从少数民族的角度看，保护和尊重其生活方式以及与其生活方式密切相关的一切文化系统，是少数民族在法律上的权利。而既然是权利，就要有界限，享受自己文化的权利不应该被理解为“不计一切代价”和“保护一切旧有形式”。笔者认为在可容忍的限度内（是否可以理解为不影响“我是谁”的追问）为了合理目的、客观的需要，而采取的一定程度上影响少数人生活方式的措施可能并不会被宣告为违法。另外，法律上的权利是一种资格，它可以强烈地主张，也可以有尊严地放弃。文化权利的享有或行使应该有少数民族的有

① 〔英〕阿诺德·汤因比：《历史研究》，刘北成等译，上海世纪出版集团，2005，第64页。

效参与，协商民主或不同形式的自治都是行使权利的方式。少数民族可以自己决定在多大程度上保留自己的生活方式。

四　结语

蒙古文化是居于世界各地的蒙古民族[①]及其国家，对其需要进行安排的功能性意义系统。这一意义系统由行为物质系统（表现系统）、制度规则系统（秩序系统）、意识观念系统（精神系统）以及综合系统（生活方式）四个价值不同的层级共生子系统组成，这些子系统之间不是割裂的，而是彼此融合、渗透、影响并互相需要着的，意即子系统之间具有共生关系，它们又共同成就了蒙古文化这一大系统。对蒙古文化而言，表现系统中最需要保护的是蒙古语、传统奶食品等的生产方法或技术等。秩序系统中需要保护的是其风俗习惯、宗教信仰、成吉思汗的祭祀仪式以及那达慕大会等。上述这两个系统中的一些文化保护，在我国现行法律体系中，已为《中华人民共和国非物质文化遗产法》和《中华人民共和国文物保护法》所保护。[②] 而宗教信仰及精神系统的观念保护，则主要基于宪法以及民族区域自治法等法律法规。在中国当下，最具争议的、在法律上尚未做界定的当属“生活方式”这一综合系统。相信在我们批准《公民权利和政治权利国际公约》的准备进程中，“蒙古文化”在综合意义上就是“蒙古族的生活方式”，这一定义一定会被认真地加以思考和讨论。

---

① 居住在各地的蒙古民族称呼不同，笔者用中国汉语言文字“蒙古民族”来统一称呼居住在世界各地的蒙古民族，包括蒙古国的蒙古民族。当然，单从国家的角度看，蒙古国的蒙古民族并不是该国的少数民族。其生活方式的保护，在蒙古国并不突出。但笔者是从国际人权法视角谈少数民族文化保护，另外，从国家间合作的角度看，蒙古族文化的保护不能回避蒙古国的蒙古族。中国对居住在境内的蒙古族文化权利的保护，也应多参考蒙古国的做法。

② 参见《中华人民共和国非物质文化遗产法》第 2 条，本法所称非物质文化遗产，是指各族人民世代相传并视为其文化遗产组成部分的各种传统文化表现形式，以及与传统文化表现形式相关的实物和场所。包括：（一）传统口头文学以及作为其载体的语言；（二）传统美术、书法、音乐、舞蹈、戏剧、曲艺和杂技；（三）传统技艺、医药和历法；（四）传统礼仪、节庆等民俗；（五）传统体育和游艺；（六）其他非物质文化遗产。属于非物质文化遗产组成部分的实物和场所，凡属文物的，适用《中华人民共和国文物保护法》的有关规定。

自治州自治立法权及立法问题研究

谭艳军*

摘要： 在中国共产党的领导下，探索并确立了民族区域自治制度以解决国内民族问题，制定了一系列民族政策和法律，明确了自治州的自治立法权。立法法修订后，全国30个自治州的人民代表大会有权制定自治条例和单行条例，并赋予了自治州的人民代表大会及其常务委员会制定地方性法规的权力。在该背景下，自治州的自治立法面临机遇和挑战，本文分析了自治立法的相关特性，介绍了自治州立法的现状，有针对性地提出对策建议。

关键词： 自治州　民族区域自治制度　自治立法权

自治州作为我国民族区域自治地方的重要层级，在省级与县级之间起到了承上启下的作用。我国有30个自治州，分布在吉林（1个）、湖北（1个）、湖南（1个）、四川（3个）、贵州（3个）、云南（8个）、甘肃（2个）、青海（6个）、新疆（5个）等9个省份。宪法、立法法、民族区域自治法明确规定了自治州享有自治条例、单行条例的立法权和立法变通权。2015年立法法修订以来，自治州人大及其常委会被赋予城乡建设与管理、环境保护、历史文化保护等方面事项的地方性法规制定权，自治州政府被赋予相应事项范围内的规章制定权。自治州多种立法权并存，立法主体多元化，立法权限划分却不甚明确，尤其是自治州人大及其常委会的立法权限之间、自治立法事项与非自治立法事项之间不好区分，对于自治州人大如何合理行使“两个立法权”亟待认真研究。在新形势下，进一步厘清思

---

* 谭艳军，中南民族大学民族法学博士生，恩施土家族苗族自治州人大常委会法制工作委员会办公室主任。

路，凝聚共识，提高自治立法和地方性立法的针对性和精细化水平，特别是要进一步推进自治州的自治立法工作，努力发挥民族自治地方自治立法对全面深化改革、全面建成小康社会的引领和推动作用。

一 民族区域自治制度与自治立法权的历史考察

中国是一个幅员辽阔、面积广大、居住着多个民族的国家。民族区域自治在中国，经历了多年的探索和发展，成为中国共产党解决国内民族问题的基本政策，然后被付诸实践，如今成为我国的基本制度。

（一）新中国成立前的民族区域自治制度探索及法制建设

中国共产党自成立以来，始终坚持马克思主义民族平等与团结的根本原则，在形式上，经历了从“民族自决”到“民族区域自治”的历史演进。中共二大首次提出了“蒙古、西藏、回疆三部”实行自决，用自由联邦制度，统一中国本部、蒙古、西藏、回疆，建立中华联邦共和国的主张。1931 年 11 月，《中华苏维埃共和国宪法大纲》首次给民族自决权赋予了“加入或脱离中国苏维埃联邦”之外的第三层含义——“建立独立的自治区域”。[①] 中华苏维埃第一次代表大会通过的《关于中国境内少数民族的决议案》规定：“中华苏维埃共和国绝对地无条件地承认这些少数民族自决权……蒙古、西藏、新疆、云南、贵州等一定区域内，居住的人民有某种非汉族而人口占大多数的民族，都由当地这种民族的劳苦群众自己去决定：他们是否愿意和中华苏维埃共和国分离而另外单独成立自己的国家，还是愿意加入苏维埃联邦或者在中华苏维埃共和国之内成立自治区。”[②]

1937 年 2 月，中共中央在关于内蒙古工作致少数民族委员会的信中第一次明确指出：“在目前宣传蒙人的独立或分裂，甚至与汉族统治者对立，这是非常不妥当的。而且会给日本以便利。”[③] 1938 年 9 ~ 11 月，中共扩大的六届六中全会在延安召开，毛泽东在大会上做了《论新阶段》的政治报

① 中央档案馆：《中共中央文件选集》（第 7 册），中共中央党校出版社，1991，第 775 页。

② 中共中央统战部：《民族问题文献汇编》，中共中央党校出版社，1991，第 169 ~ 170 页。

③ 中央统战部、中央档案馆：《中共中央抗日民族统一战线文件选编》（中），档案出版社，1985，第 382 页。

告，指出："允许蒙、回、藏、苗、瑶、夷、番各民族与汉族有平等权利，在共同对日原则之下，有自己管理自己事务之权，同时与汉族联合建立统一的国家"，"对国内各民族，给予平等权利，而在自愿原则下相互团结，建立统一的政府"。[①] 他没有再提"民族自决"和"自由联邦"，并初步阐述了民族区域自治的各项具体政策。[②] 之后出现了新旧两种民族问题主张并存与消长的局面——民族自决提法日渐淡出，民族区域自治政策在实践中不断成熟。

1945 年 4 月，毛泽东在中共七大上作了《论联合政府》的政治报告，"要求改善国内少数民族的待遇，允许各少数民族有民族自决权及在自愿原则下和汉族联合建立联邦国家的权利"。[③] 1945 年 6 月，中共七大通过的《中国共产党党章》明确提出："为建立独立、自由、民主、统一与富强的各革命阶级联盟与各民族自由联合的新民主主义联邦共和国而奋斗。"[④]

从抗战后期开始，中共在蒙古族、回族和黎族聚居区中相继建立了一批民族自治政权，特别是 1947 年建立的我国第一个省级民族自治区——内蒙古自治区，为新中国实行民族区域自治制度积累了经验，提供了示范。

1949 年，在中国人民政治协商会议筹备期间，毛泽东曾就是否实行联邦制问题征求当时主管民族工作的李维汉的意见。经过调查研究，李维汉认为我国同苏联国情不同，不宜实行联邦制，还研究了斯大林把自治分为行政自治、比较广泛的政治自治、更加扩大的自治、最高自治形式即条约关系四级的论述，他觉得其中"行政自治"一级适合中国国情，建议采用，即我国多年来实行的民族区域自治制度。同年 9 月 7 日，周恩来在《关于人民政协的几个问题》的报告中阐明了新中国的民族基本政策和国家结构形式，他说："任何民族都是有自决权的，这是毫无疑问的事，但是今天帝国主义者又想分裂我们的西藏、台湾，甚至新疆，在这种情况下，我们希望各民族不要听帝国主义者的挑拨……我们国家的名称，叫中华人民共和国，而不叫联邦。"[⑤] 9 月 22 日，周恩来进一步阐述了新民主主义民族政策的基

① 中共中央统战部：《民族问题文献汇编》，中共中央党校出版社，1991，第 307 页。
② 中央档案馆：《中共中央文件选集》（第 11 册），中共中央党校出版社，1991，第 619～620 页。
③ 《论联合政府》，渤海新华书店，1948，第 47 页。
④ 中共中央统战部：《民族问题文献汇编》，中共中央党校出版社，1991，第 595～597 页。
⑤ 中共中央统战部：《民族问题文献汇编》，中共中央党校出版社，1991，第 1267 页。

本精神，他指出："其基本精神是使中华人民共和国成为各民族友爱合作的大家庭，必须反对各民族的内部的公敌和外部的帝国主义，而在各民族的大家庭中，又必须经常反对大民族主义和狭隘民族主义的倾向。各少数民族的区域自治、武装权利及其宗教信仰之被尊重，均在条文中加以明确的规定。"①

在民族区域自治制度的探索过程中，一些自治法规或具有法律意义的决议相继颁布或通过。

1926 年 12 月，在中国共产党的领导下召开的湖南省第一次农民代表大会和全省第一次工人代表大会通过了《解放苗、瑶决议案》，明确意识到苗、瑶民族"都是爱和平的民族"，指出要"开办苗瑶简易学校"，实现与汉族在政治、经济上的平等。1931 年的《关于中国境内少数民族问题的决议案》和 1934 年的《中华苏维埃共和国宪法大纲》以国家根本法的形式正式宣布在苏维埃法律面前各民族一律平等。这与同一时期各地军阀、国民党对少数民族风俗习惯乃至对少数民族本身采取的强制同化政策形成了鲜明的对照。1936 年 10 月，在中国共产党领导的"陕甘宁省"成立了"豫海县回民自治政府"，颁布了《豫海县回民自治政府条例》，这是民主革命时期我国少数民族建立的革命自治政府所颁布的第一个自治法规。② 1946 年 4 月 23 日，陕甘宁边区第三届参议会第一次大会通过的《陕甘宁边区宪法原则》第一次提出"自治法规"的概念，这是我国民族法制史上的一个创举。1946 年在革命根据地曾颁布过"回族自治法"。1947 年内蒙古自治区自治政府成立时，内蒙古人民代表会议通过了《内蒙古自治政府实施纲领》和《内蒙古自治政府暂行组织大纲》，这两个规范性文件是我国民族自治立法萌芽的重要标志。1949 年 9 月中国人民政治协商会议通过的《中国人民政治协商会议共同纲领》明确规定：各少数民族聚居的地区，应实行民族区域自治，按照民族聚居的人口多少的区域大小，分别建立各种民族自治机关，第一次以法律形式确定了我国实行民族区域自治制度，虽然没有具体规定民族自治立法的问题。

---

① 《周恩来选集》上卷，人民出版社，1980，第 370 页。

② 中共同心县委党史资料征集办公室编《回民解放的先声——陕甘宁省豫海县回民自治政府史料》，1986，第 13 页。

（二）新中国成立初期的民族区域自治制度的确立及法制建设

1949 年 9 月 29 日，中国人民政治协商会议第一届全体会议通过了起临时宪法作用的《中国人民政治协商会议共同纲领》，其中第五十一条规定“各少数民族聚居的地区，应实行民族的区域自治，按照民族聚居的人口多少和区域大小，分别建立各种民族自治机关”，这就标志着民族区域自治作为一项重要的政治制度在我国最终确立。民族区域自治制度把民族自治和区域自治、政治因素和经济因素、历史因素和现实因素有机地结合起来，为少数民族管理内部事务和参与国家管理的民主权利提供了切实的制度保障，具有深刻的历史必然性和极大的政治优越性。正如周恩来在 1958 年青岛民族工作座谈会上指出：“在中国适宜于实行民族区域自治，而不适宜于建立也无法建立民族共和国。历史发展没有给我们造成这样的条件，我们就不能采取这样的办法。历史发展给我们造成了另一种条件，这种条件适宜于民族合作，适宜于实行民族区域自治。一个民族不仅可以在一个地方实行自治，成立自治区，而且可以分别在很多地方成立自治州、自治县和民族乡。”①

自 1949 年中华人民共和国建立之后，党和国家制定了以民族平等和民族团结为总政策的一系列民族政策和法律。1952 年 8 月 8 日中央人民政府委员会批准颁布的《中华人民共和国民族区域自治实施纲要》规定：“各民族自治机关在中央人民政府和上级人民政府法令所规定的范围内，依其自治权限，得制定本自治区单行法规，层报上两级人民政府批准”，“凡经各级地方人民政府批准的各民族自治区单行法规，均须层报中央人民政务院备案”。这一规定是新中国成立后我国民族自治地方立法的最直接的法律依据，也是我国法制史上第一次系统而又具体地规范民族区域自治制度。② 从 1952 年下半年起至 1954 年宪法颁布之前，全国各民族自治区先后制定了 26 个单行法规。③ 如 1953 年 2 月政务院和准备案的《湖南省湘西苗族自治区首届第一次各界人民代表会议关于施政方针的六项决议》，1953 年制定的《云南省西双版纳傣族自治区各族人民代表会议组织暂行条例（草案）》《云

① 周恩来：《周恩来统一战线文选》，人民出版社，1984，第 372～373 页。

② 史筠：《民族区域自治法概论》，辽宁人民出版社，1990，第 42～43 页。

③ 根据全国人民代表大会常务委员会办公厅民族室 1954 年汇编材料统计。

南省西双版纳傣族自治区各族人民代表会议协商委员会组织暂行条例（草案)》《贵州省丹寨县苗族自治区关于在苗民中实行〈中华人民共和国婚姻法〉的若干规定（草案)》，这一系列单行法规的制定，是我国各民族自治地方早期制定自治法规的重要尝试。

1954 年，第一届全国人民代表大会通过新中国第一部宪法，对民族自治机关的立法权限予以保留，规定自治区、自治州和自治县为民族自治地方，民族自治地方的自治机关可以根据当地民族的政治、经济和文化的特点制定自治条例和单行条例，报全国人大常委会批准。自 1955 年起到 1966 年“文化大革命”开始时止，我国的民族区域自治法制建设主要进行了两个方面的工作：一是制定了民族自治地方的财政管理办法，如 1958 年 6 月 5 日经全国人民代表大会常务委员会批准由国务院公布的《民族自治地方财政管理暂行办法》；二是民族自治地方制定了一系列组织条例，至 1966 年 2 月止，全国共建立了 98 个民族自治地方，这些民族自治地方的自治机关，报经全国人民代表大会常务委员会批准，共制定了 48 个单行条例。[①]

1966 年 6 月“文化大革命”全面爆发，民族自治地方的自治机关陷入瘫痪状态，民族自治立法也随之停顿。1975 年。第四届全国人民代表大会第一次会议通过的宪法取消了民族自治地方制定自治条例和单行条例的自治权。1978 年第五届全国人民代表大会第一次会议通过的宪法恢复了民族自治地方制定自治条例和单行条例的自治权，但由于“左”倾错误尚未纠正，民族自治地方立法的实际工作仍未起步。

（三）改革开放以来的民族区域自治制度的发展及法制建设

党的十一届三中全会以来，党和国家在强调要完善国家的宪法和法律，加强社会主义法制建设的同时，很注意强调必须加强民族区域自治法制建设。1981 年党的十一届六中全会通过的《关于建国以来党的若干历史问题的决议》指出：“必须坚持实行民族区域自治，加强民族区域自治法制建设，保障各少数民族地区根据本地区实际情况贯彻执行党和国家政策的自主权。”

民族自治立法工作在该时期也得以恢复。1981 年第五届全国人民代表

① 史筠：《民族区域自治法概论》，辽宁人民出版社，1990，第 53 页。

大会第四次会议决定：要加快民族区域自治法等的民族立法工作。1982 年宪法对民族区域自治法制建设做出了原则性的规定，同年《全国人民代表大会常务委员会工作报告》进一步强调要加强和推动民族立法工作。1984 年我国颁布了民族区域自治法，标志着我国的民族区域自治走上了有法可依、必须依法办事的新阶段。延边朝鲜族自治州人大依据 1982 年宪法和 1984 年民族区域自治法，于 1985 年率先制定并通过了《延边朝鲜族自治州自治条例》，同年经吉林省人大常委会批准并报全国人大常委会备案，该条例于 1985 年 10 月 1 日起实施，是我国第一部少数民族自治地方的自治条例。1991 年，国务院发布了《关于进一步贯彻实施〈中华人民共和国民族区域自治法〉若干问题的通知》，指出在新的形势下，民族地区要继续贯彻自力更生、艰苦奋斗、勤俭办一切事业的方针，发挥资源优势，增强自我发展能力。2000 年，立法法颁布施行，对规范民族地区立法活动，推进法制建设，发挥了重要作用。2012 年国务院在其发布的《少数民族事业“十二五”规划》中提到，在“十二五”期间，要加强民族理论政策体系和民族法律法规体系建设，提高民族工作决策和管理水平。2014 年中央民族工作会议指出，要用法治思维做好民族工作。十八届四中全会通过的《关于全面推进依法治国若干重大问题的决定》，进一步为推进民族法治化进程指明了方向。2015 年立法法修订，在赋予设区的市享有地方立法权的同时，规定自治州人大及其常委会在城乡建设与管理、环境保护、历史文化保护等方面可以制定地方性法规。

目前，四川、青海、甘肃、云南、湖北、广东、辽宁、湖南、湖北等辖有民族自治地方的省都先后制定了实施民族区域自治法的规定和意见。从涉及的领域来看，各民族自治地方制定的单行条例主要集中表现在农业、工业、服务业方面。实事求是地说，目前已形成的民族法律体系还是初步的、不完备的，面对新形势、新问题，根据民族工作的实际需要，应该进一步加强民族法制建设，依法推进民族工作法治进程。

二　自治立法的特性分析

民族区域自治制度作为我国解决民族问题的基本政治制度，是在少数民族聚居的区域内坚持统一与自治相结合、民族因素与区域因素相结合。

民族区域自治是为了保障少数群体的权益，使少数民族自主管理本民族、本区域的内部事务，实现民族区域自治最重要的是保障自治区域的自治权，行使自治立法权是实现自治权的基本方式。[①] 而自治立法权是指在民族区域自治制度下，各自治地方根据宪法、民族区域自治法、立法法的授权，结合本民族实际情况制定自治条例和单行条例的权力。自治立法权属于民族自治地方的自治权范畴，同时它又是其他自治权得以有效行使的非常重要的权力。[②]

自治立法与中央立法、一般地方立法、经济特区立法及特别行政区立法相比较而言，其主要特征表现在：自治性、民族性、制定主体的特定性、权限的广泛性、内容的变通性、效力优先适用性等方面。

（一）自治立法的本质属性在于其自治性

自治立法的自治性，是指自治立法在对民族自治地方的社会关系进行规范时，应根据宪法、民族区域自治法对自治机关自治权的原则规定，结合本民族本地方的实际情况和特点，对自治机关的各项自治权的充分行使做出具体规定。[③] 民族自治地方自治机关根据宪法和法律规定，可以依照当地民族的政治、经济和文化的特点制定自治法规，具体包括：一是依照当地民族的政治、经济和文化的特点，有权制定自治条例和单行条例；二是自治机关有权根据本地方实际情况贯彻执行国家的法律、政策，上级国家机关的决议、决定、命令和指示，如有不适合民族自治地方实际情况的，自治机关可以报经该上级国家机关批准，变通执行或者停止执行。

（二）自治立法的核心内容是民族性和地域性

自治立法的民族性，是指自治立法在对民族自治地方的社会关系进行规范时，必须结合实行自治的民族和其他少数民族的传统文化、语言文字、风俗习惯、宗教信仰及特定的民族关系、民族特点设定相应的权利义务和法律责任。[④] 自治立法过程中要突出民族性和地域性，必须从民族地区的实

① 冉艳辉：《民族自治地方自治立法权的保障》，《法学》2015 年第 9 期。

② 康耀坤、马洪雨、梁亚民：《中国民族自治地方立法研究》，民族出版社，2007，第 6 页。

③ 付明喜：《中国民族自治地方立法自治研究》，社会科学文献出版社，2014，第 104 页。

④ 付明喜：《中国民族自治地方立法自治研究》，社会科学文献出版社，2014，第 101～102 页。

际情况出发，总结和运用各民族地区立法的成功经验，充分结合本地区民族的习惯法，找到民族习惯法与自治条例和地方性法规规章的结合点，出台既容易被少数民族接受，又符合当地经济社会发展的良法。“法根植于一个民族的‘民族精神’之中，这种民族精神是在法的内部隐蔽地发挥作用的力量，法像语言、风俗一样，都是一个民族普遍精神的自发的直接的产物。”① 自治立法的民族性能够确保本地方实行自治的民族和其他民族各项权益的实现，民族关系的和谐稳定，多元民族传统文化的保持和发扬，具有民族特点的经济、文化和社会事业的充分发展和进步。

（三）自治立法主体仅限于人民代表大会

民族区域自治法第 19 条规定，民族自治地方的人民代表大会有权制定自治条例和单行条例，也就是说民族自治地方自治立法的主体是人民代表大会，只有人民代表大会才享有自治立法权，而不包括自治地方的人民代表大会常委会和人民政府。根据立法法第 72 条，设区市的人大和人大常委会都享有地方立法权；2015 年立法法修订后，自治州人大常委会享有制定地方性法规的权力，即自治州人民代表大会及其常务委员会都有权制定地方性法规。

（四）自治立法的范围更广

自治立法的范围强调的是“依照当地民族的政治、经济和文化的特点”，《立法法释义》中明确：“自治条例和单行条例制定权，主要是为了保证民族区域自治机关行使自治权，体现的是宪法规定的‘各民族一律平等’的原则。”② 政治、经济、文化类似于政治学概念，不完全属于法律概念，内涵较模糊且具有很大的伸缩性，在不同的时代呈现不同的范围，且随着时代变迁其范围呈不断扩大的趋势。而立法法把设区的市和自治州地方性法规的立法范围限定为“城乡建设与管理、环境保护、历史文化保护等方面的事项”。《立法法释义》中明确：“地方性法规的制定权，主要是为了保证地方更有效地管理本行政区域内的各种事务，体现的是宪法规定的‘遵

---

① 〔德〕卡尔·冯·萨维尼：《论立法与法学的当代使命》，许章润译，中国法制出版社，2001，第 8 页。

② 郑淑娜主编《中华人民共和国立法法释义》，中国民族法制出版社，第 208 页。

循在中央的统一领导下，充分发挥地方的主动性、积极性的原则’。”[①] “三个方面”的规定比较具体详细，有很强的指导性，而且“等”属于“等内”而不是“等外”。可见，自治立法比地方性法规的涉及面广、可规范的事项多、可调整的范围宽。[②] 除了立法法规定的保留事项及法律、行政法规已有规定外，其他领域都可包含在政治、经济、文化的范畴之内。

（五）自治立法的重要方式是变通权

立法法第 75 条第 2 款规定，自治条例和单行条例可以依照当地民族的特点，对法律和行政法规的规定作出变通规定，但不得违背法律或者行政法规的基本原则，不得对宪法和民族区域自治法的规定以及其他有关法律、行政法规专门就民族自治地方所作的规定作出变通规定。例如，民族自治地方根据当地民族特点，只要不违背婚姻法一夫一妻原则，不违背刑法的罪刑法定原则，不违背民法的诚实信用原则，可以改变或补充这些具体部门法的一些具体规定以满足特定民族和地区的现实要求，它可以与法律、行政法规的某些规定不一致，而不受“不抵触”原则的限制。对法律、行政法规不适于民族自治地方的部分进行变通，但不得违背法律或者行政法规的基本原则，不得对宪法和民族区域自治法的规定以及其他有关法律、行政法规专门就民族自治地方所作的规定作出变通规定。

（六）自治立法的效力较地方性法规优先适用

从立法法的规定来看，鉴于自治法规可以对法律、行政法规作出变通规定，其法律效力应高于地方性法规，但低于宪法、民族区域自治法和其他有关法律、行政法规专门就民族自治地方所作的规定，自治法规一旦施行，可在本民族自治地方优先适用。我国行政诉讼法第 52 条第 2 款规定："人民法院审理民族自治地方的行政案件，并以该民族自治地方的自治条例和单行条例为依据。”1985 年最高人民法院在《关于加强经济审判工作的通知》中规定：“对这些民族自治地方的自治条例和单行条例，人民法院在审理属于民族自治地方当地的经济纠纷案件时，可作为一种依据，认真研究，

① 郑淑娜主编《中华人民共和国立法法释义》，中国民族法制出版社，第 208 页。

② 刘锦森：《自治州的自治条例、单行条例与地方性法规之区别》，《新疆人大》2016 年第 1 期。

正确运用。”立法法第 90 条规定：“自治条例和单行条例依法对法律、行政法规、地方性法规作变通规定的，在本自治地方适用自治条例和单行条例的规定。”可以看出，自治州人大制定的自治条例和单行条例显然应当优先适用于其制定的地方性法规。

三 自治州基本情况、立法现状及挑战

按照自治民族的数量和构成，自治州分为两种情况：一种是以一个少数民族聚居区为基础建立的自治州，共 20 个，其中朝鲜族、傣族、白族、傈僳族、柯尔克孜族、哈萨克族自治州各 1 个，彝族、蒙古族、回族自治州各 2 个，藏族自治州 8 个；另一种是以两个少数民族聚居区为基础建立的两个民族联合实行区域自治的自治州，共 10 个，包括土家族、苗族、藏族、羌族、侗族、布依族、傣族、景颇族、哈尼族、彝族、壮族、蒙古族等 12 个自治少数民族。30 个自治州的土地面积约为 235 万平方公里，占国土总面积的 24.48%，涉及自治民族 18 个，总人口达 5679.3 万人，约占全国总人口的 4.3%。30 个自治州共辖 37 个县级市、201 个县、18 个自治县、1 个经济技术开发区、18 个县级国有农场、3 个行政委员会和 1 个口岸行政管理区。

除了吉林延边朝鲜族自治州、湖南湘西土家族苗族自治州、湖北恩施土家族苗族自治州外，其余 27 个自治州都位于西部地区，处于西部大开发范围之内。与经济发达地区相比，自治州经济社会发展水平总体上还比较落后。延边、湘西、恩施三个自治州虽然不属于西部地区，但在经济上属于欠发达的少数民族聚居地区，这三个州也享受西部大开发的某些优惠政策。

截至 2016 年底，全国 30 个自治州自 20 世纪 50 年代以来共制定 443 部，已经有 24 个自治州制定了自治条例，还有 6 个自治州尚未制定自治条例。其中自治条例 24 部，单行条例 412 部，地方性法规 7 部。立法的内容主要包括城乡建设管理、环境保护、历史文化保护、政权法制建设、社会管理、经济管理、资源管理及行政事务等八类，而社会管理、经济管理和政权法制建设三类法规约占总数的 70%。从已制定的 7 部地方性法规来看，主要集中在城乡建设管理与环境保护两个方面。

各自治州的成立时间及立法数量情况见表 1。

表 1　各自治州的成立时间及立法数量

单位：部

省份	自治州名	成立时间	自治法规数	地方性法规数
湖北	恩施州	1983. 12. 1	21	1
湖南	湘西州	1957. 9. 20	22	1
新疆	巴音郭楞州	1954. 6. 23	8	
	博尔塔拉州	1954. 7. 13	2	
	昌吉州	1954. 7. 15	6	
	克孜勒苏柯尔克孜州	1954. 7. 14	2	
	伊犁州	1954. 11. 27	5	
甘肃	甘南州	1953. 10. 1	24	
	临夏州	1956. 11. 19	10	
贵州	黔东南州	1956. 7. 23	17	2
	黔南州	1956. 8. 8	15	
	黔西南州	1982. 5. 1	10	
吉林	延边州	1952. 9. 3	44	
四川	阿坝州	1953. 1. 1	24	
	甘孜州	1950. 11. 24	16	
	凉山州	1952. 10. 1	22	
青海	果洛州	1954. 1. 1	19	
	海北州	1953. 12. 31	23	
	海南州	1953. 12. 6	8	
	海西州	1954. 1. 25	14	
	黄南州	1953. 12. 22	9	
	玉树州	1951. 12. 25	16	
云南	楚雄州	1958. 4. 15	9	1
	大理州	1956. 11. 22	17	1
	德宏州	1953. 10. 1	7	
	迪庆州	1957. 9. 13	8	
	红河州	1957. 11. 18	20	
	怒江州	1954. 8. 23	7	
	文山州	1958. 4. 1	16	1
	西双版纳州	1953. 1. 24	15	
合计	合计		合计	合计
9	30		436	7

2015 年立法法修订以来，自治州人大及其常委会被赋予城乡建设与管理、环境保护、历史文化保护等方面事项的地方性法规制定权，自治州政府被赋予相应事项范围内的规章制定权。自治州多种立法权并存，立法主体多元化，立法权限划分却不甚明确，尤其是自治州人大及其常委会的立法权限之间、自治立法事项与非自治立法事项之间不好区分，对于自治州人大自治立法权的行使面临诸多挑战。

一是自治州制定自治法规的动力不足。从自治州已经制定的单行条例来看，主要集中在城乡建设管理、环境保护、历史文化保护、政权法制建设等方面，因制定单行条例较制定地方性法规程序烦琐、效率较低，立法实务部门更多会倾向于制定地方性法规。以恩施州为例，在单行条例草案提交州人民代表大会审议之前，需经过州人民政府审议、州人大常委会审议、省人民政府批复等环节，而且有的规定会在上述环节中被否决，立法机关可能会逐渐丧失制定自治条例和单行条例的热情，转而制定程序更为简便的地方性法规。

二是自治州人大的立法规划更多的是制定地方性法规。从当前的立法权配置上看，自治州人大既可以进行自治立法，又可以制定地方性法规，其常委会则只具有地方性法规制定权。虽然从相关法律规定中可以看出两种类型的立法权范围并不相同，但是究竟哪些事项应当行使自治立法权，哪些事项可以行使地方性法规制定权，哪些事项应当由人大进行立法，哪些事项应当由人大常委会进行立法，按照现行民族区域自治法和立法法的相关规定很难区分。自治州人民代表大会一年只开一次，一年只能审议一次条例，为了能够根据实际情况合理安排立法进度，有更大的自主选择空间，自治州人大常委会更倾向于制定地方性法规并促成及时出台。恩施州八届人大常委会的五年立法规划中，制定地方性法规 5 件，制定单行条例只有 1 件。

三是自治州立法内容更加单一。从各自治州制定的单行条例来看，立法内容没有很好地体现民族特征及地方特色，大都集中在行政管理方面，整体体现的民族自治地方的差异性不强。而对于真正属于民族自治特色的一些领域，如民族教育、少数民族习俗保护、民族经济发展等很少涉及，不利于民族自治区域的生态多样化保护和更广泛意义上的社会公平。我国之所以赋予民族自治地方一定权限的自治立法权，是基于少数民族自身经济、社会、文化发展的特色，体现差异性，为实现少数民族实质上的平等，以便少数民族能够根据自身特色，探寻适合自身发展的模式，从法律上保障其特色发展。如果自治州立法更多地集中在城乡建设与管理、环境保护、历史文化保护等方面制定地方性法规，将会导致对当地民族的政治、经济和文化特点的立法关注更少。

四是自治立法权救济保障缺失。宪法和民族区域自治法赋予了自治地方包括立法权在内的各项自治权，也规定了上级国家机关的责任和义务，但没有设定自治权受到侵害时的救济机制。特别是民族区域自治法，既没在体例结构上安排违法与制裁的具体规定，也没在具体内容上体现这一精神。在有权利无救济的权力配置之下，自治立法权难免会失去应有的意义和作用。

四　对自治州行使自治立法权的建议

民族地区立法是推进依法治国的重要环节，30个自治州必须高度重视并不断改革和完善本地区立法工作，构建与民族经济社会发展相适应的民族法律规范。

（一）坚持国家法制统一原则

民族地区立法的前提是统一，即国家统一、民族统一、立法统一。民族地区立法要与依法治国有机统一，坚决维护宪法法律权威，依法维护人民权益、维护社会公平正义、维护国家安全稳定。民族地区立法不能与国家改革发展的大局冲突，不能与国家和其他民族的利益冲突，更不能与宪法、法律、行政法规冲突，也不能成为地方保护主义的保护伞。只有在维护国家和民族大统一的前提下，才能发挥民族立法的高度自治性，结合本地区、本民族实际情况制定有民族性、地域性的民族法律法规。法律服务于社会发展，良法是促进经济社会发展的重要因素之一。民族地区立法同样需要与经济社会发展相适应，同改革开放相协调。民族地区立法要与时俱进，必须与国家发展的大背景相符合，必须结合当前民族经济、文化、教育、旅游等方面的实际情况，必须具备最新的立法理念和立法技术。

（二）坚持科学立法、民主立法

科学立法是“依法治国”的基本要求，各自治州应科学规范立法活动，完善自治立法体制机制，从州情和实际出发，深入研究和把握经济规律、自然规律、社会发展规律和立法活动规律。科学立法的科学性是对政绩立法、经验立法、主观立法的否定，是法律形式的相对吸纳化、立法逻辑的自下而上化、立法视野的全球化、立法形成的专业化、立法效果的社会反馈化的过程。① 有学者指出，党的十八届四中全会《决定》提出的诸多举措与要求，均可以理解为“科学立法”的具体体现。例如加强党对立法工作的领导，健全有立法权的人大主导立法工作的体制机制、完善公众参与政府立法机制、明确立法权力边界、健全立法活动的各种机制、健全立法机关和社会公众沟通机制、完善法律草案表决程序等。② 民主立法的核心体现在立法决策和立法活动中，要求立法主体在立法过程中秉承立法为民的理念，体现人民意志，让社会公众真正参与到立法的各个环节，而不是走过场、做摆设。民主作为一种保障主权在民的政治制度，它是人类众多制度中的一种，主要规范人们的政治生活，民主是人类迄今发明和推行的所有政治制度中弊端最少的一种。公开主要指立法机关的决策过程应向社会和民众开放，立法的公开化是关于立法机关公布议程、发表记录、准许旁听、发表意见、接受监督以及公民参与立法等的各种制度和程序。③ 具体到立法活动中，要坚持立法各项程序公开进行，保障人民群体能通过多种途径参与立法活动，让立法充分体现人民的意志，充分发挥人大代表在立法中的作用，通过座谈会、认证会、听证会等方式广泛听取意见；建立和完善立法公开透明制度，法律草案起草、修改等的进程通过网络、新媒体等途径向社会大众公布，让全社会都参与到立法讨论中来，吸收群众集体智慧；健全民主立法机制，将立法民主常态化、制度化、责任化；改进立法调研方式，立法调研要贴近实际、贴近问题、贴近群众；完善立法听证制度，搭建网络、新媒体平台，让公众广泛参与立法讨论，形成统一、完善的民主立法体制，保障立法公平、公正、公开。

---

① 关保英：《科学立法科学性之解读》，《社会科学》2007 年第 3 期。

② 李友根：《论法治国家建设中的科学立法》，《江苏社会科学》2015 年第 1 期。

③ 高其才：《现代立法理念论》，《南京社会科学》2006 年第 1 期。

（三）坚持立法从自治州实际出发

自治立法能否取得成效，关键在于立法是否具有民族特色和地方特色，是否准确反映各民族群众的实际需求。在立法工作中，涉及少数民族风土人情、风俗习惯等方面的事项，需进行广泛调研，听取民族自治地方各机关特别是少数民族群众的建议，依据各民族差异进行划分，充分考虑各民族地区的地域环境、发展情况和交通等因素，力求做到立法的精确。要整合民族自治地方社会治理资源，扩大公民有序的政治参与，拓宽少数民族群众的利益表达渠道，把有限的立法资源用在创制性立法、自主性立法攻关上，尽量避免重复立法。制定涉及民族因素的规定时，要广泛征求各族群众意见，善于吸收、借鉴民族习惯法，使条例内容符合我国国情和民族地区实际，使自治法规真正起到维护平等、团结、互助、和谐的社会主义民族关系的作用。

（四）建立自治立法清理、评估机制

法律实施的效果如何，需要通过实践来检验，对于效果不好的自治法规应该建立清理长效机制，改变清理工作的随意性、被动性和阶段性，使清理工作常态化、制度化。建立定期评估制度，明确评估标准，对自治条例、单行条例等进行梳理，找出存在法律冲突的部分及时废止或修订，对有歧义、意思表达不明确的用语进行完善与修改；及时废止与经济社会发展不相符的法规，积极制定与民族地区发展相适应的自治法规，达到维护民族地区稳定、促进民族团结、繁荣民族经济的目的。

（五）加强机构和队伍建设

立法是一项复杂且极其专业的工作，需要完善的组织机构和高素质的立法人员。以往享有地方立法权的城市经济文化比较发达，人大常委会的组织机构比较健全，常委会委员或人大代表的素质相对较高。而自治州虽然享有立法权很多年，但自治立法的数量有限，立法人才仍很欠缺，立法经验和立法能力不足，加之自治州将更多的精力用于制定地方性法规，对自治立法的研究将更加有限。因此，自治州要积极谋划相关立法机构建设，充实立法人员队伍，加强自治立法研究，不断提高法律素养和立法能力。

第二篇

民族事务治理法治化研究

民族地区多元化纠纷解决实践及其社会治理功能

——基于河北自治县 D 县的调研

梁利华*

摘要： 稳定与发展是社会治理的重要目标与建设内涵，我国现有治国理政方针中反复就社会治理创新建设强调安全与稳定，意味着社会治理目标与纠纷解决的基本宗旨在维持社会秩序上已趋于一致。在多元化纠纷解决理论与实践的视野下，考察民族地区的纠纷解决现状，不难发现其事实上处于一种多元化的运行实践状态；这其中，以法律、行政法规等正式社会规范为主导的司法、行政解纷方式发挥着基础、主导作用，以少数民族习惯法、村规民约等非正式社会规范为补充的纠纷调解方式同样发挥着重要的积极作用。基于对民族地区纠纷多元化解决状况的调研和思考，为进一步推动民族地区多元化纠纷解决机制的构建、促进民族地区的稳定发展以及社会治理创新提出建议。

关键词： 多元化纠纷解决　少数民族习惯法　秩序　社会治理

一　问题的提出

我国现已进入改革发展的关键时期，经济体制、社会结构、思想观念的深刻变化以及利益格局的深刻调整，使得各类矛盾纠纷急剧增加并尖锐难解，我国社会稳定和持续发展面临重大挑战。依据“在发展中解决问题”① 的基本思路，针对上述情况，国家的纠纷解决能力和社会治理能力亟

---

* 梁利华，女，湖北仙桃人，中央民族大学期刊社编辑、法学博士、硕士生导师。

① 在发展中解决发展中出现的问题，最早由邓小平同志提出，后来经由“科学发展观”得到进一步阐述，是我国治国理政方针的重要内容。

须提高。纠纷解决能力是国家治理能力的重要组成部分和应有之义，现阶段国家社会治理目标与纠纷解决宗旨在维持社会秩序上日渐交汇并趋于一致。我国民族地区社会经济发展基础薄弱、地理位置独特重要、文化宗教异质性因素复杂并相互叠加缠绕，这使得社会发展中纠纷解决以及社会治理创新格外凸显紧迫性和重要性。稳定与发展是相辅相成的，没有安全与稳定，民族地区的发展和治理就没有根基。因此，在从多元化纠纷解决视角考察民族地区的纠纷解决及社会秩序时，如何深刻认识了解民族地区多元化的纠纷解决现状，认清其中发挥作用的本土性社会解纷资源并以之实现民族地区社会稳定以及社会治理创新，具有重要的理论和实践意义。

现有的多元化纠纷解决机制研究基本遵循两种理论路径。一种是基于传统法学研究的理论范式，注重多元化纠纷解决机制的研究："机制"在此意为解决纠纷的一整套程序设计，因此此理论路径偏重于纠纷解决机制的形式体系，从立法技术手段出发，着力于构建"不同功能的多元纠纷解决方式外观样式的设计、衔接及权重结构合理性上立法技术上思考"。[①] 而另一种研究范式从法社会学、法人类学"法律多元"的理论预设出发，注重研究纠纷得以"解决"的实质，即研究纠纷到底是通过何种内容以及程序得以解决，将纠纷解决"嵌入"整个社会要素中进行思考，对"支持纠纷解决机制有效性的内外围诸多主客观因素进行广泛思考"，如政治、经济、文化传统、宗教因素等的考量，其研究要点不仅注重当下的纠纷解决，还在意解纷的社会效果，以追求社会秩序的真正实现。此两种研究范式被学者总结为"多元机制说"和"多元方式说"，相关研究成果均颇为丰硕。对民族地区多元化纠纷解决机制的研究大部分沿袭"多元方式说"的研究路径，这一方面是基于历史和现实中各少数民族均存在的具有本民族特点的解纷方式的社会现实，另一方面是基于对中国社会以及法治发展现状的深刻洞察。在此种"多元方式说"的研究路径之下，民族习惯法在民族地区多元化纠纷解决现状中所发挥的作用日益受到关注。现阶段我国法治的基本格局是改革开放以来，社会主义现代化建设的推进以及社会结构的巨大转型变迁是由国家主导逐步推进形成的，但是此种自上而下的强制性制度

① 蒋鸣湄：《民族法学研究新境界——少数民族与民族地区纠纷解决机制研究评述及展望》，《甘肃政法学院学报》2011年第6期，第35～43页。

变迁所导致的种种不适应、不匹配的运作结果以及法律移植过程中的种种断裂现象，时常激发着法学研究者对法律移植与中国社会不相适应的研究焦虑。尤其是在民族地区法治建设中，因少数民族地区社会经济发展不平衡状态、法治基础薄弱而格外凸显少数民族法制建设的紧迫性需求，这使得如何合理运用民族地区本土化的法治资源以实现民族地区的长治久安成为具有理论与现实关怀的重要命题。

笔者基本同意从“多元方式说”的角度去研究民族地区多元化的解纷方式，但笔者不认为“多元方式说”与“多元机制说”是绝对相悖的。党的十八大以来，我国从顶层制度设计和具体而微的实践层面均为维护社会稳定不断努力摸索多元化纠纷解决机制的建设问题，作为建设目标的多元化纠纷解决机制无疑应做到“内外兼修”：实质有效同时形式合理、运作顺畅。这也就是说，“多元机制说”与“多元方式说”相结合才是最完美的研究范式，前者提供宏大视角和实效评价标准，后者着力于技术层面的修补和社会效果的铺陈，从而实现纠纷解决的法律实效与社会效果相统一。

正是基于上述理论关怀，在全面推进民族地区依法治国战略的实践中，笔者实地考察了华北平原回族自治县 D 县的社会纠纷解决现状，基于 D 县在以法律、行政法规等正式社会规范为主导的司法、行政解纷方式之外，以少数民族习惯法、村规民约等非正式社会规范为补充的纠纷调解方式，据此思考少数民族习惯法在纠纷调解中的运用现状以及为什么能发挥作用的原因，为进一步推动 D 县多元化纠纷解决机制的构建、实现社会经济持续稳定发展提出政策建议。同时为弥补现阶段关于民族地区多元化纠纷解决现状的研究止步于技术手段和现状描述的不足，本文通过多元化纠纷解决实践的描述，探讨其在社会治理功能上的发展。

二 D 县多元化的纠纷解决实践

D 县位于华北平原北端，燕山南麓平原；东西横长 21.5 千米，南北纵跨 12.5～14.5 千米，面积为 176 平方千米。D 县下辖 105 个行政村，2012 年人口统计约 13 万，其中回族人口 26000 余人。回族自古以来在中华大地上形成“大分散、小集中”的居住格局，D 县作为河北省回族主要聚居区之一，正是这“小集中”的具体体现。此研究地点的选择和研究进路遵循了人类学“小地方，大论题”[①] 的研究传统；在社会科学中“以小见大”的研究进路已经取得了诸多成就。如徐昕教授曾赞许“小叙事、大视野”的研究进路，认为“在细微中建构宏大，叙事不妨细致”，[②] 但结论必须具有大的理论关怀。D 县作为华北平原社会经济高度发展的少数民族自治县，针对其进行民族地区多元化纠纷解决现状研究的典型性和代表性都能得到保证。

和谐有序的社会秩序自古以来就是人类孜孜以求的目标，因个人的发展进步、社会生产生活的有序进行都有赖于稳定有序的社会秩序，而和谐有序的社会秩序形成的最重要前提是各类纠纷事件的合理顺利解决。在多元化纠纷解决理论视野下透视 D 县社会秩序的形成，不难发现在 D 县除了以诉讼、行政等为手段的传统解纷方式之外，还存在着大量以调解为手段的解纷方式，这正是民族地区纠纷多元化解决的现实；而在这种纠纷调解方式中，以民族习惯法为主要依据的解纷资源发挥着重要作用。这也就是说，在多元化纠纷解决的理论视野下考察 D 县的纠纷解决方式，按照行动者所能选择的解纷方式，笔者将 D 县现有的解纷手段归纳总结如图 1。从图 1 不难看出，以司法调解、人民调解、民间调解等为手段的纠纷解决方式是 D 县多元化纠纷解决实践的重要组成部分，而在调解手段的运用中，民族地区的本土化法治资源——民族习惯法在其中发挥着重要的积极作用。

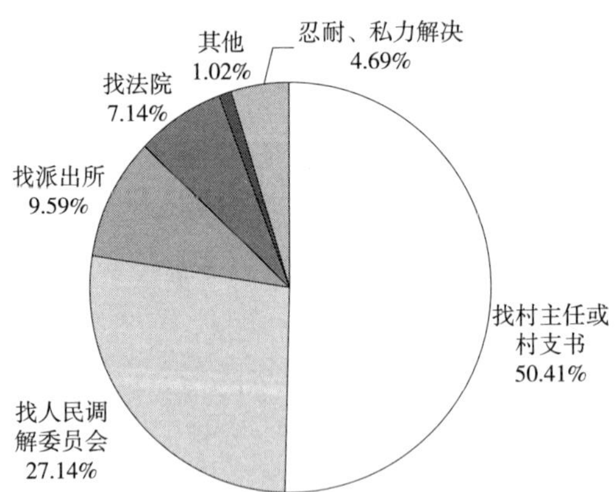

图 1　D 县回族群众纠纷解决途径分类

---

① 〔挪威〕托马斯·许兰德·埃里克森：《小地方，大论题——社会文化人类学导论》，董薇译，商务印书馆，2008，第 59 页。

② 徐昕：《论私力救济》，中国政法大学出版社，2005，第 40 页。

（一）调解作为D县多元化纠纷解决实践的重要组成部分

党的十八届四中全会明确指出："健全社会矛盾纠纷预防化解机制，完善调解、仲裁、行政裁决、行政复议、诉讼等有机衔接、相互协调的多元化纠纷解决机制。"这表明多元化的纠纷解决方式已日渐成为我国一项基本的治国理政方针。调解是一种传统的、由社会性力量介入的纠纷解决方式，在各种非诉讼纠纷解决机制中最为悠久。"如何预防、减少以及解决纠纷，是人类社会永恒的研究主题。"为了正常的社会交往和生产生活，有纠纷就要解决纠纷——因纠纷持续升级，有可能导致社会后果，使得社会秩序出现动荡。人类解决纠纷的手段始终是多元的，社会转型时期在司法资源不足、解纷社会效果不尽如人意等多种因素作用下，调解作为多元化解纷方式重要的载体日益引起学界和实务界的重视。1957年，毛泽东在《关于正确处理人民内部矛盾的问题》中指出，解决人民内部矛盾，"使用的方法是民主的即说服的方法，而不是强迫的方法"。[①] 这种运用民主的方法——即批评与自我批评的方法进行教育和纠纷解决的工作方式，反映在司法运用中即后来总结为"东方经验"的调解。我国著名的社会学家费孝通先生在研究中国社会基本情况时曾一语中的地指出："所谓调解，其实是一种教育过程……调解是个新名词，旧名词是评理。"[②]

在D县，由于历史与现实的原因，调解作为纠纷解决手段长期被广泛运用。D县作为回族聚居区，由于社会经济发展特点、文化宗教因素、民族心理素质等内外因素的影响，历来存在用民族习惯做法解决纠纷的方式。此种少数民族特有的解纷方式，调解或称和解，在维护地方经济社会发展、处理民族问题、协调民族关系中，长期以来发挥着重要的作用。

（二）民族习惯法在D县各类纠纷调解中的广泛运用

正如已有关于回族地区纠纷解决方式的研究所总结的那样，在D县回族群众遇到矛盾纠纷需要借助外力解决时，首先运用的方式是调解，这包括寻求社会力量介入所进行的民间调解，在当地基层社区纠纷调解委员会

---

① 《关于正确处理人民内部矛盾的问题》，载中共中央文献研究室主编《毛泽东文集》，人民出版社，1999，第36页。

② 费孝通：《乡土中国》，上海观察社，1948，第5页。

帮助下进行的人民调解以及在法院诉前、诉中所同意进行的司法调解。在 D 县，民族习惯法在司法调解、人民调解以及民间调解中广泛运用并发挥着重要作用。

1. 司法系统借力民族习惯法

D 县司法系统借力民族习惯法的具体表现为：在法院系统开展具有回族伊乡特色的司法调解工作以及在司法局指导下的人民调解中把回族习惯法作为解纷依据并广泛运用。

自 2010 年最高人民法院印发《关于进一步贯彻“调解优先、调判结合”工作原则的若干意见》以来，牢固树立调解意识，贯彻“调解优先、调判结合”工作原则，成为我国各地法院开展多元化纠纷解决机制试验的总要求。D 县所在的 L 市因工作基础扎实，成为首批进入多元化纠纷解决机制改革试点的城市；L 市中级人民法院在实践中通过摸索取得了以“L 市经验”闻名的诉讼调解经验：自 2005 年开始，L 市中级人民法院在全国法院系统首先创立了诉讼调解庭，2005 ~ 2008 年三年间成功调解 369 件民事案件，平均办案周期仅为 7 天，案件当庭履行率达 82%，且无一上访，无一申诉，无一矛盾激化。“L 市经验”通过保持诉内诉外“两个良性循环”，有效化解了社会矛盾，在息诉罢访等维护社会和谐稳定方面发挥了突出作用。

D 县人民法院所开展的司法调解作为“L 市经验”的重要组成部分，基于深化和发展以调解为核心的“L 市经验”，通过紧密结合自治县“县小、人少、回汉合居”的地方实际，立足工作实际，创新工作方法，通过以“和美伊乡”特色调解制度为工作载体，充分调动民间资源参与社会管理创新，在解决纠纷矛盾，维护民族团结、社会和谐稳定等方面发挥了重要的作用。在法院开展实施的“和美伊乡”特色调解制度中，从特邀调解员队伍建设到解纷依据的运用无不具有回族自身的特色，无不体现着回族习惯法的具体运用。经过近四年的真抓实干，“和美伊乡”特色调解制度得以进一步完善，特邀调解员队伍进一步壮大，排查和化解各类纠纷案件的水平进一步提升，2011 ~ 2015 年四年间经“和美伊乡”调、撤结案 348 件（诉前调解 144 件，诉中调解 98 件，执行和解 106 件），约占撤结案总数的十分之一。为推进实现“平安、法治 D 县”建设提供了坚实的司法保障。

案例 1：回族的小张、小李新婚不久即因为琐事争吵不休，双方父母关系也不大和谐。2011 年底，小张夫妇与双方父母一起来到法庭要求离婚。庭前调解时，不仅小夫妻互相谩骂，而且双方家长互不退让，令现场调解陷入僵局。承办案件的王法官在多次调解无效的情况下，邀请了法院特邀调解员队伍中的“二婶儿”进行调解——“二婶儿”在村里颇有威望，与小张、小李同为回族，“回回亲，亲套亲，砸断骨头连着筋”，“二婶儿”与双方均有远亲关系。“二婶儿”介入调解后，利用回族习惯、习俗以及民族传统美德等对小张、小李与双方家长进行了分别调解，最后小两口和好如初，表示再也不提离婚的事了。

在 D 县司法局指导开展的人民调解中，基层人民调解委员会的主任与居委会主任、村委会主任或村主任事实上的大部分重合，使得人民调解的成果借力回族习惯法作用的发挥——通过民间调解中的能人调解以及把回族习惯法作为解纷依据等途径表现出来。

案例 2：2008 年发生的“麻辣烫”纠纷事件是 D 县人民调解中借力回族习惯法的典型案件。当年 9 月 3 日（穆斯林斋月），在荣华市场围绕麻辣烫摆摊点发生了一起群体性纠纷事件。事情的起因是这样的：朱某（汉族）开了一个清真麻辣烫小吃摊（其虽为汉族，但认为 D 县作为回族聚居区还是回族的生意好做），附近清真寺的马阿訇听说有汉民做清真饮食非常激动，于是带着乡老来到麻辣烫的摊位与摊主理论，双方在接触过程中言语不和——朱某的妹妹守摊，在给其爸爸打电话的过程中称“有几个‘回子’来店里捣乱”——导致马阿訇及围观群众情绪激动，朱某的麻辣烫摊位被砸。这件事因发生在繁华街道口，围观群众很多，在当地造成了不好的影响。

事情发生之后，D 县司法局、公安局、工商局、民宗局组成联合工作小组对此事进行了调解处理。最后经政府两边调解，形成的处理意见为：朱某就言语不当以及违规经营清真食品等对以马阿訇为首的清真寺乡老和 D 县回族道歉，并在规定时间内将麻辣烫摊点停业；政府按照《河北省清真食品管理条例》对朱某给予最上限处罚。

笔者在调研中拿到了此事的调解笔录，经分析，“麻辣烫事件”的爆发，关键在于朱某触犯了回族的语言禁忌、饮食禁忌以及宗教信仰禁忌。而通过马阿訇的和解笔录可以看出，此次纠纷得以圆满解决同样在于，回族习惯法在人民调解中发挥了积极作用。马阿訇说：“看到你（朱某）诚恳的道歉，可以说我们原谅了你。在这个斋月里，对于我本人来说，不想发生这样的事情。我不想把事情搞大，不想给各位领导添麻烦。斋月对回族穆斯林而言具有神圣的宗教意义；‘麻辣烫事件’爆发在斋月，这使得回族觉得神圣的日子被破坏了，事情容易激化。那天我们去时，我们没有从言语上表现出强硬，而你的妹妹竟然给你的爸爸打电话说有几个‘回子’来店里捣乱。当听到这句话时，我们当时非常气愤，这一句话远远比你用这个牌子更伤害到了我们的感情。你的这一句话，严重伤害到了所有穆斯林的感情。朱某你今天得首先感谢在座的领导，领导们高度重视这件事，是他们这两天给我做工作，稳定我的情绪。好多穆斯林群众找我，我还要给他们做思想工作。你严重伤害了我们的感情，领导高度重视这个工作，多次去清真寺里做工作，早晨六点就去找我，给我做工作。我们回族倡导‘善功’，宽恕恶习是教门里可嘉奖的行为，正是基于我们的传统习惯，我代表回族群众原谅了你，希望你在今后不要让此类事件再次发生。”上述话语清晰地表达了马阿訇之所以同意和解，回族习惯法中的“宽容”“仁爱”精神在其中发挥着不可缺少的重要作用。

2. 回族习惯法在民间调解中的广泛运用

在D县的实地调研中，我们选取两个回族聚居村落NW庄、BW村开展以回族习惯法在民间纠纷调解过程中的适用为主题的问卷调查。在此次以问卷调查为载体的定量研究中，共计发放问卷520份；在调研团队的认真工作和当地回族群众的帮助配合下，共回收问卷510份，回收率为98.08%。经过整理、分析，筛选出回收问卷中的504份有效问卷，有效率为98.82%。下文主要针对这490份实际有效问卷，借助spss、R等相关统计软件等进行了具体的统计分析。

该490份调查问卷样本分布状况如表1所示。从调查对象年龄来看，18~30岁112人，占比22.86%，31~40岁98人，占比20.00%，41~50岁188人，占比38.37%，51~60岁76人，占比15.51%，60岁以上人口16人，占比3.27%。从样本年龄分布情况来看，本次问卷调查所调查对象年龄分布较为均匀。

表 1　调查对象年龄与性别分布情况

单位：人

性别	18～30 岁	31～40 岁	41～50 岁	51～60 岁	60 岁以上	合计
男	43	42	83	29	8	205
女	69	56	105	47	8	285
合计	112	98	188	76	16	490

从调查对象的受教育程度来看，小学程度 155 人，占比 31.63%，初中程度 227 人，占比 46.33%，高中程度及以上 97 人，占比 19.80%，其他占 2.24%。整体来看，本次问卷调查所选用样本分布较为合理，能准确代表 D 县整体情况，分析所得结论真实可靠。

从图 1 和表 2 中可以看出，回族群众解决纠纷的偏好倾向于调解。无论是涉及家庭成员内部的矛盾纠纷还是社会生产生活中的纠纷争扰，半数以上的纠纷通过调解进行。在解纷方式的选择中，无论是民间调解、人民调解还是法院主持下的司法调解已经广为大家认可和接受；在整体偏好调解的基本面之中，因涉及具体事务的不同而又有略微的差别，比如涉及家庭纠纷、邻里关系的事务大多愿意接受民间调解或人民调解；但是涉及生意纠纷以及土地、山林、房屋、耕地纠纷时，村民对诉讼以及行政调解等接受程度更高——这意味着，在此类事件中，村民更愿意接受官方力量的介入。这也充分证明了国家法和回族习惯法发生作用的领域偏好不同：国家法可能更倾向于回族群众与“陌生人”打交道的商业纠纷以及财物标的数量较大的土地、房屋等纠纷中；回族习惯法则作用于回族社会生产生活的细枝末节。

表 2　不同纠纷村民选择调解方式

单位：人，%

解纷方式	土地、山林、房屋纠纷		家庭纠纷		邻里关系纠纷		贸易往来纠纷	
	人数	比例	人数	比例	人数	比例	人数	比例
忍耐	13	2.65	70	14.29	73	14.90	14	2.86
私力救济	20	4.08	83	16.94	108	22.04	48	9.80
民间调解	152	31.02	127	25.92	124	25.31	121	24.69
人民调解	136	27.76	107	21.84	94	19.18	109	22.24

续表

解纷方式	土地、山林、房屋纠纷		家庭纠纷		邻里关系纠纷		贸易往来纠纷	
	人数	比例	人数	比例	人数	比例	人数	比例
司法调解	34	6.94	75	15.31	56	11.43	70	14.29
诉讼	32	6.53	21	4.29	19	3.88	99	20.20
其他	103	21.02	7	1.43	16	3.27	29	5.92

在关于解纷依据的问题选项中，10%的人选择村规民约，40%的人选择回族习惯做法（民族习惯法对回族群众而言是稍显陌生的理论说法，而习惯、习俗则更易为其所理解），30%的人选择国家法律。但是，对村民的访谈表明，这种选择并不是相互排斥的，有时表现为一种竞合使用；在进行纠纷调解时，解纷者会优先选用回族群众内心的规范“信仰”。上述调查数据通过走访司法局以及居委会、村委会等组织得到印证，在与当地回族的交流和交往中也得到了证实。

案例 3：企业员工意外去世纠纷调解。2015 年，NW 庄唯一的一家上市公司 HR 肉类有限公司一 40 多岁的回族司机赵某，突发心脏病死了。（具体情况是：赵某半夜等着送货，说在车里的驾驶室歇一会，等到要送货的时候别人去推他，发现赵某已经死了）。赵某家属找企业理论；HR 的老板找到村支书王某，委托其出面解决纠纷。王书记先去县里劳动局了解工伤政策，得知此事的解决具有很大的“伸缩性”：如果是因公死亡，那么按照国家法律法规规定，赵某的工伤死亡赔偿金（含丧葬补助金、供养亲属抚恤金和一次性工亡补助金）得 80 万，但是另一方面如果是自身有疾病或上岗前有饮酒等其他原因，那就不算因公死亡。因此王书记在协调此事时，就了解的情况跟死者家属沟通，让死者家属决定去不去做尸体死因鉴定。经过反复权衡利弊，死者家属决定不做尸体死因鉴定并按照回族“速葬”习俗尽快安排亡人后事，并同意与企业尽快协调解决此事。赵某家属因此同时委托王支书出面去跟 HR 公司谈，最终获得赔偿 25 万，此事获得成功解决。

在 D 县的调研中，如案例 3 一样以民族习惯法为解纷依据的调解方式在民间调解中最为常见。民族地区因为特殊的地理、社会经济、文化习俗等历史原因，常常形成具有本民族特色的纠纷解决方式，这种独具特色地运用本民族习惯法进行纠纷调解的解纷方式对于维护地区秩序，化解民族内部或者民族之间的冲突具有重要的积极作用。

三 民族习惯法在民族地区多元化纠纷解决实践中发挥作用的基础

通过对D县多元化纠纷解决实践的考察和上述典型案例的分析，不难得出结论。民族习惯法在民族地区多元化纠纷解决实践中主要通过内外两方面发挥作用：一是作为内化的行为规范指导和规制少数民族群众的社会行为以实现纠纷解决的社会目标；二是作为具有外在强制力的社会结构性制约力量的组成部分对回族群众发挥强制性规范作用。以D县为例，则回族习惯法在回族群众的内外行为规制中发挥重要的纠纷预防及解决作用。

（一）作为回族群众内化的行为规范实现纠纷的预防以及解决

回族习惯法作为回族在千百年的社会生产生活中形成的一整套内控性的规范体系，作为生活化、世俗化的伊斯兰教规范条例，它为每一个回族个体“提供了判断是非对错的明确标准，使人们对自己的社会行动进行指引、评价、预测并进行自我教育”。[①] 回族在个人生命成长史中，浸染在回族习惯法的氛围中，耳濡目染家人长辈对回族习惯法的遵守和运用，不自觉就将回族习惯法作为内化的行为规范纳入自己的规范意识体系内。

同时，与国家制定法相比，作为“地方性知识”的回族习惯法，由于高度的自生性和内在性着眼于特定地域或群体的微观调控，其规范往往更加具体、准确，能够及时回应本土生活社区的秩序需求，且已经固化为回族自觉的思想意识和社会行动，具有根植于社会生活的合理性，因贴近民众生活而获得生命力。

回族习惯法的规范指导作用对回族个体而言明确而具有约束力。明确是指受回族习惯法调整的行动主体对回族习惯法规定的“可为”与“不可

① 杨经德：《回族伊斯兰习惯法研究》，宁夏人民出版社，2006，第53页。

为”内容是充分理解和明白的，它的对、错判断标准为回族民众所了解和理解；同时，回族个体也是自愿受其约束的，自小生活环境、社会环境的影响，促使回族个体内化（或称社会化）为自己的行为准则。这种内化的一个具体表现就是宗教的威慑力。这种宗教的威慑力具体表现为“它对人们的行为做出善恶评价的基础主要靠一种非常特殊的超经验的神秘内心体验来约束穆斯林的言行举止和思想观念，伊斯兰法的强制力正是通过现世惩罚和后世报应这两种手段来维持的”。对于一般回族而言，在回族文化的影响下，在回族习惯法的制约下都会追求“两世吉庆”，要完成这一目标，就必须在日常生活中多做好事，成为一个合乎回族习惯法的好穆民。这表明习惯法在人们的行动维度中表现为一种制约性的力量和预警，表现在纠纷解决过程中就是一种纠纷的预防。

（二）作为具有外在强制力的社会结构性制约力量的组成部分实现社会纠纷的解决

回族习惯法作为调整回族成员社会行为以及相互之间关系的社会规范，其存在于回族社区社会结构之中，作为社会结构性的制约力量对回族群众起着强制性规范作用。社会行动发生的背景是一种多元的制度性的社会结构性因素复合体，在此种多元因素交错中，回族习惯法即是其中重要的“一元”力量。这具体表现为：回族社会对回族个体应该如何行事、过哪些节日、婚丧嫁娶等都有具体严格的规定，如果不遵照执行，会受到来自社区居民的惩罚——当然这种惩罚并不会在违反国家制定法之后收到国家强制力的制裁，但是这种惩罚一般以“没有信仰”的人格判断、社区孤立、可调动的社区资源、舆论的不接受等形式体现出来。回族由于严格的饮食禁忌、独特的民族文化，从古至今都是以小聚居的形式生活在一起，因此如上所说的惩罚对个人的生存和发展以及整个回族的社会行动和社会交往发挥极强的制约作用。

回族习惯法的外在强制力还表现为对回族群体社会行动的指引作用，哪些是回族群体“被嘉奖、被肯定”的行为，哪些是可以自主选择的行为，哪些是紧急性的规定行为，回族习惯法中都有具体的规定，这对整个民族的社会行动起到指引、预判以及相互评价的作用。

四 多元化纠纷解决视野下民族地区社会治理创新化发展的可能路径

在多元化纠纷解决的视野下考察民族地区的纠纷解决现状，不难发现，民族习惯法在司法调解、人民调解以及民间调解中广泛存在并发挥着重要作用。民族习惯法作为少数民族地区最重要的本土化法治资源，与少数民族的形成发展相伴而生，其中蕴含着少数民族群众认识世界、改造世界以及处理与本民族息息相关的各项社会事务的经验总结和集体智慧；在新的时代背景和社会条件下，民族习惯法适应着少数民族群众生产生活的实际需要，在纠纷解决、秩序构建和社会治理创新中仍然发挥着重要的作用。

（一）在全面推进回族地区法治建设大背景之下，进一步发挥少数民族习惯法解纷作用

在全面依法治国的大背景之下，国家从制度设计和顶层规划上也开始重视民间解纷资源的存在，并提出了以多元化纠纷解决机制构建工作抓手的解纷资源整合工作。实际上，国家法与习惯法之间博弈互动突出表现在纠纷解决领域，在中国的社会现实中，司法解决纠纷的方式已经不是也很难是唯一的途径；在一个联系紧密、互动频繁的关系网络中，民间解纷机制相对于司法而言，由于其存在使用便宜以及解纷社会效果好的优势，往往会被优先选择。

党的十八大以来，我国司法系统积极响应国家依法治国的号召，日益重视多元化纠纷解决机制的构建。深入推进多元化纠纷解决机制建设，是人民法院深化司法改革、实现司法为民及公正司法的重要举措，是促进社会公平正义发展以及维护社会和谐稳定的必然要求。我国民族地区在社会转型发展的时代背景之下，在经济社会发展“历史欠账”较多而社会异质性因素突出的社会现实条件下，各类社会矛盾凸显难解，从维护民族地区社会稳定出发，建立多元化纠纷解决机制是紧急必要的。

倡导建立多元化的纠纷解决机制，在理念上表现为对“价值多元”和社会规范多元的认可，对诉讼与非诉讼解纷手段的并重以及法律机制与其他社会控制方式的认可；在实践中表现为从多元化价值理念出发，以实现多元化社会规则的功能和价值为目的，实现国家权力与社会自治、公力救

济与社会救济及私力救济之间的协调互动。在制度建设和具体实践方面，多元化纠纷解决机制的构建表现为注重合理配置纠纷解决资源，“通过努力构建高效、公正、多元的解纷渠道，以提供多种选择，满足社会和当事人的多元需求”。[①]《中共中央关于全面推进依法治国若干重大问题的决定》中指出要“推进多层次多领域依法治理。发挥市民公约、乡规民约、行业规章、团体章程等社会规范在社会治理中的积极作用”。基于国家顶层制度设计中对非正式社会规范的重视，我们必须进一步充分发挥民族地区以习惯法为代表的法制资源。

一是充分发挥民族习惯法的解纷作用。强调充分发挥民族习惯法的解纷作用，并非提倡用民族习惯法取代国家制定法——但凡以社会控制、社会规范、多元社会现实为认知出发点，绝不会同意此种偏颇观念。国家法制统一并非意味着社会规范体系的单一化：事实上社会从古至今就是由多元规范共同作用维护着社会秩序，法律只是具有强制力的正式社会规范的一种；民族习惯法作为非正式社会规范的主要代表，基于民族地区社会发展的需要和必要，基于国家顶层制度设计中对多元社会秩序实现的要求，在社会纠纷解决中仍大有可为。[②]

二是实现调解资源的多元整合。最高人民法院于 2016 年发布了各级人民法院深化多元化纠纷解决机制改革文件，其中，要实现的目标之一是：“合理配置纠纷解决的社会资源，完善和解、调解、仲裁、公证、行政裁决、行政复议与诉讼有机衔接、相互协调的多元化纠纷解决机制”，这对我们在运用多种纠纷调解的手段上，注重合理配置、相互衔接、整合资源以实现为互动互用提出更高要求。民族习惯法在 D 县调解中的运用，具体表现为：一是在司法系统中，由法院起主导作用的司法调解以及司法局指导下的人民调解；二是广泛普遍存在的民间调解。现在的状况不仅是民间调解和司法调解处于单兵作战、各自为政的状况，司法系统中的法院调解和司法调解也处于各司其职、相互独立运作的状态，这不利于民族习惯法在纠纷解决中作用的发挥。

无论是民间调解还是人民调解、司法调解，均是在我国社会转型期矛

① 最高人民法院：《关于人民法院进一步深化多元化纠纷解决机制改革的意见》，http：//www.court.gov.cn/zixun－xiangqing－22742.html，最后访问日期：2019 年 3 月 3 日。

② 苏力：《“法”的故事》，《读书》1998 年第 7 期，第 25 页。

盾激增、复杂难解而司法资源不堪重负的社会现实下，为实现和谐社会、平安中国建设的目的而进行的法治建设的有效探索和创新发展。多元化纠纷解决机制建构应该重视司法调解、人民调解和民间调解的资源和能量，如能在三者之间形成有效衔接机制，最终形成运作合力将有助于实现多元化纠纷解决机制的“善治”目标。现有关三者之间相互衔接的研究主要集中在，人民调解的调解结果如何申请司法确认机制，如何增强人民调解结果执行效力等方面，这固然是非常重要的一步，但笔者认为，要想实现这三者之间的有机结合、联网互动，还必须从工作机制及工作人员上去下功夫。具体建议是：在工作制度衔接上，通过建立定员、定点、定期联系制度，形成由法院主导的，对各类纠纷调解形式进行指导及互动沟通的工作机制。在人员互动上加强沟通交流，加强法院系统对各类调解员的指导与定期培训。

总之，上述工作制度的衔接以及解纷主体的有效互动，使得司法调解、人民调解、民间调解形成合力，共同实现民族地区调解资源的有效整合。

（二）通过重视多元化纠纷解决机制的构建，推动民族地区社会治理的创新化发展

党的十八大以来，国家多次在政策层面、制度顶层设计中强调国家治理体系现代化与治理能力现代化的战略目标。深化多元化纠纷解决机制的构建和推进，是实施国家治理体系和治理能力创新化、现代化的重要内容，是我国处于转型关键期社会建设的重要方面，对于提升社会治理的法治化、精细化、智能化、社会化、开放化水平，建设更高水平的平安中国，具有十分重要的意义。2016 年 10 月，国家主席习近平就加强和创新社会治理再次做出重要指示，强调“要继续加强和创新社会治理，完善中国特色社会主义社会治理体系，努力建设更高水平的平安中国，进一步增强人民群众安全感”。① 这体现了稳定与安全是社会治理的重要目标与建设内涵。相对于汉族地区，民族地区因地理位置特殊、关键，社会经济因素复杂多元，

① 《习近平：完善中国特色社会主义社会治理体系　努力建设更高水平的平安中国》，http://www.xinhuanet.com/politics/2016-10/12/c_1119704461.htm，最后访问日期：2019 年 3 月 3 日。

稳定和安全建设更加紧迫与重要。对于大部分民族地区而言，民族地区社会治理创新发展的前提就是稳定和安全。因此，民族地区多元化纠纷解决机制的构建是国家治理体系现代化的应有之义和重要组成部分。

深化多元化纠纷解决机制的构建，是提升民族地区社会治理法治化水平的关键环节。随着我国经济社会的发展，地区发展不平衡进一步凸显，大部分民族地区由于公共建设“历史欠账”较多、复杂的政治地理空间、多元的民族宗教形态、异质性的社情民情等因素存在、这些历史和现实的原因挤压，在国家利益格局调整中处于不利地位，由此带来的社会矛盾纠纷增多、诉讼方式难以充分满足需求等使得民族地区多元化纠纷解决机制的深化构建具有特殊意义与紧迫性。多元化纠纷解决机制的建立，不再单独强调司法在矛盾纠纷解决中的单一地位，而是强调整合社会力量，积极健全诉讼与非诉讼有机结合、无缝链接、相互协调的多元化纠纷解决方式；这既为民族地区广大群众提供了高效、便捷、低成本的纠纷解决方式，同时有利于民族地区社会治理法治化水平的提高，更好地维护了社会公平正义，促进社会秩序的稳定和社会安全感的提高。

深化多元化纠纷解决机制的构建，是提升民族地区社会治理精细化水平的重要途径。纠纷事件形式多样、各有特色，多元化纠纷解决机制的构建使得每一类纠纷事件都能得到最合适的纠纷解决，让纠纷当事人能得到“对症下药”的有针对性、个性化的纠纷调解服务，这与社会治理精细化要求不谋而合。现阶段，通过不断推动多元化纠纷解决机制的“升级换代”，通过推动由现场调解向远程视频、在线调解等视频化、信息化技术的模式转变，从制定全国性的纠纷改革政策等指导性文件到民族自治地方具有特色、切实可行的地方性法规转变等举措齐头并进，不断满足民族地区人民多元司法、多元化纠纷调解的需求，通过积极推动多元化纠纷解决机制的进一步构建促进民族地区社会治理精细化水平的提高。

深化多元化纠纷解决机制的构建，是提升民族地区社会治理开放化水平的创新平台。多元化纠纷解决机制的构建是在发挥中国传统思想的基础上基于“化解纠纷，营造诚信友善、文明和谐的社会氛围”产生形成的可以与国家对话、为促进世界各国替代性纠纷解决机制的发展贡献中国经验、中国智慧的宝贵财富。多元化纠纷解决机制的实践经验，对于提炼具有中国特色的社会治理文化，在国际舞台上倡导中国特色的社会治理文化价值观具有重要的创新意义。当前在我国“一带一路”的战略布局下，社会治理开放性水平的提高紧迫又必要，多元化纠纷解决机制的深入推进在此意义上也为国家“一带一路”对外战略实施提供了司法服务与保障。

总之，多元化纠纷解决机制构建与民族地区社会治理目标一致、路径一致。正如范愉在构建纠纷解决理论中所阐述的，要通过多元化纠纷解决机制的构建实现我国“善治”目标；善治作为社会治理创新的最新模式，其核心是“通过国家权力与社会力量的协作及互动参与，实现良性的社会治理和秩序”。[①] 而多元化纠纷解决机制的构建，本身就是通过社会多元力量的参与、多种纠纷模式的构建实现社会善治。这也就是说，不仅多元化纠纷解决机制所实现的社会秩序稳定是社会治理的前提条件，其所要达成的最终目的与社会治理要实现的社会目标——“善治”是完全吻合的。

---

① 范愉：《多元化纠纷解决机制与和谐社会的构建》，经济科学出版社，2011，第66页。

关于剑河县苗族敬桥引发纠纷的调查与思考

周相卿　杨家佳　唐晓梅*

摘要：祭祀桥神制度是黔东南雷公山地区苗族聚居地民间普遍信仰的原始宗教制度的内容，受到当地的习惯法保障。前进村与巴郎村为争夺一座桥的祭祀权而引发冲突并形成群体性事件。国家处理类似问题时应该熟悉当地的习惯法文化，体现国家法治原则。

关键词：苗族习惯法　敬桥制度　田野调查　国家法

一　引言

2017 年 2 月，贵州省黔东南苗族侗族自治州剑河县革东镇的前进村与巴郎村为争夺一座桥的祭祀权，引发了两个苗族村寨村民的争执，并形成了群体性事件。本文第二作者家住剑河县革东镇，了解到这一情况后，回校汇报给导师。2017 年 6 月，贵州民族大学法学院的师生组成了一个调查小组，采用田野调查的方法对这一事件进行了详细调查。

经过对两个当事村寨的录音资料进行整理比对，还有对第三者村寨村民叙述资料的印证，发现两个村寨村民对事实的描述一致。下面从当地苗族习惯法的视角对这次事件进行描述和分析，并为政府及司法部门处理类似问题提出相应的建议。

---

* 周相卿，男，内蒙古宁城人，贵州民族大学法学院教授、贵州世居民族研究中心主任、法律人类学博士、博士研究生导师；杨家佳，女，贵州剑河人，贵州民族大学2016 级民族法学硕士研究生；唐晓梅，女，贵州雷山人，贵州民族大学 2017 级法社会学博士研究生。

二 事件的经过及基本事实

（一）调查点的基本情况

贵州黔东南苗族侗族自治州境内的雷公山地区居住的少数民族主要是苗族，是中国苗族最集中、范围最大的聚居地，该地区由于山高谷深，历史上其他的少数民族基本没有进入，苗族自东北部和东部进入后形成规模。雷公山地区的核心地带主要属于雷山县和台江县的管辖范围，也包括榕江县的西北部、丹寨县的东部、剑河县西部的部分地区、施秉县南部的几个乡和镇远县西南部的金堡乡。剑河县的革东镇原来隶属台江县管辖，是一个苗族文化传承非常好的乡。因国家建设三板溪水电站，剑河县城需要整体搬迁。2003 年经省政府同意，原台江县的革东乡划归剑河县管辖，变为革东镇，剑河县城由柳川镇迁至革东镇。

革东镇距州府凯里 55 公里，西距省城贵阳 210 公里。全镇以山区地形为主，其中少数民族人口占 94%，并且少数民族基本上都是苗族。这次调查的前进村与巴郎村皆由革东镇管辖。前进村村民居住在县城边缘的高山顶上，到山下大约 1 公里。巴郎村距县城 4 公里。两个行政村相隔大约 3 公里，但是没有直达的路。两个村的村民都是苗族。修建新县城以前，两个村都位于深山之中，而且都是苗族文化保留得非常好的地方。最近十多年来，由于新县城的修建和交通条件的改善，受到外来文化的影响越来越大。

（二）冲突事件发生的经过及事实

事件发生的具体时间是 2017 年的农历二月初二，也就是当地苗族的敬桥节。巴郎村的村民，包括其他村寨的刘姓同一祖先成员的一个大家族到剑河县革东镇新县城西部的一个新桥的桥头举行祭祀桥神仪式。前进村的村民也是一个大家族，在寨老的组织下，村中的青壮年来到山下阻止巴郎村的敬桥活动，引发了两个苗族村寨村民的争执。后来事态愈演愈烈，双方赶到现场的人越来越多，场面十分混乱。

我们调查清楚了事件的原因。两个村寨的冲突起源于争夺这座桥的祭祀权。产生争议的这座桥位于剑河县新县城的西侧，是政府修建的公路桥，于 2016 年年底完工。在政府修建这座桥以前，此地有一座木桥，世代以来都是前进村的村民在使用和祭祀，桥两边的田地也属于前进村。后来政府征用了这附近的土地用于修建新桥。巴郎村距离这里大约 4 公里，由于距离远，村民们说他们并不知道这里原来有前进村的木桥。

巴郎村的祖先居住在政府所修的这座桥的西部八百米左右，由于火灾搬迁到现在居住的地方。巴郎村祖先居住的地方原来有一座石桥，是一个富裕人家在道光八年建好的。清朝时，政府征用这户富裕人家三百担米，这家没有这么多，又不能抗拒交粮，就对自己刘姓家族的其他人说，他自己没有那么多米满足政府的要求，请大家都支持他一下，以后这座桥的祭祀权就归他们刘姓的整个家族。大家出米支持这户人家以后，这家主人就把这座桥开放给刘姓家族的所有人来敬。虽然刘姓从这里全部搬走，新中国成立以后，桥两边的田地属于前进村所有，但是依据苗族传统，每年的农历二月初二敬桥节，刘姓家族的人还是都到这里来敬桥。

在革东镇修建新县城以后，政府征用刘家老石桥附近的土地修建剑河县第二中学，由于建筑需要，老石桥被埋在了地下。政府为此还考虑到民间信仰制度的现实赔偿了巴郎村五万元。巴郎村的村民请示社区的工作人员，要求祭祀位于老桥东部政府修建的新桥。村民们说，政府修学校导致无法按照传统举行敬桥活动，要求敬距离老桥约八百米的政府修建的公路桥，政府社区的人同意巴郎村的村民到新桥处开展敬桥活动，巴郎村的村民才联合外寨的本家族成员在 2017 年农历二月初二的时候到新桥处进行敬桥活动。村民们敬桥时还在桥上立了一块碑，碑上刻着“刘家桥”三字。

前进村的村民认为巴郎村的村民祭祀新桥侵犯了自己的利益。如果敬桥应该到第二中学的大门处去敬。我们在调查的过程中也问巴郎村的村民是否知道国家修的新桥处原来有前进村的木桥，他们回答不知道。巴郎村的村民说敬桥的理由是政府答应了。

三　雷公山地区的苗族桥崇拜制度[①]

革东镇是雷公山地区典型的苗族聚居地方，在调查过的雷公山地区苗

① 此部分内容详见周相卿《雷公山地区苗族习惯法研究》，法律出版社，2016，第 149 页以下。

族村寨中，普遍存在着桥崇拜现象。不管是几根木头铺成的简易桥、具有象征性神圣意义的平地木板桥、专门修建的风雨桥，还是政府修建的钢筋混凝土桥梁，当地人都认为是有神性的，受到崇拜和祭祀。各个自然寨中，在桥崇拜方面，几乎没有什么大的差别。下面我们将当地的苗族桥崇拜制度进行概括性描述，便于对这次事件的理解。

（一）敬桥节

敬桥是雷公山地区苗族民众普遍性的原始宗教信仰形式。在雷公山地区的台江县和雷山县等苗族聚居区，有专门的敬桥节，固定的时间是农历的二月初二，平时是在有事时才祭祀。敬桥节是苗族同胞一年中最重要的节日之一。在敬桥节期间，当地苗族不论男女老幼都穿上盛装举行敬桥仪式。由于对儿童有特别的意义，敬桥时，儿童更是穿戴一新。敬桥祭祀仪式过后，许多村寨都举行芦笙舞、木鼓舞或斗牛等传统的娱乐活动，年轻人往往要进行游方活动。

（二）桥的种类

各个村寨中，根据桥的所属进行划分，敬的桥可以分为三类。第一类是寨有桥，指归整个村寨群众所共有的桥，有历史上流传下来的，也有国家资助建的。第二类是家族共有桥，这种桥主要是祖先留下的；一般情况下，历史上的桥都是以家庭为单位的。架桥的原因主要是妇女婚后不育，或者生女不生男，期望生男孩，或者保佑儿童健康成长。随着家庭子孙的不断繁衍，这种桥就会变成家族共有。各个寨中这种桥一般都是比较大的。第三类是家庭私有桥，属于家庭所有的桥，主要分布在田头、水沟或人行小道上，一般都是小桥。其架设桥的原因有两种：一种是为交通而架设；另一种是为求子而架设。

根据制作的方式和用材对所敬的桥分类，可以分为木质的、石质的与钢筋混凝土的。可见，国家修建的钢筋混凝土公路桥也是人们敬的对象。木质桥又可分为多种。第一种是木质简易桥，多数是用一、三、五、七、九单数的原木放在一起制作而成，这种形式的桥是木质桥中最多的。第二种是高级形式木质桥，是经过木工精心制作的风雨桥。风雨桥的两边护栏被做成靠椅，桥的上面建成屋顶样式，人们可以在桥上乘凉、避雨、聊天。第三种是象征意义的木质桥。有世俗意义的地方都被他人架了桥，想要架桥就只能在路中，或在自己房子的大门内挖一坑，把三、五或七根二尺多长、几寸多宽的杉木铺嵌在坑内算是制作了桥。这种桥不具有方便行人走路的作用，仅有神圣意义，而没有物质上的实用意义。2003 年在雷山县掌批上寨调查时，发现有一座用石头和水泥制造的桥，桥面上凹进一个半米见方的槽，槽内镶嵌着五根木条，象征传统的木桥。

（三）桥的作用

一般的桥都有神圣的和世俗的双重意义，也就是既方便行人，同时又有神圣的意义。贵州省本来就是多山的地区，贵州省的苗族在历史上的迁入时间晚于其他少数民族，地理位置比较好的平坝地方已经被其他民族先占了，因而苗族只能住在条件比较差的高山地区。这些山区往往高低相对悬殊、地形复杂、沟谷纵横。因而无论是住宅区还是农耕区，桥都是必不可少的，大大小小的桥分别安置在小河、水沟或其他人行道上等需要架桥的地方。所以苗族地区敬的桥多数有很强的物质性的实用价值。

桥的神圣宗教意义类似于汉族地区佛教信仰中的积“功德”，积德会受到好报。但其宗教含义与世俗佛教信仰中的“功德”又有所不同，在他们的宗教信仰中，桥本身也是被崇拜的对象。敬桥最重要的目的是求助桥神保佑生育和护佑儿童健康成长，使寨子人丁兴旺。在敬祭时，祭品用糯米粑、鱼、猪肉、糯米饭团、鸭蛋和水酒。去祭桥的人们，碰面时要对喝一碗酒，互相赠送一些鸭蛋，碰见过路的人也要敬酒、赠祭品。蛋被认为是小孩最喜欢的东西。在反排寨，敬桥时不用鸡蛋，认为小孩喜欢鸭蛋，当地人认为“敬桥”这天，桥神发配很多“阴灵”投胎到世间，使用鸭蛋作祭品可以将“阴孩”逗引到自己家中来。此外，敬桥时还要烧香、烧纸。敬桥同时还有广泛的其他宗教意义，比如保佑人发财、护佑其他家庭成员不生病及平安等。

（四）敬桥的一般禁忌

敬桥也有禁忌，在台江县的反排寨，敬桥节期间，妇女不能带五岁以下的儿童路过属于他人的桥走亲戚；孕妇也不得在敬桥期间过往于他人的桥上。人们认为如果这样，小孩就会因此投胎到别人家去。其他的寨子，这一规矩并不明显。在架桥后三年内，每年都要敬桥，三年以后也不能撤去。认为如果不这样，桥神就会找你的麻烦。在自然崇拜的观念里，人们认为桥是神圣的，架了桥就不能拆。

（五）敬桥的习惯法规则

敬桥的时候一般以家庭为单位，每一家应该敬哪些桥，不应该敬哪些桥，都是有规矩的，不能随意乱敬某一座桥。属于全寨共有的桥，寨内每家都可以去敬；属于某一家族共有的，只能由这一家族的人去敬；属于私人架设的，则归私人去敬。如果有人违反这一敬桥规则就会引起纠纷。因为人们认为敬桥会得到桥的保佑，谁敬了那座桥，该桥就保护谁。桥的所有者认为自己的桥被他人敬就会被他人夺去被桥保佑的机会。因而敬桥时只能敬自己家里所架的桥，或全村共有以及家族共有、自己家有份的公共桥。在台江县的记刀寨，有一个不同于其他村寨的规矩，就是全寨性的四座桥各家不能随便敬。因为一般情况下记刀寨都会组织全寨性的敬桥活动，也就是全寨的人集体杀一头猪统一敬桥。如果不组织全寨性的活动，寨老就会宣布："今年大家很困难，不统一组织敬桥了。"这时各家才可以单独去敬全寨性的桥。

四　对政府处理此案件的建议

通过对案件事实的叙述和对当地敬桥制度的描述、分析，我们认为在处理这一案件时应该考虑以下几点。

第一，按照当地的敬桥习惯法制度，当事人敬祖先敬的桥不管在住处附近，还是以前祖先居住的地方，都是符合敬桥习惯法规范的。有一些人虽然搬离祖先居住的地方很远，但还是在敬桥节回到祖上敬桥的地点举行祭祀仪式。不管是新中国成立前的土地买卖还是现在农村土地承包导致的土地使用权的变化都不能改变这种敬桥规矩。不仅是祭祀桥，当地村民祭祀"岩妈"①、神树等都是到祖先祭祀的地方，不一定是自己居住的寨子附

---

① 作为神灵进行祭祀的石头。

近。巴郎村在新中国成立以后一直在现在的第二中学前门原老桥处敬祖辈修建的老石桥。虽然周边的田地属于前进村，但是前进村的人并没有反对，而认为是应该的。这说明当地的村民是遵守传统习惯法规范的。

第二，按照当地的苗族习惯法规范内容，如果现在巴郎村的村民认可新桥下原来有前进村的木桥，政府的工作人员只要将两个村的村干部和有名望的寨老召集到一起，说明情况，问题就会迎刃而解。巴郎村的村民也不会再主张祭祀权。在调查时，我们曾经问巴郎村的一位村民："现在的新桥下原来有一座前进村的木桥呀?"村民回答说："我们相隔这么远，不知道这情况。"他们心里明白，如果原来确实有一座前进村的木桥，按照当地的苗族习惯法，巴郎村的村民就无法主张对新桥的祭祀权利。

第三，对于是否有社区政府工作人员表态的问题，我们无法进行核实。如果确有此事，此案中就有地方习惯法与官方理念冲突的问题，个别政府工作人员认为公路桥是国家修建的，两边的土地是国家征用的，根据自己的感觉就将敬桥权给予其中一方。即使巴郎村的村民不承认这里原来有木桥，桥两边的土地不是巴郎村所有，从国家法律角度讲，政府没有法律依据确定这种属于原始宗教信仰的敬桥权利属于谁。政府工作人员也就没有法定权力表态敬桥权属于谁。此案中，政府已经补偿了巴郎村五万元。涉及民俗问题时，政府应该在法律的范围内尊重民间的传统规范。

第四，在传统上，敬桥纠纷一般由习惯法方式解决。事实清楚的一般由寨老调解；双方各执一词、无法核实清楚的，一般进行神判。近年来由于交通条件的改善，当地与外面经济文化的互动加快，导致当地苗族文化的变迁速度加快。传统习惯法保障的敬桥制度面临危机。从雷公山地区的司法判例中可以看出适用国家法处理类似案件的原则。国家一般对国家法中有规定的内容进行裁决，对有习惯法依据而无国家法依据的要求不予支持。

第五，国家有义务维护社会治安。在传统上，因为纠纷得不到解决，双方进行械斗的事情在贵州的很多少数民族地方都存在过。甚至在 20 世纪 80 年代以前，一些地方政府都对一些民族地方的群体械斗现象无能为力。现在国家有能力也有义务依法进行处理。此案中政府权威的介入在一定程度上限制了传统游戏规则的适用。

按照当地的苗族习惯法规则，寨子中的事，不管是全体村民的利益问题还是某一成员的利益问题，全体成员都有维权或者帮助维权的义务。对不尽义务的人要进行处罚。政府部门在处理上还是考虑了当地的民族文化，做出了很大的让步，虽然有多名特警受伤，但并没有采取进一步的法律措施。

五　结语

掌握国家法的规范内容容易，只要看法律文件是否被废止即可。民间习惯法规范调查过程中不可能找到完备的供调查者使用的文字材料。很多少数民族地区没有自己的文字，少数民族习惯法规范主要都是不成文的，案例调查非常重要。根据案例，可以清楚地了解规范的具体内容，判断规范的有效性。从这一事件双方对祭祀活动的组织和争夺敬桥权的组织情况来看，两个寨子虽然邻近县城，实施习惯法的权威还是存在的。马林诺斯夫基认为文化“直接或间接满足人类的需要”,[①] 习惯法的存在就是为了满足人们对秩序的需求。随着政府影响力及外部文化的进一步加强，当地习惯法的变迁会进一步加快，实施习惯法的权威会逐步消失。

① 〔英〕马林诺斯夫基：《文化论》，费孝通等译，中国民间文艺出版社，1987，第14页。

新农村建设、乡村治理背景下的西部民族地区农村法治建设*

文新宇**

摘要：针对本课题调研发现的当前在西部民族地区新农村建设、乡村治理中，在涉农立法、农业执法、执法监督、涉农法律救济方面出现缺乏法律保障，农村法治状况不理想的问题，笔者认为，应通过推进西部民族地区农村法治建设来解决。这里，农村法治建设既不是一个简单的抛离乡土社会、仅仅依靠国家强力推行的运动式过程，也不是一个等待乡土社会和农村居民自身慢慢地成长到理想的法治高度的消极无为过程，而是一个以国家为主导、以社会为基础的积极的合力推进过程。

关键词：新农村建设　乡村治理　西部民族地区　农村法治建设

与东部、中部地区农村不同，我国西部民族地区农村在进行新农村建设过程中，应该采取符合自己的“建设模式”。而在研究西部民族地区新农村建设中的法律问题，建构西部民族地区农村法治秩序时，更是如此。当前，以法律移植的建构方式建设法治国家，在“二元格局”下立法出现的种种问题，遭到了许多批评。但在依法治国、新农村建设背景下，建构农村法治秩序，却让人们看到了许多矛盾之处。

王启梁先生认为，在“二元格局”的困境下，在现代化的进程中，要建构少数民族农村的法治秩序或许可以通过以下的途径进行努力。（1）少数民族农村的法治建设重点应当放在社区，法治秩序建构的关键也在社区。

* 本文系国家社科基金一般项目“少数民族传统社会资源与乡村治理创新研究”阶段性成果。

** 文新宇，男，贵州雷山人，贵州省社会科学院法律研究所副研究员、中国人类学民族学研究会法律人类学专业委员会常务副秘书长。

(2) 对本土资源的充分、合理利用。(3) 不断完善国家法制建设，针对少数民族地区农村的情况进行以下几方面考虑：①完善立法；②加强司法和执法队伍的建设，逐渐形成法律职业共同体；③健全和完善非诉讼纠纷解决制度。[①]

那么，在当前西部民族地区新农村建设、乡村治理的大背景下，如何建构我国西部民族地区农村法治秩序，或者说，我国西部民族地区农村法治建设的路径在哪呢？针对本课题调研发现的当前在西部民族地区新农村建设、乡村治理中，在涉农立法、农业执法、执法监督、涉农法律救济方面出现缺乏法律保障、农村法治状况不理想的问题，笔者认为，应通过推进西部民族地区农村法治建设来解决。

这里，农村法治建设既不是一个简单的抛离乡土社会、仅仅依靠国家强力推行的运动式过程，也不是一个等待乡土社会和农村居民自身慢慢地成长到理想的法治高度的消极无为过程，而是一个以国家为主导、以社会为基础的积极的合力推进过程。

一 加快与新农村建设、乡村治理相适应的法治建设、制度建设步伐

为适应当前新农村建设的需要，笔者认为必须在涉农立法、司法资源配置、法制宣传教育、农业执法及监督、农村改革等方面加快法治建设、制度建设步伐。

第一，加强和改进涉农立法工作，从完善法律体系上推进乡村治理。对现有的法律法规认真清理，该废止的废止，该修改的抓紧修改。针对农业市场化程度提高后难以协调和处理错综复杂的“三农”问题，如土地产权问题、农民的公民权问题、户籍制度不合理问题等，加紧制定和完善一批适应世贸组织规则要求、适合我国城乡发展情况的配套法律法规，如户籍管理、农民权益保护、农业投资、农村金融、农村社会事业发展、提高农民组织化程度等方面的法律法规。需要说明的是，西部民族地区的地方立法更应该注意将该地区改革和建设实践中行之有效的方针政策以及已经成熟的经验上升为法律，使农村生活的各个方面都能做到有法可依，保证

① 王启梁：《少数民族农村法治秩序建构的路径选择——来自一个金平瑶族社区的田野调查个案》，载方慧主编《少数民族地区习俗与法律的调适》，中国社会科学出版社，2006，第50~56页。

这些法律符合农业、农村实际，符合农民的根本利益。王允武等通过调研认为，当前应当做好制定特殊保护农民权益的法律，制定规范政府对农业和农村投资的专门法律，修改《土地管理法》及其实施细则，完善村民自治法律制度，修改或废止“城乡分治”的法律规定等方面的法律制定、修改工作。这是很切合实际的对策建议。

第二，加大对西部民族地区新农村法治建设工作的投入，加强该地区农村司法资源的配置，加大司法工作力度。根据西部民族地区乡村的实际，主要是增加基层法院派出法庭的数量（也可以考虑建立巡回法庭）、加强公安基层派出所的建设、增加人员、提高素质、提高装备水平，以及抓好乡镇司法所和司法助理员队伍建设，使之成为社会主义新农村民主法治建设的骨干队伍。同时，还要加强与法律相关的法律服务机构的建设，如律师事务所、会计师事务所、资产评估机构、中介服务机构等。这些法律服务机构应当向农村延伸，为农民提供质量高且价格合理的法律服务。为了推动这些服务机构在农村的建立和业务的开展，相关的管理部门应当在政策上给予一定的支持和帮助。

长期以来，西部民族地区对农村法治建设投入不足，导致农村的司法资源配置相当薄弱。目前西部民族地区农村基层司法部门在司法工作上存在问题较多。主要表现为：一方面，对农民的合法权益的保护力度不够，对因违法行为受到财产或者人身损害的农民推诿拖延、漠视不管；另一方面，对违法犯罪行为特别是黑恶势力打击不力，个别人甚至成了坏人的保护伞。这也是西部民族地区某些农村社会矛盾激化、上访多发的重要原因。这种状况必须得到改善。同时由于法律成本高，农民的收入又相对比较低，在需要使用法律武器来维护自己利益的时候，常常望而却步。司法机关应该采取有效措施降低法律成本，让农民用得起法律。在农村，特别是经济比较落后的地区，法院的诉讼收费标准应当适当降低，财政可以给予适当的补贴。还有，让法律援助制度更充分地发挥作用，也是让农民用得起法律的一个重要的工作举措。

第三，加强法制宣传教育工作，提高少数民族群众法律素质。在客观现实条件下，加强农村的法制宣传教育，切实提高广大农民的法律意识和法律素养，是加强社会主义新农村法制建设必不可少的一个重要途径。农村的法制宣传教育应该采取一种自上而下和自下而上双管齐下的教育方式，让广大的农村基层干部特别是村干部带头学法，起到良好的示范和带动作用，同时也必须让广大的农民主动学法。这就必须切实提高广大基层干部和农民群众的文化修养，加强农村教育文化事业的发展力度，从根本上提升其素养。农村的文化教育事业较为落后，而且长期以来没有受到足够的重视，这也是农村广大农民群众素质低下的原因。所以，有关政府部门应该大力加强对农村教育的投资力度，使教学形式多样化、办学方式灵活化、培训效果实用化。这样才能从根本上促进农村的发展、提升农民的素质，从而更好地推进农村的法制建设。

提高农民的法律素质，主要是让农民掌握法律知识，增强法律意识，增强自我保护能力，树立牢固的守法观念。为此，必须在这方面做出更大努力，要把法律的宣传、普及、教育的重点放在农村，要组织农民像学文化、学科技一样学法律。西部民族地区各级政府和有关部门，要像送货下乡、送科技下乡和送戏下乡一样送法下乡。优良的法律教育、科研资源要向农村倾斜。要组织法律专家、学者送法下乡。要动员广大法律院校的青年学生到农村去做法律宣传。农村的法制教育，要以司法行政管理部门为龙头，以法律院校为主体，以司法机关为协助，开展深入持久的法律普及教育活动。要改进法律普及教育的形式和方法，做到方法灵活、形式多样、讲究实效。要充分利用广播、电视和互联网等现代化的传播方式和手段，采取农民喜闻乐见的方式进行宣传和教育。

第四，加强“三农”执法工作。西部民族地区农村法治建设中，执法难、执法不力等是老大难问题。必须切实加强面向农村的法律服务，为广大农民群众提供强有力的法律支持，这是推进农村法治工作的必要举措。首先是要进一步加大农村的执法力度，必须确保农村行政、税收、教育等各个方面的工作都纳入法制化的轨道。其次是要努力建设一支高素质的农业行政执法队伍，建立起科学合理、运行有效的行政执法体系，以保证各项涉农法律的严格执行和涉农法律问题的迅速合理解决。我们可以在县级人民法院以及乡镇人民政府的统筹安排下，在每一个村培养出一定数量的农村法律服务咨询专门人才，建立和健全农村法律咨询和服务系统。

第五，加强执法监督，从增强监督实效上推进新农村建设、乡村治理。充分发挥各级人大及其常委会的职能，开展经常性的监督检查工作，跟踪督查常委会审议执法检查报告和专题工作报告的整改落实情况，督促有关部门依法行政，不断改进依法执政、依法行政和依法办事的方法，以法律和制度手段处理农业和农村经济社会发展过程中复杂的社会经济关系，保障乡村治理顺利进行。[①]

第六，深化农村各项改革，从社会制度上保证乡村治理。特别是深化户籍制度改革，消除城乡“壁垒”，让农民享有自由进城和自由迁徙的权利，形成城乡劳动者平等就业的制度；积极构建城乡整合的社会保障制度，对进城农民与乡镇企业职工逐步实行和城市企业职工统一的社会保障制度，将养老保险、最低生活保障和医疗保险的大病统筹部分设计为全民共享项目，对农民与城市居民一视同仁、一样对待，统一规划、统一实施。此外，针对西部民族地区新农村建设中存在的农村管理体制不顺、制度短缺的问题，还需要加强完善涉农管理制度的改革、建设。

二　构建农村基层法治的有效载体，将新农村建设纳入法治化的轨道

针对调研中发现的农村基层组织在新农村建设中难以发挥作用等问题，当前西部民族地区基层需要加强法治建设。近十年来，西部民族地区农村基层法治建设在建立有效的组织和完备的制度方面，农村基层组织治理取得了相当大的进步。但治理过程中还存在不规范的地方，尤其村民自治的完善需要一个较长的过渡阶段。乡村治理在发展经济，开展教育、科技、卫生、文化建设的同时，需重视和加强农村的民主法治建设，努力构建民主法治、管理有序的新秩序，而以下几方面尤为重要。（1）扩大农村基层法治，搞好村民自治，健全村务公开制度，开展普法教育，确保广大农民群众依法行使当家做主的权利。乡镇政府要加强对农村基层民主政治的指导。乡镇政府对农村基层法治建设的方方面面予以正确有效的引导、指导和培训。（2）精简乡镇机构和村干部，全面推行行政事务公开，方便群众办事，接受群众监督。（3）加强农村基层组织建设和干部队伍建设，完善村民自治，实行村务公开。大力提高农村干部的思想政治素质、市场经济知识和实际工作能力。把掌握农村法制知识、办事公道、作风正派，作为选拔农村干部的重要条件，努力造就一支懂农村法制知识和业务水平高的

① 尚宏梅：《社会主义新农村建设需要新的法律和制度保障》，《人大研究》2006年第5期。

人才。(4) 深入开展依法治乡（镇）、依法治村和“民主法治村”创建活动，健全和完善民主选举、民主决策、民主管理和民主监督制度，建立村民议事制度，增强工作的针对性和实效性，形成充满活力的村民自治机制，推动农村基层民主法治建设稳步、健康发展，确保广大农民群众依法行使当家做主的权利。(5) 依法管理农村财务。要健全完善有关农村财务的各种规章制度，根据《会计法》《审计法》和财务管理的有关规定，依法加强对农村财务的监督检查，定期审计，公开账目，接受监督。逐步将农村经济和社会事务纳入法治化管理的轨道。①

三 以基层组织制度建设为核心，提高西部民族地区乡村治理水平

针对调研中发现的农村基层组织在新农村建设中难以发挥作用等问题，当前西部民族地区基层需要加强法治建设。管理民主是新农村建设的重要组成部分，其实质就是制度建设。村民自治制度作为我国农村基层民主政治建设的一项基本制度，在巩固农村社会基层政权，密切党群关系、干群关系，促进农村构建和谐社会，提供重要制度保障方面的作用十分重要。只有加强村民自治制度建设，才能实现管理民主。西部民族地区受到特殊的自然环境和社会发展滞后的影响，基层组织以及管理制度不完善，村民自治制度在部分地方尚未完全建立起来，这严重影响到农村经济的发展。因此，在推进西部民族地区新农村建设时，应进一步加强农村基层党组织建设，充分发挥基层党组织在农村经济发展、村庄整治、科教兴农、社会治安综合治理、计划生育、移风易俗等新农村建设各项工作中的作用。健全村民自治机制，进一步完善村务公开和民主议事制度，让各民族农民群众对新农村建设享有知情权、参与权、管理权、监督权。政府应鼓励、引导和支持农村发展各种新型的社会化服务组织，以促进新农村建设。

四 依法维护和保障农民的土地承包权利

农民以土地为本。农牧民承包的耕地和草地是不可再生的自然资源，

① 陈志兴、陈洁、张启明：《农村基层法治视角下的新农村建设》，《农业经济》2007 年第 12 期。

它不但是农牧民最重要的生产资料，而且还是最基本的生活保障。依法保护农民的土地承包权益，是党在农村长期坚持的基本政策。实行家庭联产承包责任制以来，西部民族地区贯彻执行《土地管理法》、《农村土地承包法》和《草原法》的各项规定，总的情况是好的，但也有一些问题需要进一步明确。一是要坚持土地基本经营制度长期不动摇。引导农民珍惜土地，增加投入，培肥地力，逐步提高产出率。二是要依法按程序征用土地，严格报批手续。制止和查处在招商引资、发展城镇化和村庄住宅建设过程中，未经报批滥征、乱占农民土地以及“以租代征”等违法违规行为。三是在征地过程中要依法给予农民补偿，妥善安排失地农民。制止随意降低补偿标准和挤占、截留、挪用征地补偿款的行为。四是要规范土地承包经营权流转。可以通过转包、出租、转让或委托代耕等方式，在依法、自愿、有偿的原则下进行经营权的流转，但要坚决防止违背农民意愿的强制推行。五是要严格执行全国人大常委会关于废止《中华人民共和国农业税条例》的决定，巩固税费改革的成果，防止反弹。

五　以农村社会治安综合治理为核心，构建社会主义和谐新农村

近年来，西部民族地区农村社会治安综合治理还存在一些不令人满意的薄弱环节，发生在农村的违法犯罪案件呈上升趋势。建设社会主义新农村不仅要建设政治文明、物质文明，而且要建设精神文明，实现农村社会全面进步，更需要为农村改革开放营造一个良好的社会治安环境。因此，需要在以下几个方面采取相应措施。(1) 制定符合西部民族地区农村特点的村规民约。村规民约是村民的行为准则。它与法律、道德约束不同，是在长期实践过程中积淀形成的村民普遍认可的行为规则。在建设社会主义新农村过程中，既要加强法治建设、道德建设，也要重视村规民约的建设，使法律、道德、村规民约有机结合，相互促进、相得益彰。(2) 加大农村社会治安综合治理力度。当前，我国西部民族地区农村社会治安虽然总的形势较好，但在某些地方，社会黑恶势力、宗族势力、车匪、路霸等还不同程度地存在，严重威胁农民群众的人身和财产安全，不利于农村社会稳定。加强农村社会治安综合治理，为农村改革开放营造一个良好的社会治安环境，是广大农民群众的迫切要求。(3) 倡导科学，反对迷信，倡导健康向上的生活方式。科学与迷信

是水火不容的，随着农民收入水平的不断提高，封建迷信有所抬头，农民在婚丧嫁娶等方面追求形式、讲排场、比阔气等风气也有蔓延的趋势，这些均属于不良消费，要引导农民加以克服。（4）建设“学习型”新农村，反对赌博等不良活动。农村意识形态这块阵地，如果健康的东西不去占领，邪恶的东西就会趁虚而入，要大兴学习之风，构建“学习型”新农村。

六　建立、健全农村社会保障制度

在西部民族地区建设新农村和促进社会重建的过程中，积极发展西部民族地区农村的社会保障事业是不可或缺的重大举措。而西部民族地区农村的社会保障制度的建立与完善，是西部民族地区农村社会事业发展的重要内容之一，是西部民族地区乡村治理必须要解决的重大课题之一。西部民族地区农村社会保障事业严重滞后既是农民贫困的体现，又是社会发育程度低的一个结果。因此从这个意义上说，建立、健全农村社会保障制度是破解西部民族地区“三农”问题的一个综合性突破口。

西部民族地区农村社会保障缺失成为制约西部民族地区农村构建和谐社会的“瓶颈”。西部贫困山区农民的社会保障基本上还是空白。以甘肃省为例，该省大部分地区自然灾害频繁，农业生产基础薄弱、条件差，加之农村税费改革后救济资金来源少，更加大了社会救助的难度。甘肃省先后出台了一系列单项社会救助政策性文件，涉及农村灾害救助、农村特困群众生活救助、农村医疗救助、贫困县义务教育“两免一补”等方面。2005 年 2 月，甘肃省政府又批准了《关于推进全省城乡社会救助体系建设的意见》，确定了甘肃省城乡社会救助体系建设的总体思路。虽然这一系列政策的出台加快了甘肃农民社会保障体系的建立，但由于在甘肃全省农村仅特困群众就达两百多万人，绝大多数特困农民目前并没有纳入农民社会保障体系内，可见在甘肃省建立、健全农民社会保障体系的任务是十分艰巨的。[①] 21 世纪以来，我国农村传统的以家庭为中心的保障体系，面临诸多挑战，特别是西部贫困地区的农民愈来愈难以解决其生老病死问题。计划生育政策的推行，使独生子女增多。农村三口之家的核心小家庭迅速增加，两个孩子结婚后要承担

① 聂华林主编《中国西部三农问题调研报告》，中国社会科学出版社，2007，第 184 ~ 185 页。

起三个家庭的保障和四个老人的养老责任，其负担可想而知。西部农村大量年轻劳动力外出务工。“386061 部队”（妇女、老人、儿童）留守在家，特别是那些 70 岁以上和身体有病的中老年人，生活无人料理，生病无人照顾，生活十分艰难。在村社集体经济实力削弱和农业税费免征后，很多地方的农村基层政府和集体经济组织已经无力解决无儿无女的“五保户”的保障和个别特困户的生存问题。而目前，西部农民在失业、养老、医疗以及最低生活保障方面，还存在诸多困难与问题。尽管近年来在中西部地区农村开展了以大病统筹方式为主的医疗保障试点及推广，个别经济发达的地方开展了农村养老和最低生活保障，但都较普遍地存在水平低、覆盖窄、推广难等困难和问题，农民真正从中得到的实惠并不多。农民看不起病、住不起院，有病拖、扛等现象较为普遍。因此，建立、健全西部农村社会保障制度与体系是破解西部“三农”问题和建设社会主义新农村的重大举措。[①] 目前，“三农”问题已经成为制约我国经济社会持续稳定协调发展的障碍，特别是西部“三农”问题已经成为西部农村全面建设小康社会的“瓶颈”。西部农村社会保障缺失已经成为其构建和谐社会的“瓶颈”。这些都将影响乡村治理运动全面彻底地推行。解决西部“三农”问题和促进社会发展发育既要治标，更要治本，关键在于治本，治本之策在于在社会制度与政策上实行公平的“国民待遇”，建立健全并创新农民的社会权利制度特别是社会保障制度与体系。[②]

当前西部农村社会保障存在的主要问题是：（1）保障体系不健全；（2）保险能力很低；（3）保障覆盖面窄；（4）西部地区公共卫生状况总体较差。[③] 西部农村社会保障问题产生的原因是多方面的，可概括为以下几点：（1）体制转型使西部农村传统的保障功能更加弱化；（2）西部农村社会保障任务沉重，社会保障实施难度加大；（3）西部农村社会保障制度建设落后；（4）西部农村社会保障发展滞后的经济根源。[④]

---

① 聂华林、杨建国：《中国西部农村社会保障概论》，中国社会科学出版社，2006，第 7 ~ 9 页。

② 聂华林、杨建国：《中国西部农村社会保障概论》，中国社会科学出版社，2006，第 9 页。

③ 聂华林、杨建国：《中国西部农村社会保障概论》，中国社会科学出版社，2006，第 169 ~ 173 页。

④ 聂华林、杨建国：《中国西部农村社会保障概论》，中国社会科学出版社，2006，第 121 ~ 141 页。

据有关部门推测，1999 年我国城镇社会保障覆盖面达 92.1%，而农村仅为 2.7%，到 2004 年，占总人口 80% 的农村人口只享受全国社会保障的 11%，而占 20% 的城镇人口却享受了 89% 的社会保障。在这 11% 的覆盖面中，几乎不包括西部农村。目前“三农”问题尤其是农民的社会地位及其利益得不到保障，有时甚至处于从无助到无奈的地步。这是中国农民群体社会地位及其利益转化关系的基本现状。笔者认为，非常有必要通过建立农村社会保障制度特别是西部农村社会保障制度来缓解十分突出的“三农”问题，并以建立健全社会保障制度为解决西部“三农”问题的综合性突破口。建立健全西部农村社会保障制度不仅因为突出的“三农”问题，还因为特殊的社会因素。西部省、区、市绝大多数为少数民族自治区或多民族省份（少数民族人口占该省、区、市总人口的 10% 以上），少数民族地区多数处于边、远、穷的农村地区，经济发展落后，社会发育滞后，人民生产生活存在许多困难。在解决西部民族地区农民社会保障问题时遇到的一个比较突出的问题就是“无法可依”。从我们调查的资料中可以看出，不少农村社保的相关部门都提到在“等政策”，相关的法律、法规在保障农民享有社保方面有不少空白，因此，要从根本上解决农民的社会保障问题，相关的法律建设必须要先行，要加快与农民社保有关的法律的出台，要“依法保农”，建立一套长期有效的法律制度来保障农民享有社会保障的机制。

社会保障制度建设涉及方方面面，但就西部农村面临的背景和现状而言，建立农村社会保障制度是一项复杂的社会性系统工程，涉及面广，不可能一蹴而就。这就要求一定要立足西部农村实际，既抓住重点又统筹考虑，逐一解决。因此，西部农村社会保障制度建设需要以农民最低生活保障制度、农村居民失业保险制度、农民社会养老保险制度、农村医疗与公共卫生制度、农村住房保障制度等为重点，并做好城乡社会保障资金统筹与农村社会保障管理体制改革，积极发展农村商业保险、农业保险和农产品期货。

在改革城乡社会保障制度方面，总的思路应该是，根据工业化进程，改革城乡社会保障制度，第一步是按照目前低水平、广覆盖、有保障的原则，初步构建最基本的农村养老保障、基本医疗保障、最低生活保障和规范化的政府救济制度，使农村社会保障从“无”到“有”。第二步是到工业化中后期，逐步提高农村社会保障标准，缩小城乡社会保障差距，形成一体化的城乡社会保障制度，实现从“有”到城乡一体化的过渡。

农村社会保障是一项系统工程，无现成的模式可循，我们要在借鉴发达国家和东部较发达地区农村经验教训的基础上，结合我国西部民族地区农村社会保障制度发展过程中存在的问题，根据整体规划、分类指导、突出重点、分步实施的原则，使社会保险、社会救济、社会福利、优抚安置、社会互助、个人储蓄积累等制度以及与之相配套的社会保障服务网络逐步建立起来，并走向规范化、法制化。

刑事和解制度在藏彝走廊民族地区实施的特殊性

——以凉山彝族地区为例

苏红丽*

摘要：本文以凉山彝族地区为调查点，指出彝族自古有刑事和解的习俗，彝族“赔命金”是凉山彝区解决刑事纠纷的主要方式，刑事和解习俗与国家刑事制定法既具有冲突性又具有协作性。从已有的实践经验来看，刑事和解制度无论在民间习惯中还是被国家法确立后，对于解决轻微刑事案件、有效化解社会矛盾具有重要的现实价值。因此，在凉山彝族地区促成刑事习惯法与国家制定法的调适整合，构建适应“民族化”的刑事和解制度，对化解矛盾和恢复社会秩序有着一定的借鉴意义。

关键词：刑事和解　彝族习惯法　德古　调解

一　刑事和解制度理论梳理

刑事和解是指在犯罪发生后调停人帮助被害人与加害人协商解决纠纷对双方经由商谈达成的和解协议，司法机关予以认可并以此作为对加害人施加刑事处罚的依据。理论上一般认为，刑事和解制度形成于英美等西方国家，源于20世纪70年代加拿大安大略省基秦拿县的一次“被害人-加害人”和解尝试方案。2002年，联合国经济与社会理事会第37届大会通过了《关于在刑事事项中采用恢复性司法项目的基本原则》。在该原则中多次强调各会员国要根据本国情况来适用恢复性司法程序，即要与适用国的具体国情相结合，将其进行本土化。国外研究成果主要是以恢复性司法为题进

* 苏红丽，四川省民族研究所助理研究员、博士。

行研究，对恢复性司法的渊源、概念、理论基础及实践都有全面的介绍和详细的评述。刑事和解制度源流的被害人学研究，如德国犯罪学家汉斯·约阿希姆·施奈德则提出，出于保护被害人的目的，刑事司法机构的任务是平息罪犯和受害者之间的怨恨，确认和发展社会生活的准则和价值。英国的法改革者 Margery Fry 感觉到在刑事司法过程中不能无视被害人，提出应赔偿被害人，并着力于罪犯与被害人的和解。自此，“和解”成为被害人学的重要概念、刑事和解理论的基础学说。最早在 1977 年，美国学者巴尼特在《赔偿：刑事司法中的一种新范式》一文中首先使用了“恢复性司法”一词。霍华德·泽尔（Howard Zehr）认为，“恢复性司法是以实现治疗伤害为目的的并由所有受特定犯罪行为影响的人参与的过程，它强调确认解决伤害、需要以及由伤害行为而产生的义务”。美国犯罪学学者约翰·R. 戈姆在《刑事和解计划：一个实践和理论构架的考察》中提出平衡理论、叙说理论和恢复正义理论，这三种理论主要从社会本位、被害人本位与犯罪人本位这三个角度对刑事和解进行了详细的论证，成为学界通说。对于恢复性司法本土化模式研究，国外学者主要根据美国、加拿大、英国、新西兰等国家的恢复性立法和司法实践以及联合国出台的规则、原则，分析各个模式的优劣，结合相关理论，提出完善的方案。常见的几种恢复性司法模式有被害人与加害人和解计划、社区修复委员会（Community Reparative Boards）、家庭小组会议（Family Group Conferencing）、量刑圈（Sentencing Circle）、社区矫正等。

在国内相关研究中，陈光中认为，“刑事和解”是中国式用语，西方则称为“加害人与被害人的和解”。在构建我国刑事和解制度时，可以吸收西方恢复性司法理论与实践的有益经验，但这并不能泯灭二者源头上的差异。关于刑事和解本土化的理论研究，大致从传统文化、法律基础、理论基础、调解传统、司法实践等方面来论述。如：向朝阳、马静华探寻我国现行法律中存有刑事和解精神的依据，从而提出构建中国模式刑事和解分三步走模式的思考。金雅蓉、厉倩雯从中国古代法文化观念“无讼”“天人合一”“和谐”与刑事和解的法律基础“人民调解制度”角度分析构建刑事和解。谢晖认为，国家有关刑事和解正式制度的建立，应关注民间规范的参与，关注对民间规范的吸纳。

二 凉山彝族地区刑事法文化存在的现状

凉山彝族自治州地处四川西南部，面积 6.04 万平方公里，辖 17 县市，是全国最大的彝族聚居区，四川省民族类别最多、少数民族人口最多的地区，有彝、汉、藏、回、蒙等 14 个世居民族。第六次人口普查数据显示，总人口 487.25 万，其中彝族人口 243.65 万，占 50%。[①] 民主改革后的凉山彝区，随着国家普法教育的大力开展，国家法逐渐深入到彝族社会，在彝区有了一定的群众基础。调查统计，由于信息技术的飞跃发展，普通彝族群众通过广播、电视、收音机等现代传媒，或多或少地知道一些国家法的大概内容，特别是随着商品经济的发展，凉山彝区与外部交往和交流的增多，国家法越来越深刻地影响到彝族群众的思想和行为。多年来的普法宣传教育在一定程度上压缩了彝族习惯法的适用空间。国家在凉山彝区城乡设置大量与贯彻执行国家法相关的机构，如派出法庭、司法所、派出所、法律服务所、人民调解委员会等，这些机构的设置使彝区群众的社会生活从法律文本走向法律实践。

然而，历经多年社会变革和普法教育及送法下乡后，彝族习惯法仍没有消失，在彝族群众中仍有顽强的生命力。彝族地区的经济发展水平、地理条件、文化等独特性使得国家法在彝族地区还有待消化。据调查统计，在偏远的彝族农村，彝族群众间发生矛盾纠纷首先想到的不是去寻求法律的保护和支持，而是寻求彝族习惯法来调解，甚至有的案件在法庭上调解清楚后，还要用彝族习惯法再次调解，才算调解“圆满”。德古[②]调解纠纷是彝族解决家支内部及外部矛盾最主要的方式。首先，在彝族群众的心目中，本民族之间的纠纷必须由各自的家支头人出面当着众人调解才稳固牢靠而不致于翻案，心中才踏实。其次，情感上，人们更倾向于自己熟悉的本民族传统习惯法。再次，彝谚曰：“蛤蟆生存靠水塘，猴子生存靠树林，

---

① 四川省统计局：《四川省 2010 年第六次全国人口普查主要数据公报》，《四川省情》2011 年第 6 期。

② 德古是彝族人中品德高尚，阅历丰富，见多识广，处事公正，能为他人排忧解难，知晓彝族习惯法“节伟”，能按习惯法及其案例、神话传说、历史典故、格言谚语调解纠纷，具有一定的号召能力，能言善辩，在本家支乃至其他家支中享有崇高威望的智者。

彝族生存靠家支”，争讼不仅是个人之事，更是整个“家支”之事，其家支为维护声誉，也力求及时在内部予以解决，决不外传。在纠纷的处理上，往往依托德古，按家支习惯法解决。

在纠纷发生后，当事人凭借信誉和公信力来选择德古作为调解人。德古根据案件事实认定是否违反习惯法规则后，根据案件性质的黑、花、白三种程度加以处理。在争议调解中，德古以习惯法规则、典型案例、格言、谚语等为依据，对双方争讼的焦点，依据双方提供的证据进行说理、调解以定争止纷。调解的方式有背对背的调解和面对面的调解，现实中主要以背对背的调解方式为主（作用是防止双方矛盾进一步恶化），往往都能及时解决纷争。如遇影响大的纠纷，则多要进行数次、数个回合的调解，如在纠纷调解过程中出现障碍，无法进行，双方则会重新挑选更具威望的德古来进行调处。德古调解的过程颇具特色，在纠纷的处理过程中他需保守双方秘密，而处理完毕也会公开处理结果，接受公众的监督和评价。故此德古调解纠纷的过程比较容易被当事人接受，手段上还可以采用和解、赔礼、补偿等解决方案，亦符合了人们的心理预期。更有特色的是，调解的结案仪式中有吃和解肉、喝和解酒、在众人面前表态，并积极主动要求接受众人监督的形式，注重从情理上去打动双方，使双方握手言和，化干戈为玉帛，体现了彝族习惯法重在修复被破坏了的社会秩序的特点。同时作为调解人的德古不仅需使纠纷达成合意，且要对调解结果提供保障，如义务人不履行义务，德古就须先代履行义务方履行义务。所以，作为德古不仅要求其德高望重，而且要有强大的家支背景势力和雄厚的经济实力做后盾。一旦德古失信于人，整个家支就失去威望，将会被人鄙视，德古一定会为了保全家支荣誉，而全力保障调解结果的实现。因而在彝区，纠纷的调处结果，除少数不可抗力之外，极少出现“执行难”的问题。

凉山州美姑县彝族德古调解案件公约（部分）

宗族内部案：偿命为上，赔钱为中，开除为下；宗族命案分三类，黑案白银99.99锭，花案白银77.77锭，白案白银55.55锭。杀子1命，拐妻9命，1命21锭，9命188锭。若使宗族之妻死亡，或有逼迫宗族之妻、宗族之子走向不归路之动机者，黑案55锭，花案和白案赔偿毕摩仪式所需费用。宗女未成年之案按55锭调解。

命案：命案发生后先拿劝马劝牛。男性命案赔偿宗族命金和舅家命金两笔，另诸亲给酒赔礼；女性命案赔偿宗族命金、舅家命金和夫家命金三笔，另诸亲给酒赔礼，一般为宗族命金7000元，舅家命金6000元，夫家命金7000元。

伤残案：伤残案从头开始说起。

①赔髻：摸男髻，扯女辫。摸男髻金1两折银10锭，遮羞牛1匹，扯女辫赔马2锭，另视过错轻重追加错之赔。

②赔耳：耳头9锭，耳中7锭，耳垂5锭，金上金7两，绸上绸9卡，计22锭；金中金7两，计16锭，金下金5两，计11锭。

③赔眼：左眼饰银睛，右眼饰金睛，银1锭金9锭，计111锭。

④赔嘴：嘴和鼻一样，鼻戴金花，嘴镶金牙，10锭，加两足金。

⑤赔牙：一把银菜板银1锭，金刀1把9锭，剁肉人1个13锭，计23锭。

⑥赔手：手已残废者13锭。

⑦赔脚：脚已残废者1马银7锭。

三　凉山彝族刑事法文化与国家法的冲突

我国刑事诉讼法规定，刑事和解必须在满足其规定的法定要件的前提下，按照其规定的程序要件进行。在凉山彝族地区，刑事习惯法与国家制定法存在一定的冲突：我国刑法规定对侵害公民人身权利和财产权利按照法律应该受到刑事处罚的认为是犯罪。对犯罪的主要刑罚是限制人身自由。在彝族习惯法中，没有刑法、民法之分。民间德古不仅调解民事案件，还调解杀人案件、故意伤害案件、抢劫案等重大刑事案件。彝族习惯法中没有刑罚的内容，没有徒刑和死刑的概念。这种刑案民调导致“赔命金”的盛行。因为依据习惯法，被害人往往能通过调解得到经济赔偿，除了赔偿该伤害部位的具体金额外，加赔“跌韦跌克”，即如果肇事者做出过分缺德、欺人太甚之事件，就要从精神上对受害进行补偿的一组专用名词。这组专用名中包含四种具体的赔偿金额，并分别与不同案件相对应而使用。我国刑法第36条规定：“由于犯罪行为而使被害人遭受经济损失的，对犯罪分子除依法给予刑事处罚外，并应根据情况判处赔偿经济损。”国家强制介入的刑事案件虽在法院已经判决，赔偿只限于直接经济损失。《中华人民共和国刑事诉讼法》第99条规定：“被害人由于被告人的犯罪行为而遭受物质损失的，在刑事诉讼过程中，有权提起附带民事诉讼”。在刑事案件中即使提起刑事附带民事诉讼，依据《最高人民法院关于刑事附带民事诉讼范围问题的规定》第2条规定：“被害人因犯罪行为遭受的物质损失，是指被害人因犯罪行为已经遭受的实际损失和必然遭受的损失”，也将精神损害赔偿排除到附带民事赔偿范围之外。《新刑诉法解释》第155条之规定，死亡赔偿金、残疾赔偿金一般情况下将不再纳入附带民事诉讼案件的赔偿范围。也就是说刑事案件被害人的赔偿数额将远远低于一般民事侵权的赔偿数额，故按照国家法处理案件，受害人认为自己得不到足够的经济赔偿，使得尊崇习惯法的彝族群众，事后又请德古按照习惯法重新进行调解赔偿。

四　凉山彝族地区实施刑事和解的特殊性

刑事和解的目的是恢复被加害人破坏的社会关系、弥补被害人所受到的损害以及恢复加害人与被害人之间的和睦关系，并使加害人改过自新、回归社会。这与彝族习惯法存在一定的契合。彝族习惯法贯穿着浓郁的“和解”精神，注重调解，调解是一切纠纷解决的必经程序。彝谚云：“金条没有比锅庄粗的；纠纷没有比天大的。”彝族人认为没有通过调解解决不了的纠纷案件。按照习惯法解决纠纷时，采用和解、赔礼、补偿等解决方案。因为习惯法为彝族人熟知，所以结果符合人们的心理预期。调解有利于纠纷中的受害者得到切实的物质和精神补偿。德古调解可就地就近解决纠纷，且方式灵活，参与人民调解主体广泛，可利用的促成和解的资源多样，如亲情、乡情、人情等，均可促使和解达成。故调解结案是修复破损社会关系的重要手段，不致破坏彝族社会原有秩序和人际关系，符合人们长远生存利益的需要。德古对刑事纠纷的调解实质上是一种刑事和解，由德古充当调停人，调解犯罪嫌疑人、被害人的刑事纠纷，给予被害人物质赔偿和精神抚慰，实现社会关系的恢复。

五　构建凉山彝族地区刑事和解地方模式的路径

在依法治国背景下，保证国家法的权威，充分尊重民族传统习惯法，是构建民族地区刑事和解地方模式必须要遵守的基本原则。

（一）夯实法律基础，充分行使自治权，制定变通、补充规定

我国宪法、立法法、民族区域自治法赋予了民族自治地方自治权。法律变通、补充权是一项重要的自治权。法律变通、补充权，为民族习惯法上升为国家法提供了有效的制度依据，是我国法律在少数民族地方有效贯彻实施的重要保障，也是促进各少数民族地方政治、经济、文化发展，加强各民族的团结和维护社会稳定的重要措施。在国家法的框架内让民族地区特殊的刑事和解模式必须在《刑法》《刑事诉讼法》的框架内进行。建议在《刑法》第 90 条的民族变通条款的基础上，增加对刑事和解在刑法上具体效力规定的条款。《刑事诉讼法》在第 277 条增加民族变通的规定，允许民族自治地方根据具体情况适当扩大刑事和解的适用范围。

（二）尊重民族地区传统习惯，构建具体的刑事和解模式

尊重民族习惯法，实现国家法与习惯法的良性互动。目前，凉山彝族地区司法实践中实行的“特邀人民陪审员制度”，即在德古群体中选聘优秀分子出任人民陪审员，在人民法院的管理和现行法规的指导下，参与调解纠纷，如昭觉、布拖、美姑县。实践证明，习惯法与国家制定法的调适整合确实可行有效。凉山彝族地区可以充分发挥德古协会作用，完善检调对接机制，将德古调解传统刑事和解的习惯法适当修改，规定公诉案件须进入刑事诉讼程序，但是对符合条件的案件可以按照德古调解的传统习惯，在办案机关人员现场监督的情况下进行刑事和解，依法达成的此类和解协议具有相应的法律效力。

（三）适度扩大民族地区刑事和解的适用范围

按照《刑事诉讼法》第 277 条的规定，公诉案件中只有刑期在七年以下的除渎职犯罪之外的过失犯罪和部分侵害人身权利和财产权利纠纷引起

的刑期在三年以下的案件才适用刑事和解。这与民族地区刑事和解的习惯法存在较大差异。彝族习惯法，侵害方是以给予金钱或财物的方式对受害方所受到的人身、财产等损害予以补偿或赔偿，并以此解决双方纠纷。针对习惯法中重视调解、重视赔偿的习俗，在刑事司法实践中，对于发生在民族地区的满足条件的刑事案件，当事人双方在案件进入司法程序后，依习惯法中就损害赔偿问题达成协议的，司法机关可根据犯罪客观情况与犯罪人的人身特点予以裁量，被害人的谅解意见应作为法定的量刑情节，对于被害人获得侵害人积极赔偿与道歉的，被害人愿意谅解和宽恕的，可对侵害人予以从轻或减轻处罚。

西藏地区村规民约实效问题的调研报告

柳　杨*

摘要： 西藏地区的村规民约，是国家法律与民间法结合、博弈和妥协的产物，是研究本土法治实际状况的很好的标本。本文首先介绍了有关西藏地区村规民约实效问题的田野调查的相关内容。在此基础上，我们发现藏族文化和经济劳作方式对本地区村规民约产生了深刻影响；西藏地区村规民约的实际效用也因为地区的不同而有所区别：西藏农牧区的村规民约对国家制定法起着重要的补充作用，而城镇地区村规民约的实效却逐渐被削弱。在调查过程中，我们也发现了许多问题，譬如西藏地区多数村规民约的内容过于简单和琐碎，另外，有些规定的条款有违法之嫌，处罚方式也较为单一。因此，我们应重视西藏农牧区的村规民约的调查研究，使其更加规范、合理、合法、公平，为广大农牧区村民们的生活服务，并采取各种方式引导西藏地区村规民约与国家制定法的协调统一。

关键词： 法治西藏　村规民约　民间法　实效

制定好的法律与严格实施法律两者密切联系，二者共同影响着法治国家的法律建设进程。西藏因其政治、经济、文化与我国其他地区相比存在极大差异性，法治建设的现状、路径及存在的问题也必然具有特殊性。建设法治西藏不能照搬其他地区的经验，必须在调查了解本地区实际情况的基础之上，才能提出相应对策。因此，对西藏自治区法治建设现状进行调查研究具有十分重要的现实意义。

从村规民约的性质和制定过程可知，它是国家法律与民间法结合、博弈和妥协的产物，是研究本土法治实际状况很好的标本。首先，村规民约

---

* 柳杨，西藏大学政法学院副教授、博士。

是具有地域性效力的行为规范。根据我国现行《宪法》和《村民委员会组织法》制定的，2012 年修订的《西藏自治区实施〈中华人民共和国村民委员会组织法〉办法》第 20 条也明确，“经村民会议讨论决定可以制定和修订村规民约”。另外，西藏地区不同村落的村规民约的内容不尽相同，很多条款也与藏民族的宗教及风俗习惯有着密切联系，与当地普通群众日常生活秩序的关系更加密切，具有浓厚的传统色彩。当今的西藏发生着巨大的变化，在此过程中本地区的社会结构出现了根本性的转变。国家与社会的关系呈现前所未有的变化，因此在西藏社会急剧变化的时期，国家制定法的变化速度较快，传统行为规范的发展则相对缓慢得多，这种不同步的发展速度使得两者之间必然要发生对立冲突，如何能使二者更好地互动从而化解矛盾，研究村规民约的内容和运行方式应该是重要途径之一。制定好的法律，更应严格实施这种法律，相关研究不能仅仅限于静态的条文，更应研究动态的规范实施情况，及其对人们生活的影响等。一种行为规范只有具有实效，被人们严格地实施，才能实现其约束力并体现它的价值，通过这种实效的研究也可以反证其本身的素质。

一　有关西藏地区村规民约实效问题的田野调查

针对研究内容，课题组共组织了 11 名藏族和汉族同学到达孜县开展相关调研。达孜县位于西藏中南部，面积为 361.38 平方公里，人口约 2.56 万人。本地处于雅鲁藏布江中游河谷地带，属高原温带半干旱季风气候区，其经济以农业为主，是典型的农区。达孜县共 1 镇 5 乡 21 个行政村，本次调研走访主要针对德庆镇的桑珠林村和帮堆乡的林阿村及林麦土村。此次调研在达孜县是采用走访方式，随机抽样调查、拦截访问，共发放 500 份，回收 376 份，回收率 75.2%。

以下是我们此次调研的内容及其相关数据。

1. 你们村有成文的村规民约吗？（见表 1）

调查显示，大部分村都有自己的村规民约，其效力仅次于法律，目的就是不经过法律部门，简捷而有效地解决村里发生的一些矛盾纠纷。83% 的人虽没有参加过村规民约的制定和审议，但对村规民约的相关规定和条例很认可，这说明广大村民对村委会干部工作的支持度很高且很赞成村规民约的制定。

表 1　关于有无成文的村规民约调查

单位：%

选择项	有	没有	不知道
比例	58	20	22

2. 您认为村规民约的效力如何？（见表 2）

表 2　关于村规民约的效力调查

单位：%

选择项	其效力高于相关法律	其效力等同于法律	其效力低于法律	没有任何效力
比例	14	38	35	13

3. 您知道你们村的村规民约是什么时候产生的吗？您了解村规民约的发展历史吗？（见表 3）

通过数据分析，我们发现老年人对村规民约的产生及发展情况较为了解，而青年和中年人对村规民约的发展则不甚了解，其中学生则更不了解。该地区的村民中只有极少数表示了解村规民约的产生和发展史，但这部分表示知晓的村民对于本地区村规民约的产生历史的说法也不尽相同，其答案从 1998 年跨越到 2009 年，其中准确回答出其制定年份的仅有 4 个人，还有一位 81 岁的老人更是表示从他有记忆的时候就已经有了村规民约，这实际上是将村规民约与习惯法相混同。

表 3　关于村规民约的历史调查

单位：%

选择项	清楚	完全不知道	了解一点
比例	20	53	27

4. 你们村的村规民约主要是通过什么方式制定的？（多项选择）（见表 4）

通过调查，部分村民认为村规民约的制定是村委会自行制定，并未与他们商议，在实际适用时也会对相关的人有所偏袒，监督机制存在很大问题。

表4 关于村规民约的制定调查

单位：%

选择项	民主商议	在原有历史的基础上加以完善制定	结合相关法律法规制定	通过其他方式制定
比例	35	25	28	12

5. 您参与过村规民约的制定和修改吗？（见表5）

根据西藏自治区实施《中华人民共和国村民委员会组织法》办法的相关规定，涉及村民利益的下列事项，必须经村民会议讨论决定方可办理，其中就包括制定和修订村规民约。调查结果可知，在被调查地区，此规定的执行效果并不好。

表5 关于参与村规民约的制定和修改调查

单位：%

选择项	参加过	没有参加过
比例	30	70

6. 在村规民约中对涉及“民事、刑事、经济或家庭婚姻关系”等纠纷有具体的相关规定吗？（见表6）

对于村规民约是否具有解决纠纷的作用，很多村民持否定态度，这部分村民认为村规民约也是国家进行行政管理的工具，并不了解它的具体内容。

表6 关于村规民约中涉及纠纷的调查

单位：%

选择项	有	没有	不知道
比例	24	47	29

7. 您觉得村规民约的相关规定有与国家法律不一致的地方吗？（见表7）

如表7所示，认为存在不一致的村民人数很少，当被询问到认为哪些地方不一致的时候，他们大多表示村规民约不如国家法律公平，在适用方面存在一定问题。

表 7　有关村规民约与国家法律一致性调查

单位：%

选择项	有	没有	不知道
比例	9	49	42

8. 您觉得你们村制定的村规民约对相关事宜的规定合理吗？（见表 8）

如表 8 所示，虽然 70% 的人没有参加过村规民约的制定和审议，但是绝大多数村民仍对村规民约的相关规定和条例很认可。

表 8　关于村规民约合理性调查

单位：%

选择项	非常合理	合理	不合理
比例	16	67	17

9. 村规民约对于不同年龄阶段的人群的适用一样吗？（见表 9）

据调查，在相关地区的村规民约中，都未针对适用对象的年龄而作区分（见表 9）。但在访谈中，有部分村民谈到本地区的老人完全不受村规民约的约束。

表 9　关于村规民约适用性调查

单位：%

选择项	一样	不一样	不知道
比例	45	38	17

10. 您平时遇到麻烦或与人发生纠纷时通常会采取什么方式解决？（见表 10）

调查发现，当地的村民遇到纠纷和矛盾的时候极少数会完全适用国家制定法，大部分人将村规民约和法律结合起来解决问题，有村民谈到遇到日常纠纷时，他们通常考虑的还是村规民约，当村规民约不能解决问题时，绝大多数人还是会选择继续诉诸法律（见表 10）。选择“其他”选项的村民年龄偏大，他们认为遇到纠纷时找村主任或喇嘛来进行调解或裁判就可以解决问题。

表 10　关于发生纠纷时解决方式调查

单位：%

选择项	根据村规民约的相关规定进行解决	根据法律的相关规定进行解决	以村规民约和相关法律相结合的方式解决	其他
比例	28	14	41	17

11. 当您运用村规民约解决相关问题时，它能帮您妥善解决吗？（见表 11）

在我们调查的过程中，当地正面临征收耕地问题，部分村民谈到他们对现在的补偿金额不满意，认为应该将土地补偿标准纳入到村规民约中。对于征地补偿标准在《西藏自治区实施〈中华人民共和国土地管理法〉办法》和《拉萨市城关区征地补偿标准》中都有明确规定，但显然这部分村民并不知道这些，他们认为村规民约是最值得信赖的，应该能解决日常生活中遇到的所有问题。

表 11　关于村规民约解决问题有效性调查

单位：%

选择项	能	不能
比例	82	18

12. 您满意村规民约解决相关问题的方式方法吗？（见表 12）

表 12　关于对村规民约解决问题满意度调查

单位：%

选择项	非常满意	一般	不满意
比例	19	73	8

13. 您觉得村规民约对您的生活影响大吗？（见表 13）

表 13　关于村规民约对生活影响力调查

单位：%

选择项	影响很大	影响一般	没影响
比例	19	61	20

14. 对违反了村规民约的村民以村规民约的相关规定加以惩处时，他们是否能够接受？（见表 14）

表 14　关于违规而用村规民约惩处的接受度调查

单位：%

选择项	接受处罚	“讨价还价”，执行得不彻底	不接受处罚
比例	70	16	14

15. **你们村的村规民约的执行情况？（见表15）**

表15　关于村规民约执行情况调查

单位：%

选择项	执行情况很好	执行得一般	根本无法被执行
比例	24	71	5

以下四题是采用口头访问方式开展的调查。

16. **村规民约相较于国家法律有哪些优点？**

被调查者大多表示不太了解国家法律，总的来说村规民约更符合本村实际，更贴近村民生活，而且村规民约通俗易懂理解起来更容易，且程序简单，执行起来更加方便。

17. **如果违背了村规民约的相关规定，一般会受到何种处罚？**

村民们谈到的处罚方式视情节轻重有以下几种类型：第一种方式为罚款，这是最主要的处罚方式；第二种方式是扣除劳动分，该地区村委会给每户家庭每年一定的劳动分最低限额，每次参加集体劳动就能得到相应的分数，当累积到一定数额的分数时，才能享受政府的优惠措施；第三种方式为取消政府给予的补贴；第四种方式是让当事人参加体力劳动，譬如派去修路或是挖水沟；第五种方式也是最轻的，即批评教育。

18. **村规民约相较于法律存在哪些不足之处？**

绝大部分被调查者认为村规民约没有任何不足之处，还有一些村民谈到村规民约在实际运用的时候存在很多问题，这些问题集中在以下几点。

首先，村规民约的有些规定很难落到实处，执行得不到位，且在执行上有失公平，譬如村委会组成人员是执行者，他们往往会包庇自己的亲友；其次，村规民约的涉及面窄、范围小、不具体，有些问题得不到解决，譬如征地补偿问题；再次，村规民约的很多内容非常的陈旧，难以与时俱进。

19. **您对村规民约的发展和完善有何意见建议？**

部分村民提出应通过村规民约的规定来提高土地的利用率，并对农田采取保护措施；还认为村官和村委会的工作人员应提高文化知识水平和自身素质，把党和国家的方针政策落到实处，带领村民走向小康社会；加强村规民约在适用方面的公平也是一个重要方面。

二 藏族文化生活和经济劳作方式对本地区村规民约产生深刻影响

自从西藏成立行政乡、行政村以来，各地区的村规民约也随之产生、发展，它绝大部分内容是根据西藏地区农牧民的生活习惯而制定的，具有强烈的农牧民文化生活特色。

藏族文化自成体系，源远流长，具有鲜明的地域性和民族性特征，并深深影响到本地区的村规民约的制定。譬如，赛马活动在藏族社会中有着深刻的社会与历史文化根源，也蕴含了丰富的文化内涵，特别是藏北草原的牧民们把赛马看得非常重要，在这些地区有一些特别的文化艺术节日，如赛马节、望果节等。根据这些文化艺术活动，每个村都在村规民约里专门制定了相关的规章制度，来维持节日的秩序，譬如那曲地区尼玛县军仓乡一村的村规民约中规定，在赛马节的比赛项目中，凡作弊或违反比赛规则的，按照情节的不同处以相应的罚款。在婚俗文化方面，民主改革前的西藏社会除了缔结婚姻要求“等级内婚制”的限制外，婚姻缔结中还禁止近亲结婚，有父系血缘关系的人无论相隔多少代一律不得婚配，有母系亲属关系的人原则上亦不得婚配，若婚配，至少应隔五代或八九代。在某些村规民约中明确规定近亲五代以内禁止结婚，这与我国《婚姻法》中三代内旁系血亲不得结婚不同，但符合藏族传统婚配制度的相关要求。

西藏农牧区村规民约的很多内容与本地区特殊的经济生活方式相关联。譬如日喀则地区定日县曲当乡严曲村村规民约共十一条，其中与经济活动有关的共五条，这五条里面有三条是按照季节进行区分，包括夏季、木季和秋季。夏季正是西藏地区粮食生长的重要时节，村规民约中特别规定各户必须看好自家牲畜，严格禁止牲畜放入田地；木季是该村规民约中对季节的特殊称谓，即砍伐树木的季节，该村规民约中强调保护生态环境是全社会和谐发展的重要条件，保护严曲村环境的绿化是每一位公民的重要责任，所以除木季以外严禁乱砍滥伐树木；秋季是丰收的季节，该村规民约就如何规范粮食收割的秩序做了非常细致的安排，譬如拔草和搬运庄稼的时间是特定的，晒庄稼的时候如何做好防盗工作，另外，还在这时将“注意防火”写入了村规民约之中。

西藏地区旅游业是藏族群众经济收入的重要来源，因此许多地区的村规民约将旅游事务作为重要内容加以规范。譬如严曲村的牦牛托运是当地旅游业收入最重要的一部分，因此在村规民约中专门就如何分配牦牛和托运户的数量以及托运时间，做了非常细致的规定，防止因为利益分配的不合理而产生的矛盾冲突。

三 西藏地区村规民约的实际效用因为地区的不同而有所区别

西藏的法治化进程在不同的地区其表现方式截然不同，由于西藏地区人口分布极不均匀，全区近一半的人口居住在雅鲁藏布江及其支流的河谷地带，在广阔的藏北高原和阿里高原，人口密度为全国最低。因此，西藏的经济和文化相对发达的城市地区诸如拉萨地区的法治化建设状况，与偏远地区譬如那曲、日喀则等地区的实际状况有很大的区别，对于西藏地区的法治文化状况必须在实地考察的基础上才能形成最真实客观的认识。

（一）西藏农牧区的村规民约对国家制定法起着重要的补充作用

村规民约的实施有利于解决当地的社会矛盾，促进和谐西藏的建设。在西藏农牧区生活的农牧民，民风淳朴，但思想相对保守，受教育水平不高，同时这些地区的公检法机构相对不健全，普法力度不大，因此大部分农牧民对相关法律知识的了解有限，进而法制意识不强，所以在这些地区国家制定法便难以发挥其应有的作用。然而，矛盾和纠纷不会因为他们缺少法律知识而消失，此时村规民约便成为农牧区定纷止争的“小宪法”。在调查的过程中，在被询问到“你是否能够接受村规民约的处理时”，一位六十多岁的老人谈到一个实际的案例。他们村山上是牧区，山下是农区，一次有一头牛从牧区流浪到农区，牛后来被农区的人吃掉，当地的村委按照村规民约处理了，当地的人都接受了这个处罚，没有引起更大的冲突。西藏地区的村规民约虽然没有国家制定法效力高且立法技术完备，但对于当地而言，事无巨细大多都能从村规民约找到解决方法，譬如有的村村规民约规定，将牛、马、驴等放入田野，每头罚款 5 元；除木季外砍伐树木者，要没收已砍伐树木及工具，并罚款 10～20 元；拔草只能在村委规定的地点和时间内，每家只能在自家的草地拔草，如果违反规定将罚款 5 元/平方米；

等等。而这样详细的规定可能在操作上比较烦琐，但它能大事化小，小事化了，有利于村民之间和谐相处，进而达到爱人、爱村，维护地区稳定的效果。

村规民约的实施客观上起到法制宣传和教育的作用。村规民约除了继承传统藏族民间法的内容，也在不断与时俱进，吸纳国家法律中与本地实际相关联的规定。譬如严曲村的村规民约第11条第4点谈道，“在珠穆朗玛峰自然保护区严禁捕猎任何野兽，若出现此种行为，便交由有关执法机关严惩”。通过村规民约让村民们了解保护野生动物是国家的基本政策，违法捕杀野生动物会被追究相应的法律责任。村规民约作为西藏农牧区村民自治文化的重要组成部分，村民耳濡目染，潜移默化地接受了教育，为法制教育的推行奠定了坚实的基础，为国家制定法的良好推行奠定了基础。

因此，村规民约在西藏农牧区的存在相较于其他地区意义重大。西藏农牧地区一方面法律的普及力度不大，另一方面农牧民的法律意识相对薄弱，尤其受传统文化的影响而很难接受用法律解决问题，也不具备这种能力，同时他们已经习惯用村规民约的相关规定来解决问题，因此村规民约对于农村尤其是偏远的农牧区来说至关重要。

（二）当前西藏城镇地区村规民约的实效逐渐被削弱

“依法治国”要求我们建设社会主义法治国家，而我们国家法治建设进程的推进势必对西藏农牧区的村规民约的权威性产生冲击。随着公检法机构的不断建立健全、法制宣传力度的不断加大和法制宣传教育的不断深入，越来越多的地区的人们更希望通过法律手段解决矛盾与纠纷，经调研，拉萨市周边县已经由过去全部依靠村规民约解决矛盾和纠纷向“小事从约，大事从法”（即小事靠村规民约调解，大事借助法律手段解决）的局面过渡。这说明：第一，法治建设进程的推进能对西藏农牧区的村规民约的权威性产生冲击，说明村规民约不够权威，换言之，村规民约有着诸多需要健全或完善的地方，因此村规民约的制定者和执行者应该积极学习法律知识、运用法律知识，进而使村规民约更加完善、合理、公平，造福村民；第二，法治建设进程的推进对西藏农牧区的村规民约的权威性产生冲击，说明法治建设是合乎社会发展规律的，村规民约应协调统一于国家制定法，二者相辅相成，共同服务于西藏农牧区的健康发展，因此我们应该通过各种方式积极引导西藏农牧区的村规民约与国家制定法相协调、相统一。

三 西藏地区村规民约的制定和适用中存在的问题

西藏地区多数村规民约的内容过于简单和琐碎。譬如严曲村村规民约中规定："如有不按时参加会议和学习活动者，罚款2～5元，缺1次会罚款10元。"虽然规定了处罚的内容，但是没有把会议和学习的重要性、原则性加以突显。这样的规定可以很好地调解人们之间的关系和解决矛盾纠纷，但也只停留在解决问题层面。又如规定"拔草只能在村委规定的地点和时间内，每家人只能在自家的地方拔草，如果违反规定在其他的地方拔草将罚款5元/平方米"。这样的规定过于琐碎，在操作、执行上都会带来不必要的麻烦。在制定村规民约时应把村规民约具体化、原则化，同时应加强对村民的思想文化教育，提高他们的思想觉悟，从本质上解决问题。

另外，有些规定的条款有违法之嫌。村民委员会为了更好地保证村庄的安定和稳定，制定了一系列规章制度，但有些处罚过重，有违法之嫌。罚款是村规民约中最普遍和最常见的处罚方式，但有些罚款的金额数目过大，例如，"村里规定的时间外搬庄稼或从别人家里偷庄稼一旦发现将被罚100～150元"，这一规定明显高于相关法律法规的规定。我们应该对罚款的金额予以明确规定，把罚款处罚适度化。

其次，村规民约的适用范围也存在局限性。村规民约的各项规定只是相对于一个村或者一个小组来制定的，在该范围内的一切有关的事情可以按照民约来解决，但一旦涉及外来人的问题或纠纷，它就不能发挥作用。现实生活中确实遇到过类似的情况，有的纠纷是发生在邻村村民之间的，各村的村规民约没有统一的规章制度，在解决问题的时候可能会出现两种轻重不一的处罚。就针对我们调查的地方而言，农民们现在最关心的问题是国家的有些优惠政策的落实程度，因为在两个不同的村庄其政策有很大的区别。像这样的问题，农民们没有丝毫办法，因为这是村规民约没有涉及的问题。

相关村规民约处罚方式也较为单一。一般情况下各村的村规民约的处罚方式可以概括为罚款和扣分，而在许多地方有的没有扣分制度，只有罚款制度。现在随着西藏地区人们生活水平的提高，诸如罚款这样的处罚方式对村民已经不具备惩罚和威慑的作用。所以应该把村规民约的处罚方式多样化，使之有效地解决生活中所遇到的各种问题。

最后，在调研过程中，我们了解到村民们最关心的不是村规民约的各项规章制度问题，而是执行的公平性和合理性问题。这涉及村规民约的制定和修改过程，应该严格按照《西藏自治区实施〈中华人民共和国村民委员会组织法〉办法》执行，另外，还应该加强对村规民约执行当中的监督权限设置。

总之，我们应重视西藏农牧区的村规民约的调查研究，使其更加规范、合理、合法、公平，为广大农牧区的村民们的生活服务。在西藏地区应不断开展农牧区村规民约的调查研究，以期更深刻地了解西藏农牧区人们的生活习惯、日常行为和他们的法律意识，在制定法和村规民约之间架起一道桥梁。

第三篇

少数民族习惯法研究

新时期依法治国背景下的民间习惯法功能增效研究*

——以贵州月亮山地区为例

陈光斌　张顺林　姜连智**

摘要：切实保障少数民族人民的合法权益是党的十八届四中全会提出来的，民族地区的经济发展、权利保护等是重要的组成部分。在新时期依法治国的背景下从时代和实践的发展要求来看，民族地区的习惯法依然对少数民族地区的经济、文化、生活发挥着重要的作用，不可或缺。少数民族习惯法一直在少数民族的生活中发挥着举足轻重的作用。但随着社会的快速发展和急剧变迁，少数民族地区的习惯法这种本土的法律资源日渐受到外来法律文化的影响和侵蚀。华寨村少数民族习惯法是否还发挥作用？影响程度如何？是怎样利用"唱和歌"解决纠纷、维持社会家庭的稳定的？是怎样利用"合约食堂"减轻村民负担的？是怎样利用民间习惯法在社会秩序和经济发展中发挥积极作用的？同时存在哪些问题？我们带着这些问题对月亮山地区的华寨村进行了全面而深入的调研并提出相应的策略。

关键词：民间习惯法　民间纠纷　经济发展

2014年党的十八届四中全会通过的《中共中央关于全面推进依法治国若干重大问题的决定》，要求进一步推进社会主义民主政治制度化、规范化、程序化，保障少数民族人民的合法权益，深入贯彻落实《民族区域自

---

* 本文系中央高校基本科研业务费民族工作专项资金项目"依法治国背景下的少数民族地区习惯法发展情况及社会作用发挥研究——以贵州省月亮山地区为样本"的阶段性成果。

** 陈光斌，男，湖北省赤壁市人，中南民族大学法学院教授，硕士生导师；张顺林，男，贵州省凤冈县人，中南民族大学法学院法学理论专业硕士研究生；姜连智，男，贵州省锦屏县人，中南民族大学法学院本科生。

治法》，加强民族地区法治队伍建设，依法妥善处置涉及民族因素的社会问题，严厉打击民族分裂行为。2014 年中共中央、国务院通过了《关于加强和改进新形势下民族工作的意见》，要求加快民族地区经济发展、促进各民族文化交流、坚持有中国特色的民族纠纷解决机制等。要坚持维护祖国统一、民族团结、各民族一律平等，反对一切民族分裂、局部地区恐怖暴力行为，加强和改善民族工作，对民族地区科教文化卫生事业、基础设施建设给予扶持，加快产业结构调整，促进经济发展，推进各民族人民共同建设小康社会，实现中华民族的伟大复兴。党的十九大报告中也提出加强和完善民族地区事务治理。除此之外，各职能部门、直属机构、各级地方政府为了支持少数民族地区的经济发展与民族团结，也给予了大量的政策支持，对民族地区经济发展和社会稳定具有重要的意义。

一 华寨村的习惯法

月亮山地区，隶属贵州省黔东南苗族侗族自治州，指的是从江、榕江、荔波三县交接处以“月亮山”为主峰的山区地带，区域内住着苗族、水族、侗族等少数民族，以苗族为主，月亮山苗族是黔东南苗族中极为古老的一支，保留着众多原始文化习俗。十八大以来，在全面推进依法治国的大背景下，要求国家生活、社会生活的基本方面都要纳入法治的轨道，习惯法是法律文化的组成部分，依法治国的实施需要在少数民族地区充分利用少数民族的法律文化资源，使习惯法与国家法相融合。黔东南作为一个少数民族地区，历史悠久，存在“榔规”“侗款”等习惯法，由于经济发展缓慢、法律意识淡薄等因素的限制，习惯法依旧是维持该地区社会稳定与发展的重要规范形式。我们主要以黔东南华寨村为调研对象。华寨村，也叫华寨、华村。据《华寨村民自治合约》记述，华寨村在明代称为“寨扒屯”，属龙里守御千户所，清代称“粑寨”，因嫌欠雅，民国三十一年锦屏县县长李繁昌将其改为“华寨”。华寨村，位于锦屏县南部，距隆里古城 1 公里，距县城 45 公里。华寨村辖华寨、地灵和半冲 3 个自然寨，4 个村民小组，有 213 户 1049 人，全村土地面积 928.6 公顷，其中耕地面积 468 亩，旱地面积 102 亩，林地面积 10356 亩。苗族、侗族、汉族杂居，多种民族文化在这里融合。我们通过其历史发展形成的各种行为规范对较为完整的习惯法系统进行研究。

"习惯法"一词是近代西方法学传入我国后所采用的范畴。英国《牛津词典》解释为："习惯法是一种已获得法律权力的成立已久的习惯，特别是某一特定地区、贸易、国家等所成立的习惯。"美国《韦伯斯特词典》解释为："习惯法是成立已久的习惯，是不成文法，因公从既久，遂致发生效力。"目前，在我国学术界对于习惯法存在不同的理论观点。张晓辉教授认为，习惯法"是相对于国家法而言的，指社会中存在着的非国家制定或是认可的行为规范"。又强调"民间法的权威是民间法赖以存在和保证实现的基础"。[①] 高其才教授认为"习惯法是独立于国家制定法之外，依据某种社会权威和社会组织，具有一定的强制性的行为规范的总和"。[②] 周勇教授认为："习惯法是依据一定的社会权威而存在，并被保证在违法时对其强制执行或对违法者予以责罚的行为规范的总和。"[③] 邹渊教授认为："习惯法是独立于国家制定法之外，依据某种社会权威确立的、具有强制性和习惯性的行为规范的总和。"[④] 而我们这次华寨村调研所使用的"习惯法"采用的是高其才教授的观点。少数民族地区的习惯法主要是以村规民约刻在青石碑上的形式体现出来的。

华寨村两委为了解决村内社会治安差、家庭内部及邻里之间矛盾纠纷、村内浪牛浪马严重破坏庄稼、偷盗、脏乱差等问题，齐心聚力谋发展，吸取锦屏文书"契约精神"的精华，多次召开村民大会，对村规民约进行分析、讨论、总结，商定并通过了《华寨村村民自治合约》（以下简称合约）。合约共21款，是以青石碑形式于2010年竖于华寨村接龙亭，石碑高2米、宽1.1米，共3块。该合约仅21条，但是内容非常广泛，涉及村寨生活的方方面面，如"劝和"原则和方法、山林、古物保护、房屋修建、防火、捕鱼行为、合约的执行、合约的生效等，是一种综合性的村规民约，其内容表现为以下几个方面。

---

① 张晓辉、王启梁：《少数民族民间法在现代社会中的变迁与作用——关于云南25个少数民族村寨民间法律文化的分析》，载《中国法制比较研究论文集》，台湾东吴大学法学院，2001。

② 高其才：《中国习惯法论》，湖南出版社，1995，第4页。

③ 周勇：《习惯法在中国法律体系中的历史地位》，《上海社会科学院学术季刊》1991年第4期。

④ 邹渊：《习惯法与少数民族习惯法》，《贵州民族研究》1997年第4期。

1. **精神文明方面**

村民之间要相互团结、和睦相处，要从简节约、反对铺张浪费，尊老爱幼，树立文明之风。如第二款“加强团结，和谐共处，以歌劝和”，第四款“凡红白喜事，提倡从简节约，反对浪费，提倡厚养薄葬，树立尊敬长者、孝顺老人之风”。

2. **公共事业方面**

各个村民要爱护基础设施，保护文化古物，爱护村寨公共卫生等。如第十二款“要爱护人饮消防基础设施”，第十五款“要加强对村寨古物的保护，如古井、古树、古碑、寨门、亭阁等公共财产”，第十六款，禁止在“学校操场、公路、街道、凉亭、消防池等公共场所倾倒垃圾、私自占用、存放杂物”，第十八款“为保持村寨原有风貌，凡村民改、扩、建新房屋，一律保持人字形坡屋顶、瓦屋面，外墙装饰不得安瓷砖”。

3. **安全生产方面**

在日常生产工作中注意安全、注意防火、禁止违法行为。如第十款“炼山、烧田埂等劳作，一要村委会同意，二要注意防火”，第十三款“不准在村寨辖区内电鱼、毒鱼、炸鱼”，第十四款“不准浪放家禽”。

4. **社会治安方面**

平时不准打牌赌钱，不准参加迷信、邪教、涉毒活动，扰乱本村日常生活和生产秩序。如第五款“非逢年过节、白事坐夜娱乐活动外，平时禁止打牌赌钱，一犯批评、再犯者将报告乡派出所处理”，第九款“凡参与迷信、邪教、涉毒活动的村民，触犯法律者，移交司法机关处理”。

5. **违约金管理与监督、执行方面**

合约从第六款至第十七款除第七款外基本上都是惩戒性的规定，即本村村民违反了合约的相关规定时，要缴纳违约金。因此在合约第二十款规定：“在‘村两委’的领导下，建立‘合约执行小组’，负责合约的执行惩罚工作；建立‘监督小组’，负责监督‘合约执行小组’开展工作。”在我们与村委干部交谈中了解到，这笔违约金交由村里的“理财小组”监督使用，主要是用于村寨的公共事业，如修公路、建石碑、修建其他公共设施等。

为了确保合约得到贯彻落实，华寨村还成立了 12 个相关的自治组织机构，包括：“平安村寨创建工作领导小组”“劝和工作小组”“监督小组”

“理财小组”“治安联防队”“村规民约执行工作小组”等。合约的制定为全村寨提供了共同的行为规则，有利于规范村民的日常行为。合约成为大家共同的行为准则，维护了村寨的秩序和社会的稳定。

二　华寨村习惯法的功能

华寨村的合约是华寨村习惯法的重要文本，具有文学和法学的研究价值。正如徐晓光教授所说：“在一个地方，民众的生活必定有其既定的生活秩序及族群组织方式，而将其表达出来的内容就是法律，其在生活中对人们行为具有规范和制约的作用。”① 因而，刻在石碑上的合约就成了当地村寨的“法律”，为村寨中的所有村民所遵守。习惯法如同法律一样，对村寨中的村民具有预测作用、指引作用、评价作用、教育作用和强制作用。华寨村是一个典型的“合约管理”模式的村寨，其合约主要有以下几点社会调整功能，对华寨村的社会生活、秩序、稳定和经济发展发挥着重要的作用。

（一）华寨村之“劝和歌”解决民间纠纷

“不会说话就会唱歌”说的是黔东南州苗族侗族人。在贵州苗族侗族地区伦理民歌流传盛广，种类繁多，几乎人人都会唱歌。每逢年过节或是举办各种庆祝活动，村民们都喜欢用唱歌喝酒来表达情意。而华寨村的“劝和歌”是在苗族侗族传统文化和伦理民歌的基础上创造制作的歌曲，都是村民们自己创作的，内容十分丰富，主要是用于解决各种纠纷，实用性强。华寨村专门成立了“劝和小组”，是华寨村化解各种纠纷的一种组织。“劝和歌”是华寨村履行《村民自治合约》的重要载体。我们在华寨村调研中了解到，一旦发生了家庭矛盾和邻里纠纷，劝和小组立即抬着“劝和匾”（家和万事兴），放着“劝和炮”前往劝和，通过吃劝和饭、喝劝和酒、唱劝和歌的形式，以和为贵的家庭理念进行教育开导，并在当事人家中挂上“家和万事兴”的“劝和匾”。若是在兄弟之间发生纠纷唱《劝兄弟歌》，在妯娌之间发

① 徐晓光：《“石碑料话”在瑶族传统村寨社会习惯法中的功能》，《中国应用法学》2017 年第 2 期。

生纠纷唱《劝妯娌歌》，在夫妻之间发生纠纷唱《劝夫妻歌》，在姐妹之间发生纠纷唱《劝姐妹歌》，在邻里之间发生纠纷唱《劝邻居街坊歌》，在老人之间发生纠纷唱《劝老人歌》等。牌匾实行流动悬挂，直至下一家矛盾户“接手”为止，如果半年没有下家，由村两委收回。此外我们还从华寨村劝和小组那里了解到，华寨村自推行合约管理模式以来，“以歌劝和、合约管理”的工作模式，已成功调解 15 起家庭矛盾和 45 起山林纠纷，调解成功率达 100%；2007 年以来，村里没有发生过一起吵架事件，村里有近 20 户被命名为“五好家庭”，30 多户成为“星级文明户”。可见，“劝和歌”不仅端正了民风，而且体现了华寨村村民讲仁爱、求友善、修和睦的“和文化”。华寨村以“劝和歌”的形式解决家庭纠纷、邻里等纠纷，有效地维护了全村家庭和谐，邻里间和睦相处，促进了社会的和谐和稳定。

（二）华寨村之“合约食堂”减轻经济负担

在华寨村建立“合约食堂”之前，村寨里的酒席非常泛滥，婚丧嫁娶、生小孩、过生日、满月酒、进新屋、升学酒等都要办酒席，在各种酒席中讲排场、比阔气，而且形成了严重的攀比之风。认为酒席办得体面，在村民中评价你有面子、大方、有本事；如果办得简单不丰盛，就在村中失去地位，得不到村民良好的评价。我们调研了解到华寨村一场婚礼办下来至少也得两万元，而村中中等收入的家庭一年人均收入 3000 多元，如果是五口之家或是更少，这一年几乎是白干了。另外，办酒席需要准备锅、碗、瓢、盆、桌、凳等厨具以及结婚彩礼等，这将是一笔巨大的开销，大大增加了村民的经济负担。亲戚朋友比较多的村民认为，举办酒席也是一种增加收入的方式，特别是在这种严重攀比的情况下，会找各种理由举办酒席，每年几乎家家都要办酒席，甚至有些一年要办好几次酒席；而对于亲戚朋友非常少的人，几乎不敢举办任何酒席，一场酒席办下来，可能好几年都缓不过来。滥办酒席之风致使大家苦不堪言，同时也导致了村里不和谐，产生了很多纠纷。

华寨村为了发扬群众勤劳持家、勤俭节约的优良传统，破除红白喜事中攀比浪费的陋习，提倡婚事新办、丧事简办、文明科学的生活观念。华寨村经过村两委提议、村民表决通过，在原来的《村规民约》的基础上制订了华寨村集体聚餐合约食堂管理的村规民约，共七条。在婚姻嫁娶方面，不管是男方还是女方只能办一次集体聚餐且要求简办，杜绝滥办酒席和攀比之风，如第一条规定："婚姻嫁娶实行喜事简办，男方娶妻或女方出嫁，只能办一次集体聚餐。"在食品安全方面，保证红白喜事聚餐的食品安全，严格按照食品安全管理制度的相关规定，如第二条规定："为保证我村红白喜事食品安全，凡本村群众举办的集体聚餐必须到村合约食堂办理，举办者严格遵守《集体聚餐食品安全管理制度》及其他食品安全法律法规的相关规定，聚餐举办前应向村委会申报，填写农村集体聚餐申报表，同时签订《农村集体聚餐食品安全告知承诺书》，并接受乡和村两级食品安全监管指导，不规范处应及时纠正。若集体聚餐举办过程中发生食品安全事故，责任由举办者承担。"在物资购买方面，所需的物资要求专人采购，严格遵守相关规定，减轻了村民负担。如第四条规定："红白喜事所需物资，要明确专人采购、专人管理，采购酒类、饮料、调味品等食品到合法食品经营单位购买，购买时索要相关的购货票据（本地产品除外）并及时记录，严禁采购过期变质和无品名、无厂名厂址、无生产日期及保质期的食品及食品原料，若出现食物中毒事件，及时报告村食品安全协管员，并积极配合上级做好事件的处置。"在监督方面，对举办酒席当事人铺张浪费、大操大办和违法收礼金等行为，村两委、村民组和村民都有权监督，如第三条规定："红白喜事提倡一切从简，反对铺张浪费，例行节约勤俭，不得大操大办，不得借酒席之名违法收受礼金，村两委、村民小组、村民均有权监督，如有违法将按有关规定进行处罚。"

华寨村的"合约食堂"建在接龙亭的旁边，简单大方，大约能容纳100人。村里的红白喜事都在这里举办，厨房餐厅、锅、碗、瓢、盆、水、电、桌、凳等厨具一应俱全，酒席从简操办。在操办酒席中，炒菜、切菜、煮饭、洗菜等有详细的分工。举办酒席的村民只要一次性向食堂交付80元的管理费，食堂里所有的设备免费供村民使用，厨师、服务人员均由村民义务服务，全村村民互帮互助，举办酒席的村民不再为这些餐具和请人煮饭炒菜花冤枉钱了，节约了一大笔额外开销。此外，餐桌上饭菜也有标准，最多八菜一汤，以时令蔬菜和农家菜为主，大大降低了举办酒席的标准，减轻了村民心理负担和经济压力。

"合约食堂"的实施在很大程度上减轻了华寨村村民的经济压力，有效地遏制了滥办酒席之风，减轻了群众的心理压力，使村民过上幸福的生活，促进了村民和睦相处和社会稳定，树立了先进文明之风。

（三）合约促进华寨村经济发展

民间习惯法以合约的形式刻在石碑上，时刻提醒本村寨村民遵守合约。合约的实施有效地维护了家庭和谐、邻里间和睦，稳定了华寨村社会的发展，端正了民风民俗。经华寨村负责人介绍，全村都在积极比发展、比科技、比先进，争廉政、争和谐、争贡献，形成了良好的“三比三争”村寨氛围，积极发展生产，积极探索发展致富的道路。经过几年的探索和发展，当前华寨村的经济产业机构调整成效明显，各类种养殖大户和规模示范户等兴起。该村村民龙本举最为典型，是一个特别好赌的闲人，经常出去打牌打到深夜，在村里都是出了名的，结果不仅不能增加家庭收入，还引发了不少家庭矛盾。2010 年 8 月经过“劝和小组”以和为贵的家庭理念劝和后，龙本举认识到了自己的错误，当众向妻子道歉，并发誓彻底戒赌，踏踏实实干事业。经过几年的奋斗，从一辆小面包车换成了大货车，钱也越赚越多，还专门承接工程，成为村里的致富带头人，得到了村民们的一致认可，成为本村寨第九届村委主任。在对本村寨浪牛浪猪、臭猪牛羊鸡鸭圈进行综合管理后，经济发展速度也得到加快。每年秋收后，田里、地里全部种植各类经济作物。食用菌种植已经成为华寨村农民增收致富的支柱产业。2012 年全村共培育出科技示范户 130 户，其中食用菌种植专业示范户达 70 户以上，食用菌大棚 65 个、小棚 70 个，产值达 65 万元。全村存栏猪 200 余头，其中繁殖母猪 37 头、肉猪 116 头、仔猪 80 余头，喂养规模也在逐渐扩大。此外，发展勾藤种植 60 亩，紫株种植 40 亩，绿化苗木基地 45 亩。2013 年，华寨村再建标准钢架大棚 150 个。贡米、金秋梨、大棚蔬菜及平菇、金针菇等农业产业发展得很好，拥有良好的市场信誉。不仅如此，由于村寨的条件变好了，还吸引了一批外出务工人员返乡创业，为家乡谋发展，带动了家乡经济发展。

三　合约在实施过程中存在的问题及分析

（一）合约的制定主体方面，制定主体不是全体村民

合约的内容主要是村两委和地方有识之士共同参与制定的，以便建立

良好的风俗，维护好本村寨的社会秩序。制定出来的合约草案征求广大村民的意见，重新修订合约，提交村民代表会议讨论通过。但是由于改革开放和西部大开发以来，很多的青年人外出务工，远在广州、上海等地方，不能及时赶回来参加合约的制定。村里绝大部分都是老年人和孩子，青年人在家的很少。虽然村民大会基本上每家每户都有人参加，但是参与会议的这些老年人有很多不仅不识字而且听力也不太好，因而不能提出什么好的意见，在合约表决通过时，很多人看到别人举手表决也跟着举手。所以在合约的制定主体方面，并不是所有的村民都参与。

（二）合约的内容方面，不是全体村民的意志表达

正如上文（一）中所叙述的，合约的内容主要是村两委和地方有识之士共同参与制定的。他们在制定合约时，虽然主要把本村寨的民风民俗纳入合约中，但同时也把国家法律法规和政策也纳入了其中，对合约的内容做了一个整体性的改动。在征求广大村民意见时，很多村民对合约中国家法律和政策不了解，大部分年轻人在外务工。虽然合约是全体村民在代表大会讨论通过的，但不是全体村民的意志表达。

（三）合约的执行主体和执行方式方面，没有具体的规定

在村两委的领导下，建立了“合约执行小组”，是专门负责合约的执行惩罚的小组；成立了“以歌劝和小组”，负责劝和、劝善、改恶工作。但对于执行主体，合约中没有具体要求。合约作为全村村民共同遵守的行为规范，任何一个村民违背了合约，都应该一视同仁，受到相应的处罚，不能因为家庭背景、民族、性别、有钱有势或是其他方面原因而区别对待。执行主体应当一视同仁、公平公正地对待每一个违反合约的村民。虽然对执行小组的工作职责有一定的规定，但工作职责不够详细。所以应当对执行主体的标准要求和工作职责有详细的规定。在执行方式方面也存在一定的问题，合约中没有对执行方式的具体要求。劝和歌是一种解决纠纷的方式，在华寨村几乎解决了所有的山林纠纷、家庭纠纷和邻里纠纷。但是执行的时候，出现了很多的难题。如例1，2014年坚守在最后一班岗的村支书龙运新的老婆生病了，住院十多天了，而龙运新一直全身心地投入村里的生产建设，工作任务又紧又重，没有时间去医院看她。他老伴一回到家，从来

没有发生过矛盾的家庭，也开始吵嘴了。这给劝和小组出了一道难题，村支书龙运新家庭闹矛盾，是因为龙运新一直在为村里建设工作，合约的制定也是他牵头制定的，去他家唱劝和歌、吃劝和饭合适吗？例2，华寨村有一对出了名的恩爱夫妻，丈夫被邀请去帮忙结婚喜事，晚饭时痛快喝了几杯，在回家的路上不小心被石头绊倒了，回家了其妻子好好照顾他。第二天妻子外出干农活去了，丈夫一直埋怨自己为啥要喝酒让妻子外出干重活，丈夫也拄拐杖出去干活，正好被其妻子碰上。由于没听妻子的话在家好好休息，恩爱夫妻也开始闹矛盾了，被劝和小组知道了。劝和小组抬着劝和匾、放着劝和炮，来到其家里，其夫妻早已经和好如初，出现了尴尬的局面，是否应该继续唱劝和歌、喝劝和酒、吃劝和饭？像这种例子有很多，还有很多家庭根本承担不了劝和饭、劝和酒的经济负担，反而会加深矛盾纠纷。劝和小组成员也容易滋生免费吃劝和饭、喝劝和酒的观念，只要哪家发生纠纷就抬着劝和匾、放着劝和炮去解决纠纷。没有了解是否发生了纠纷、发生了什么纠纷等具体情况而盲目执行，反而增加更多的纠纷或是加深矛盾纠纷。所以执行的方式方法存在一定的问题，需要加以合理的规定。

（四）合约的监督方面，没有对监督进行详细的规定

合约第20条只规定：在村两委的领导下，建立“监督小组”，负责监督“合约执行小组”开展工作。监督的范围过于狭小，没有对村两委、劝和小组等监督的规定。怎样监督？监督什么？监督的方式是什么？都没有相应的规定，以及监督小组自身谁来监督也没有相应的规定。合约在监督方面存在的这些问题，需要加以完善。

（五）“劝和歌”有失公平公正

以“劝和歌”的形式成功解决了家庭和邻里矛盾纠纷，维护家庭、社会的稳定，主要有几点原因。（1）合约中伦理规范与传统习惯法规定中的道德规范相契合，在不对抗国家的法律法规的框架下通过全村人的一致认可而制定出来的，对全村人都有效力。（2）“劝和小组”上门唱“劝和歌”是合约中明确规定的，并经全体村民一致认可通过的，对每个村民都有约束力。（3）“劝和小组”中的成员都是通过本村民主选举的，不是村寨中的

寨老就是村寨中有一定威望的人，具有一定的权威。（4）“劝和歌”作为一种民间调解方式，是乡土社会中有效维持秩序的调节器和平衡器。家丑不可外扬的观念在华寨村根深蒂固，当事人都希望大事化小、小事化了，宁愿选择“劝和歌”的形式解决纠纷，也不愿选择提起诉讼程序。（5）几年前华寨村经济落后，村民生活困难，受教育程度低，接触国家法律的机会少，法制宣传不到位，导致华寨村村民不了解法律，又没有雄厚的经济基础支撑他们走司法救济的道路。（6）农村本身就是小型的熟人社会，低头不见抬头见，村民都不希望因为小事情把关系闹僵，只要把纠纷合理处理就行了。在不了解法律的情况下，一旦走上了司法程序，即使判决是公平公正的，最终的结果也不是当事人所想要的。

但是我们发现这种传统的纠纷解决方式会损害部分人的利益，有失公平。在调解过程中必不可少的劝和饭、劝和酒增加了当事人的心理压力和经济负担，特别是在这些经济落后的少数民族地区的农村，村里人数众多，一般家庭承担不起这笔巨大的开销。虽然绝大部分的当事人以牺牲自己的权利来迎合地方习惯的方式，但是他们并不认为这种方式有失公平。这种习惯来自社会生活的合理性和长期性，能给社会成员带来整体的利益或是好处。由于“劝和小组”是在合约中明确规定的，并通过村民的一致认可，其中人员又有一定的威望，经过他们调解的纠纷，即使在一方利益受到损害的情况下也会被人们接受，在调解过程中他们首先考虑的不是公平，而考虑的是在习惯法原则和传统伦理的要求下解决问题。①

四　对完善民间习惯法的功能增效的建议

（一）应放宽少数民族习惯法中村规民约的违法标准

有的村规民约中涉及严重侵犯村民的人身权利、民主权利、合法财产权利等权利，如非法拘禁、扣押私产等，与《村民委员会组织法》的规定：“不得有侵犯村民的人身权利、民主权利和合法财产权利”相抵触。岜沙苗寨的村规民约中的罚款“3 个 120”，金额过于巨大，常常引起争议。有的村规民约中关于拐骗、抢劫等已经严重构成刑事犯罪的违法行为，依然对

① 徐晓光：《款约法——黔东南侗族习惯法的历史人类学考察》，厦门大学出版社，2012。

当事人采取经济处罚的方式，这种方式是否合理引发了不同的批评之声。人身权利是现代民主法治中最重要的权利，因此建议，在人身权利方面严格把关。而对于侵犯民主权利和合法财产权利的应根据当地的民风民俗、习惯法的传统适当放宽标准。制定的村规民约应是全体村民参与且一致认可通过的，其中关于处罚的设置应符合当地的经济条件、道德标准和习惯法传统。

（二）随着时代的发展，更新村规民约的惩罚方式

几乎每个村寨都自发地制订了村规民约，在处罚上，村规民约对违反者的惩罚方式比较单一，主要采取的是经济上的罚款。经济上的处罚对一些小纠纷不仅具有调解作用，而且在一定程度上具有威慑作用。现在很多村寨的经济得到快速的发展，村民的经济收入也有了一定的提高，单一的经济处罚手段所发挥的作用在减弱。在制定村规民约时，应考虑经济处罚方式和其他处罚方式相结合，如上门道歉、通报批评、赔偿原物等，才能更好地发挥村规民约的威慑作用。

（三）全面依法治国大背景下，不能忽略少数民族习惯法在规范社会秩序和促进经济发展中发挥的积极作用

第一，在经济、信息、科技、交通等快速发展的今天，加之国家二十多年来大力开展普法宣传教育，村民虽然对国家法律具有一定程度上的认识。但是由于国家法律在解决现实问题中的专业化要求以及时间和物力成本都相对较高，所以在现实中，一旦发生纠纷，村民还是首先选择已有青石碑上的村规民约来进行纠纷调解，而不是直接选择国家法律来调解，国家法律调解往往是村规民约调解不成后的保障手段。

第二，村规民约的内容主要来源于约定俗成的传统或是村民民主的决议，不是以国家法律为标准，而是取自民间，源于习俗，以尽快处理纠纷、修复村民间的社会关系、维护村寨的和谐稳定为价值追求。村寨纠纷主要以山林纠纷为主，也包括家庭纠纷、邻里纠纷等纠纷，而这些纠纷几乎都是利用村规民约进行解决的。如果仅仅依靠国家的法律法规或政策来解决纷繁复杂的民间纠纷，其缺陷非常明显，村寨的村民既不熟悉司法程序也非常不愿接受司法程序所做出的判决，相比之下更加愿意接受村规民约做

出的处理结果。

所以在全面推进依法治国的大背景下，少数民族习惯法以其特有的优点仍然在规范社会秩序和促进经济发展中扮演着不可替代的重要角色，不能单纯地推进国家法律的应用而淡化和否定地区习惯法在解决纠纷中的积极作用。

（四）重视当地少数民族习惯法文化资源和其内在价值

十八大以来，习总书记提出了“四个自信”理论，即“中国特色社会主义道路自信、理论自信、制度自信、文化自信”。我国是由56个民族组成的一个多民族国家，各民族地区的经济发展程度、风俗习惯、地域、文化传统等方面都具有本民族的特殊性，在司法资源配置和纠纷解决方式上的差异也非常明显。因此，民族地区科学的纠纷解决机制应是多元的，既要考虑到当事人低成本、高效率地解决纠纷，又需要满足不同当事人对纠纷解决结果的认可。村规民约的内容融入了村民的传统文化和传统的法律意识，是解决村内纠纷最合适的依据。村规民约不仅能缓解法院诉讼的压力，解决村民间的矛盾纠纷，而且还能在熟人社会中尽快地恢复民间社会关系。民族习惯法文化资源是取之不尽用之不竭的，利用村规民约处理村寨内部的纠纷是建立多元纠纷处理机制的重要环节，只有结合当下时代的特点，才能够为社会的稳定发展发挥巨大的作用。

（五）发挥当地立法机关和政府对规范应用习惯法的引导力

十八大以来，我国全面推进科学立法、严格执法、公正司法、全民守法，坚持依法治国、依法执政、依法行政共同推进，坚持法治国家、法治政府、法治社会一体建设。全民守法目标的实现除了国家的强制力约束之外，在少数民族地区更多的是提高全体民众的法律意识，在这个过程中，立法机关和政府扮演不可替代的重要角色。在走访的村寨中，村民自治委员会取代了之前的寨老制度，基层村委会干部替代了原来的寨老成为村寨事务的管理者，但长期以来的传统寨老制度使寨老仍然具有很重要的社会地位。现在的村规民约，形式和内容都受到了国家法律法规、国家政策或是其他方面的影响，使其面临着前所未有的挑战。立法机关以及地方政府应结合村寨原有习俗和国家的现行法律，积极引导对村规民约进行修改，为其注入新的时代元素，结合当地传统文化和依法治国要求，把国家法的要求和民族习惯法的规范紧密联系在一起，从意识层面入手，提高当地群众的法律意识。

（六）保护少数民族文化与保护少数民族习惯法相辅相成

少数民族习惯法是少数民族文化的组成部分，习惯法来源于少数民族文化，二者密不可分。青石碑上的内容主要以习惯法为主，是民族文化传承的重要组成部分，是烙在少数民族人民心灵并世代影响着他们的精神食粮，在本村寨村民中具有很高的认同感。华寨村的“劝和歌”取材于苗族的伦理歌，这使得华寨村的以歌劝和制度在老百姓中拥有极高的接受和认可度，大家都能自觉地接受这一制度的约束。村两委、村民代表大会在制定村规民约时，应充分考虑当地实际情况，要尊重民族地区民族习惯法的内容，在把当地习惯法纳入村规民约的同时，要顾及习惯法和国家法的关系，不能一味偏重习惯法或是国家法，应实事求是。

（七）以物质文化建设为基础，以精神文化建设为保障，把保护少数民族传统习惯法文化和发展社会经济二者相结合

党的十八大报告强调，人类只有一个地球，各国共处一个世界，要倡导“人类命运共同体”意识。民族共同体、国家共同体是构建人类命运共同体的组成部分，而实现人类命运共同体的基础就是人类的发展。发展是总趋势，民族地区的经济增长也要跟上国家的发展速度。

经济基础决定上层建筑，上层建筑反作用于经济基础，只发展经济，不注重保护社会文化会导致传统文化的丢失；反之只强调保护，而不注重发展经济，这样的保护是乏力和不长久的。发展才是硬道理，政府应积极发挥引领作用，要增强习惯法的经济价值，形成利用保护传统文化来推动经济发展的健康模式。落足于经济发展，把民族文化和经济的发展进行融合，发挥民族共荣、团结的凝聚力，用完善以村规民约为代表的习惯法来为发展经济保驾护航。经济发展得好，对制度和规范认可度就高，同时也能促进习惯法规范制度的不断向前发展，在建设人类命运共同体的道路上发挥其独特的社会作用。

结束语

少数民族习惯法在少数民族地区以其特有的优点仍然在规范社会秩序和促进经济发展中扮演着不可替代的重要角色，依然发挥着重要的功能作用，并没有被社会所遗忘，它的地位和作用也没有被当前的国家法所取代，反而逐渐被社会和大众接受和认可。新时期依法治国背景下的少数民族地区乡村治理，不能单纯地推进国家法律的应用而淡化和否定地区习惯法在解决纠纷中的积极作用，应当推进民族事务治理法治化，而且也要充分发挥民间习惯法的作用，使民间习惯法与国家法相融合，树立人们的法律信仰和培育良好的道德修养，使人们自觉履行法律义务、承担家庭责任和社会责任，才能构建更加安全、稳定、和谐的社会环境。

黔东南侗族习惯法的再现与解构*

——《款约法——黔东南侗族习惯法的历史人类学考察》评介

郭　婧**

摘要： 徐晓光教授的《款约法——黔东南侗族习惯法的历史人类学考察》一书运用历史人类学的方法，对黔东南侗族习惯法文化进行再现与解构。该书结构新颖、内容丰富、资料翔实，注重“历史现场”的文化解释与反思，为侗族习惯法研究提供了新的理论与观点，打开了学界研究的新思路。书中丰富的历史文化展现，标志着此书是徐晓光教授弘扬民族法文化的又一力作。

关键词： 侗族习惯法　历史人类学　黔东南

“在每类文化中，都各自有一套能够自圆其说的体系存在。”① 每个社会、每种文化都有其自身与众不同的分类体系。就某个特定族群来说，其文化是一种具有其民族文化色彩的分类体系，其法律文化是该民族特有的地方性知识。少数民族习惯法就是民族特有的地方性知识。徐晓光教授长期以来致力于少数民族法制史和少数民族习惯法文化的研究。2011 年他获得了年度国家社科基金重大项目（第二批）“清水江文书整理研究”（项目号：11&ZD096）。2012 年 4 月由厦门大学出版社出版的《款约法——黔东南侗族习惯法的历史人类学考察》就是该研究项目的阶段成果之一。

早期侗族没有文字，但侗族社会却有着成形于侗族人日常生活、劳作中，以及与自然的交感中，功能齐全、权威性极强的款约。经过历史发展

---

* 本文系 2014 年度国家社会科学基金青年项目“西南少数民族村寨防火制度研究”（项目编号：14CFX014）阶段成果。

** 郭婧，女，贵州贵阳人，贵州民族大学法学院副教授、法学博士、硕士生导师。

① 〔日〕樱井哲夫：《福柯：知识与权力》，姜忠莲译，河北教育出版社，2001，第 107 页。

以及汉族文化的影响，这些款约形成了独特的文本形式，即石头文本、款词文本和碑刻文本。[①] 通过世代传唱款词、耶歌、民歌，这些款约成为今天宝贵的文化遗产，形成了带有原始契约色彩，以“约法款”为主体的侗族传统社会的法律制度。在诸多少数民族习惯法中，唯有侗族习惯法以类似宪法性质的约法款为依据，创设了很多关于生活、生产、婚姻等方面的规约，并以此成为侗族社会的法律体系，我们将这个法律体系称为款约法。这是侗族习惯法不同于其他少数民族习惯法的特别之处，也是侗族习惯法文化的魅力所在。[②]

徐晓光教授学底深厚，从 1999 年开始对贵州省黔东南苗族、侗族习惯法进行深入的田野调查和学术研究，迄今已有 16 年。《款约法——黔东南侗族习惯法的历史人类学考察》是展现侗族传统法文化生命力的一部佳作，对少数民族法制史、少数民族习惯法的研究具有巨大的学术贡献和价值。笔者对该书的特点略做评介，以期抛砖引玉。

一　结构新颖，摆脱学界研究惯常旧历

全书由绪论和十章组成。首先，绪论分别介绍了：黔东南侗族的概况及分布情况；侗族族称、族源、生存环境；宋至清时期，侗人的迁徙、分布和与中央集权的关系；侗族法文化的主要情况；清水江流域林业商品经济契约发展背景。这对侗族款约法这一全书研究对象与中心问题进行了背景铺垫与文化布景，既可以使研究对象在论述中合理再现，也能使读者更容易理解款约法的历史存在。最后的绪论部分是该书的主要研究方法——历史人类学。作为一种社会的、历史的以及文化的结构性存在，知识的背后隐含着一套价值选择和文化意义的解释体系。将对于知识的理解置于其所运用的具体社会场景中进行考察，才可以看到知识场景具有自身的时空对应意义。该书强调历史人类学的运用。这就意味着该书在人类学的分析研究中，不仅注重对历史素材（事件及其记忆）的分析，而且尊重社会/文化的时间向度（就是时间性）；在研究过去时，努力发现侗族人民在描述或

---

① 石开忠：《侗族款组织及其变迁研究》，民族出版社，2009，第 113 页。

② 吴大华：《侗族习惯法研究》，北京大学出版社，2012，第 25 页。

解释过去时所使用的不同方式，并努力探讨时间是如何被该群体以不同的方式加以再现、建构、概念化和符号化的。[①]

其次，该书的主体部分与学界著作中大多数研究习惯法的体系不同。从我国习惯法这一研究产生开始，学界相关著作在研究体系上多喜于采用按照少数民族习惯法的内容来划分章节的逻辑顺序。以“少数民族习惯法”为题较早出版的《少数民族习惯法》一书就采用了“生产习惯法”“婚姻习惯法”“财产继承权”“借贷习惯法”“对偷盗、抢劫、杀人案的处理”“对武装冲突的处理”“继承、改造习惯法”[②] 的体系划分。具有法学背景的学者们在其少数民族习惯法的专著中也常常会采用国家法语言环境下的划分方式。例如采用“社会组织习惯法”“民事习惯法”或“习惯法中的民事制度”“刑事习惯法”或“习惯法中的刑事制度”“经济习惯法”“宗教信仰习惯法”“纠纷解决习惯法”等分类方式。然后再把习惯法的内容按照这个分类，“分筐”装进相应的章节。这种体系划分方式在最近出版的相关习惯法专著中也较为常见。

徐晓光教授这部《款约法——黔东南侗族习惯法的历史人类学考察》采用的体系划分方式则截然不同。他摆脱了国家法语境，就“民刑不分”的侗族习惯法按照侗族习惯法历史发展过程中的不同形态，将该书主体部分划分为：(1)“‘法岩’、‘款石’与‘石碑法’——黔湘桂侗族地区从不成文到成文的‘立法’活动”；(2)“‘合款’与‘款约法’——侗族区域社会款组织及黔东南各地的‘禁款’”；(3)“‘款碑’与‘婚俗碑’——大款联合的真实记录与侗族婚俗改革意图”；(4)“‘款词’与‘讲款’——侗族村寨社会的口头‘普法’及习惯法‘内化’的过程”；(5)“鼓楼、寨老与村寨法——侗族习惯法与实施的文化场域和主导者”；(6)“林业契约与民事契约——黔东南小江契约文书的地域性研究；(7)“林业规范与生育惯习——黔东南侗族林业环保习惯法与占里村的人口生育规则”；(8)“侗歌与‘伦理法’——歌唱形式下习惯法‘内化控制’的伦理基础”；(9)“‘斗牛’与义渡法——黔东南侗族娱乐与公益活动中的习惯法规则”；(10)“契约与法律——清水江流域‘契约型社会’的形成与民族性法秩序的建立”

① 蓝达居：《历史人类学简论》，《广西民族学院学报》（哲学社会科学版）2001 年第 1 期。

② 范宏贵：《少数民族习惯法》，吉林教育出版社，1990，第 1～3 页。

十个章节。显然，徐晓光教授采用了历史人类学以时空为向度的划分方法。他按照侗族习惯法从产生到发展，由石头→款→碑→口述习惯法→村寨法→契约的历史表现形态划分了前六章，然后将侗族社会中的惯习、侗歌中对伦理的规范、斗牛中的禁忌作为前面侗族习惯法形态的补充。最后一章“契约与法律”可视为对清水江流域由多种规范形态组成的，已然形成的侗乡“契约型社会”与民族性法秩序进行总结。爱弥尔·涂尔干在其《原始分类》中曾指出，“逻辑分类乃是概念的分类”，而“情感却恰恰相反，情感在本质上是某种漂游不定、变动不居的东西……我们不能说它们从何处开始、从何处结束；它们相互纠结，它们的属性因此也相互混合，以至于无法严格地给它们划分范畴……科学分类的历史，就是社会情感的要素逐渐削弱……然而，这并不是说，时至今日我们已经感觉不到我们所研究的这种久远而来的影响了。它们遗留下来的东西依然存续，它们始终在场；它们是一切分类的框架，它们是心理积习已久的汇总；正是这种积习，我们才使用并列的或有等级之分的分类形式来思考事物与事实”。[①] 历史人类学是历史学与民族志的结合。在民族志中我们往往能看到研究者与他者之间的一种情感。《款约法——黔东南侗族习惯法的历史人类学考察》是基于徐晓光教授多年在黔东南地区的民族志产生的。此书结构的划分固然与他在民族地区多年的文化情感分不开。笔者一直在寻求国内少数民族习惯法研究的一种新的研究体系，认为国内少数民族习惯法应该在原有的研究范式上做突破。因此，一翻开徐晓光教授这本书的目录时，顿时就有眼前一亮之感。

二　内容丰富，强调款约法文化的多元特征

《款约法——黔东南侗族习惯法的历史人类学考察》对黔东南侗族习惯法有着较为全面的透视。十章的内容几乎包含了侗族习惯法所有的传统形态。侗族习惯法中的“石头法”，即侗族习惯法最初的立法形态，书中包含了“法岩”“款石”“岩规”“石碑法”。“石头法”，即“勒岩立法”源于

① 〔法〕爱弥尔·涂尔干、马塞尔·莫斯：《原始分类》，汲喆译，渠东校，上海世纪出版集团，2005，第92~93页。

偷盗的惩治。偷盗侗族习惯法产生的社会根源。[1] 随着汉字的传入，习惯法包括了“不同渠道法律的载体”[2]，如“款碑”“法令和判决碑”。书中列举了大量历史遗留的款碑，如贵州从江县增冲侗寨的款碑、从江县高增侗寨的款碑、黎平县茅贡乡寨母侗寨的款碑、从江县信地村的《除暴安良》碑等。除此之外，书中还引用了大量史料上出现的碑款。[3] 需要特别提出的是，徐晓光教授将历史上官府在侗族地区的法令、判决碑也作为侗族习惯法的表现形态之一，弥补了学界侗族习惯法研究的遗憾。任何民族在历史发展过程中，都是一个民族融合的过程。任何一种民族文化都不是一种由古至今纯粹的文化，而是各种文化相互碰撞的结果。历史上官府为推行政令，将“告示”“禁条”等重要法令立于石碑，施行中央集权统治的同时，也对侗族文化，甚至侗族本土的地方性知识产生影响。在今日很多侗寨款碑或村规民约中都能见到不同文化影响的痕迹。因此，官府在侗族地区的法令和判决碑，也必然是影响习惯法变迁的渊源，甚至在某个时期就是侗族习惯法的表现形态之一。但官府法令和判决在很多侗族习惯法研究文献中并未纳入。此外，该书将“款词”也作为习惯法的表现之一，并将之分类分析。[4] 在“村寨法”部分，作者归纳了“乡例”“禁条”“章程”“族规”“联合规约”五种形态。[5] 之后，收集了林业契约与规范、民事契约、生育惯习、具有“内化控制”作用的侗歌、斗牛中的禁忌以及义渡习惯法作为补充，充分展现了习惯法多元的形态。这种多元的形态，一方面表现为侗族习惯法历史纵向的不同形态；另一方面表现在同一时空，侗族习惯法多种形态的共存。并且，在不同时空或同一时空的习惯法之间，我们都可以看到它们之间的相互利用、相互改造，从而形成习惯法的功能性结构。

---

① 吴大华：《侗族习惯法研究》，北京大学出版社，2012，第 29 页。

② 徐晓光：《款约法——黔东南侗族习惯法的历史人类学考察》，厦门大学出版社，2012，第 29 页。

③ 徐晓光：《款约法——黔东南侗族习惯法的历史人类学考察》，厦门大学出版社，2012，第 34 页。

④ 徐晓光：《款约法——黔东南侗族习惯法的历史人类学考察》，厦门大学出版社，2012，第 90 页。

⑤ 徐晓光：《款约法——黔东南侗族习惯法的历史人类学考察》，厦门大学出版社，2012，第 122 ~ 130 页。

三　田野资料翔实，凸显记忆中款约法文化

“田野调查是很苦的，要跑很多路，到很多村寨，去很多档案馆，看很多碑刻、收集很多契约，到村寨进行访谈时，弄不清楚的问题还要反复询问，一次调研下来，都得要几个小时，甚至几天，但我们看到那么多法文化遗产，接触那么多淳朴、善良、热情的侗族人民，欣赏了那么多美丽、古朴的村寨、鼓楼和风雨桥，便会感到非常心安和慰藉。”① 1999 年，徐晓光教授从西南政法大学来到贵州，开始对黔东南地区苗族、侗族习惯法潜心研究，足迹遍布许多山岭村寨，获取了大量少数民族习惯法的一手资料。在其许多著作中我们都能看到这一点。在《款约法——黔东南侗族习惯法的历史人类学考察》中也不例外。在该书中，我们随处可见笔者对田野材料的娴熟运用。例如，黎平县茅贡乡寨母侗寨的款碑是其于 2009 年收集而来；“族规”中立于道光十八年的“美满百忍遗风碑”② 是徐晓光教授与其学生在贵州从江县收集所得。在凯里学院任职期间，徐晓光教授组建了“清水江文书研究小组”收集了大量的文献。书中很多份契约文书就是来源于该小组的田野工作。③ 从 2007 年起，徐晓光教授就对小江流域的林业契约的文书进行调查，在剑河县的盘乐村、天柱县的柳寨、锦屏县的翁寨村、坪地村共收集林业契约文书 200 份。另外，在对从江县“高增款碑”和“增冲款碑”进行比较研究时，笔者对以前的研究进行纠正，指出由于以前的研究者缺少实地调查，对两者的关系未加注意，所录两通款碑或有内容多处混淆者，或因抄录不准文字有歧义。徐晓光教授对两个款碑进行厘定，以防今后以讹传讹。④ 这些翔实的田野材料，不仅是本书充分的论据，也是

---

① 徐晓光：《款约法——黔东南侗族习惯法的历史人类学考察》，厦门大学出版社，2012，第 271 页。

② 徐晓光：《款约法——黔东南侗族习惯法的历史人类学考察》，厦门大学出版社，2012，第 128 页。

③ 如“盘乐侗族契约文书”，参见徐晓光《款约法——黔东南侗族习惯法的历史人类学考察》，厦门大学出版社，2012，第 118 页。天柱“柳寨侗族契约”、锦屏“小江翁寨村、坪地村侗族契约”，参见徐晓光《款约法——黔东南侗族习惯法的历史人类学考察》，厦门大学出版社，2012，第 136 ~ 140 页。

④ 徐晓光：《款约法——黔东南侗族习惯法的历史人类学考察》，厦门大学出版社，2012，第 16 页。

日后习惯法及相关研究的材料参考。

四　注重“历史现场”的文化解释与反思

《款约法——黔东南侗族习惯法的历史人类学考察》一书从历史人类学的研究角度，对侗族款约法进行了全面、细致地阐释，向读者展示了侗族传统法文化真实生动的图景。通过对侗族款约法的研究，透视了侗族社会的发展演变趋向。除了文化呈现之外，徐晓光教授非常重视文化的解释与反思，这在如今一些少数民族习惯法研究成果中多材料垒砌、少理论分析的研究现状中是值得提倡的。例如本书借助诸如法国社会学家皮埃尔·布迪厄的“场域理论”对侗寨的鼓楼、寨老与村寨法进行分析，认为鼓楼与寨老是侗族习惯法（村寨法）的文化场域和主导者。[①] 在研究惩罚失范行为的执行者时，笔者站在现代惩罚观和他者的文化场域对执行者进行了价值分析。认为，让亲属当惩罚失范行为的执行者，是基于两个原因：一是对“罪犯”的处理，需要亲属的认可，使熟人社会中的亲属心服口服；二是传统侗族社会没有建立司法机关，由亲属执行有利于避免血亲复仇的状况。[②] 这个观点是对习惯法中亲属执行的有力解释。在研究村寨法时，笔者对款规与乡规民约的效力进行划分，指出“以前的研究最大的问题就是来理清款组织制定的‘禁款’与各村‘乡规民约’的区别，有时将两者混为一谈”。“村寨只是侗族社会的细胞，不是‘款’，村寨内虽有‘款碑’，如‘增冲款碑’等，但只是为执行款组织的‘禁款’而立”，“从效力上看，款规对参加合款的各村寨有约束力，而且效力高于本寨法”。[③] 此外，书中还将侗族文化、制度与日本相关文化、制度进行比较。例如在“侗歌与‘伦理法’”部分，将侗寨社交制度与日本古代的“讲组织”以及侗寨和日本的年龄组织比较，认为二者具有相似之处。这与笔者长期以来对日本文

① 徐晓光：《款约法——黔东南侗族习惯法的历史人类学考察》，厦门大学出版社，2012，第 110 页。

② 徐晓光：《款约法——黔东南侗族习惯法的历史人类学考察》，厦门大学出版社，2012，第 115～116 页。

③ 徐晓光：《款约法——黔东南侗族习惯法的历史人类学考察》，厦门大学出版社，2012，第 122 页。

化的研究分不开[①]。

一直以来，徐晓光教授突破学科壁垒，整合多种研究方法，采用学科视角潜心法文化研究。《款约法——黔东南侗族习惯法的历史人类学考察》是对黔东南侗族习惯法的再现与解构。该书的问世，为侗族习惯法研究提供了新的理论与观点，打开了学界研究的新思路。书中丰富的历史文化再现，标志着此书是徐晓光教授弘扬民族法文化的又一力作。

① 徐晓光:《阳明学与“报德学”运动——幕末明治时期日本“德化教育”作用的思考》,《贵州师范大学学报》(社会科学版) 2014 年第 6 期; 徐晓光:《难题考验与成人礼俗——日本与中国西南少数民族神话的比较》,《贵州民族学院学报》(哲学社会科学版) 2008 年第 1 期; 徐晓光:《清浊阴阳化万物——日本与我国西南少数民族的创世神话比较》,《贵州民族学院学报》(哲学社会科学版) 2007 年第 1 期; 徐晓光:《日本法人类学及民族法学研究的历史与现状》,《中南民族大学学报》(人文社会科学版) 2006 年第 3 期; 徐晓光:《遥远的“女儿国”神话——中国彝族“女儿国”神话与日本“女儿国”神话的比较》,《中国比较文学》1997 年第 4 期; 徐晓光、徐冰:《古羌神话与日本神话传说的比校》,《日本学刊》1994 年第 6 期; 等等。

少数民族习惯法与国家法新型关系论纲

冉瑞燕*

摘要： 现实中国家法与少数民族习惯一直处于“中心－边缘”的二元格局与地位之中。但是，这种边缘化做法并不能消解少数民族习惯法在民间社会定纷止争之功能。正视二者在现代社会中多元一体、既此既彼、和谐互动的兼容并存之法律关系是构建其新型关系的首要前提。在构建对策上要坚持以实现社会善治、法治统一为原则；以立法变通为导向，以自下而上的社会公众参与为条件；以行政行为为主导，化解国家法与习惯法之冲突，夯实二者良性互动之基础；以新型村规民约为规范载体，搭建国家法与习惯法互动之桥梁；以司法技艺为依托，满足社会实质正义之需求，实现多元一体新型关系的最终保障。

关键词： 少数民族习惯法　国家法　多元一体　村规民约　行政行为

一　问题的提出

发端于19世纪，形成与20世纪的西方法人类学在关于什么是法的问题上，提出了法是民族精神，法的“大传统”与“小传统”，活的法，[①] 本本上的法与行为中的法律[②]，法律是一种地方性知识，[③] 法律存在“三元结构”[④]

---

* 冉瑞燕，男，湖北利川市人，中南民族大学副教授、法学博士、硕士研究生导师。

① 〔奥〕欧根·埃利希：《法社会学原理》，舒国滢译，中国大百科全书出版社，2009，第545～550页。

② 美国著名现实主义法学派代表卢埃林（Karl Nickerson Llewellyn），作为规则怀疑论的代表，认为应区别“本本上的法律”和“行为中的法律”，真正的法律存在于官员和法官的行动中，而他们的行动又以他们的个性为转移。张冠梓：《多向度的法》，法律出版社，2012，第15页。

③ 〔美〕克利福德·格尔茨：《地方知识——阐释人类学论文集》，杨德睿译，商务印书馆，2014，第193～270页。

④ 〔日〕汤浅道南、小池正行、大仲滋：《法人类学基础》，徐晓光、周相卿译，华夏文化艺术出版社，2001，第13～14页。

等一系列学术观点，这些法人类学家对于法的含义与本质的理论探讨，所达成的共识是法具有地方性或民俗特征，法律制度具有多重性，法具有共同的属性，即权威、普遍适用的意图、当事人双方的权利义务关系、制裁。[①] 这些西方学术思想对我们今天建设法治国家、法治社会中如何处理少数民族习惯法与国家法关系有重要意义。

中国少数民族习惯法与国家法关系研究是伴随着少数民族习惯法亦或民间法研究而兴起的。2013 年前的相关成果，学界已有彭谦、牛绿花、周世中、巫洪才等人在少数民族习惯法研究综述中梳理评述，此处不重述。2013 年后又有大批很有影响力的著作面世，习惯法研究的领军人物高其才教授出版了他历时十年、前后 23 次深入广西金秀瑶族自治县的田野考察报告——《习惯法的当代传承与弘扬》，该书详论了瑶族习惯法的今生今世，政府、法院与民间对习惯法的态度、行为，以及民族习惯法面临的问题；谢尚果教授 2015 年主编了《民族法与区域治理研究丛书》，论证了法的内生性与本土适应性问题，讨论了当前西部农村习惯法的运作及其与国家法的冲突、调适问题和农村多元法律纠纷解决机制；龚卫东与周世中则对少数民族民事习惯在民族地区的民事关系中与国家法关系进行了实证研究，提出了西部民事习惯规则法治化的实施进路，[②] 以及司法适用路径和方法；[③] 张邦铺探讨了彝族习惯法与国家法的冲突与调适和彝族民间调解与国家司法的良性互动；[④] 吕志祥探讨了藏族习惯法的现实影响与转型问题。[⑤] 学术论文方面，李远龙论述了南丹白裤瑶婚姻习惯法与国家法有何冲突及如何融合互动，[⑥] 谭志满论述了苗族民间习惯法与国家法关系存在博弈与互惠机制，[⑦] 周世中提出民族习惯法进入司法实践的路径有立法、司法解释、案例指导等形式；[⑧] 李雪菁讨论了瑶族刑事习惯法与制定法的冲突与对接问题，强调要摒弃瑶族刑事

---

① Leopold Pospisil, *Anthropology of Law* (New York: Harper & Row, 1971).

② 龚卫东：《西部少数民族民事习惯法治化问题研究》，法律出版社，2016，第 395 ~ 412 页。

③ 周世中：《民族习惯法在西南民族地区司法审判中的适用研究》，法律出版社，2015，第 77 ~ 88 页。

④ 参见张邦铺《彝族习惯法及调解机制研究》，法律出版社，2016。

⑤ 参见吕志祥《藏族习惯法及其转型研究》，中央民族大学出版社，2014。

⑥ 李远龙：《冲突与融合：南丹白裤瑶婚姻习惯法与国家法之互动》（上、下），《广西民族研究》2015 年第 1 期。

⑦ 谭志满、谭玮一：《博弈与互惠：苗族民间习惯法与国家法的互动机制》，《西南民族大学学报》（人文社科版）2016 年第 3 期。

⑧ 周世中：《民族习惯法进入司法审判的前提条件与路径探讨》，《社会科学家》2017 年第 1 期。

习惯法的糟粕,[①] 刘彩灵认为避免习惯法与刑法的冲突可以采取指导性判例来解决刑事立法变通空白问题。[②] 尤其引人关注的是 2016 年 7 月由最高法院、国家民委和甘肃省委联合举办了理论界与实务界的“民族法律文化与司法实践研讨会”，征集学术论文 218 篇，涉及民族习惯与国家法、民族法文化与司法改革和司法实践关系，占了 3 个专题，实务界第一次以官方最高身份关注民族习惯法与国家法和司法实务的关系。[③]

这些成果以民族地域或族别为研究对象，以民事、刑事习惯法为研究内容，以人类学田野调查和司法实务的习惯法实际运行案例来展现其变迁，阐释其特殊性及其与国家法的相互作用。这些蔚为壮观的成果，一是说明了少数民族习惯法在现实中的鲜活存在是一个客观事实，二是少数民族习惯法与国家法存在冲突与不和谐是个真问题，三是为这个问题的解决提出了一些制度建设性思路和实践摸索。

但是，综观当前的研究现状，宏观研究的系统性、全面性不够，对习惯法影响至深的政府行为基本没有涉及，微观对策研究仅涉及立法与司法对策，路径狭隘且深度不足。对“‘法’作为制度体系的探讨似乎有所阙限，程序性行为的溯源仍着重于对族群历史文化隐喻的判断，回归田野的个体行为记录也依旧执着于想象共同体的变迁”,[④] 在建设法治国家、法治政府、法治社会三位一体的过程中，探求少数民族习惯法和国家法之间的契合点，实现两者完美整合，实现从民族习惯法到现代法系的过渡是当下民族地区法治社会与法治政府建设的重要诉求。而“目前的成果多集中在两者相互影响、相互补充的关系层面，至于对如何寻找最佳的契合点以及如何顺利过渡的具体措施的制定，至今都尚未得出明确的结论”。[⑤] 有鉴于此，笔者在学者既有研究基础上，从检视少数民族习惯法与国家法关系现

① 李雪菁：《瑶族刑事习惯法与制定法的冲突与对接》，《广西民族大学学报》（哲学社会版）2017 年第 3 期。

② 刘彩灵：《民族习惯法与刑法的冲突及协调》，《中南民族大学学报》（人文社科版）2017 年第 1 期。

③ 最高人民法院、国家民族事务委员会主编《民族法制文化与司法实践研讨会优秀论文集》，人民法院出版社，2016。

④ 董向芸：《个体行为的制度分析：法人类学叙事结构化探析》，《广西民族大学学报》（哲学社会版）2017 年第 1 期。

⑤ 彭谦、韩艳伟：《新中国 60 年少数民族习惯法研究现状及分析》，《西北民族大学学报》（哲学社会版）2010 年第 3 期。

状出发，立基于构建二者一体多元新型关系目标，提出建构新型关系的具体路径与对策措施。

二 民族习惯法与国家法关系现状检视

武陵山区作为民族习惯法与国家法融通的走廊，历来对二者关系具有风向标意义。考察我国武陵山区各少数民族习惯法与国家法关系的历史流变[①]与现状[②]，笔者发现少数民族习惯法与当时的国家法存在明显的多元一体格局。新中国成立后，我国废止旧法统，废除六法全书，旧的国家法不复存在，民间习惯法被当作“四旧”遗弃、否定，导致传统意义的习惯法与国家法多元一体格局解体，民族习惯法作为一种合法社会规范被否定。改革开放后我国重建国家法，以期一统天下。但是，现实中有关婚姻家庭关系、丧葬仪式与禁忌、物权继承、民事交往、社会治安与民间纠纷解决机制等方面，民间仍然普遍存有自己的一套习以为常的习惯法知识体系，民族习惯法作为“地方性知识”、“小传统”与“活法”，隐藏在当地普通老百姓的日常生活与民风、民俗、民情之中，甚至司法人员的司法行为之中。而大量学者的研究文献表明，在我国民族特色、文化浓厚的藏区和彝区等少数民族聚居的较为偏远地区，少数民族习惯法观念与行为相对于内地中部武陵山区少数民族地区，则更为突出与明显[③]，不仅实实在在地存在着，而且时时刻刻都在影响和调整着社会生活，是老百姓真正的“活法”。可以说，新中国长期不承认少数民族习惯法的合法存在，一直采取打压、抑制态度，这虽然决定了少数民族习惯法兴衰的命运，却无法决定其存在

① 冉瑞燕：《历史上武陵山区民间习惯法与国家法的关系》，《中南民族大学学报》（人文社科版）2017 年第 3 期。

② 冉瑞燕：《清江流域公民习惯法行为研究》，《中南民族大学学报》（人文社科版）2012 年第 1 期。

③ 关于藏区与彝区习惯法当代传承现状，田野调查著作很多。参见张济民《渊源流进——藏族部落习惯法法规及案例辑录》，青海人民出版社，2002；陈金全、巴且日伙《凉山彝族习惯法田野调查报告》，人民出版社，2008；巴且日伙、陈国光《凉山彝族习惯法调解纠纷现实案例》，中央民族大学出版社，2012；等等。进行统计和比较研究的典型论文参见青海高级法院课题组《青海藏族地区“赔命（血）价”习惯法情况的统计与分析（之一）》，载《法制日报》2013 年 8 月 7 日，第 12 版；刘之雄《我国刑法在民族地区的施行现状》，《中南民族大学学报》2012 年第 5 期；等等。

与否的命运。

由于少数民族习惯法与国家法在秩序的合法性与正当性、法律事实的建构、规则的有效与无效、事实与规则的相关性认定逻辑上，都有着较大出入和差异，[①] 其观念与行为直接影响国家法的有效实施。为此，国家通过民族区域自治制度，在八二宪法和民族区域自治法、立法法中明确赋予民族自治地方享有自治立法权和立法变通权，通过国家法自主系统协调与少数民族习惯法的矛盾冲突。目前，从整体看这一制度措施是成功的、有效的，我国民族地区社会秩序整体安定，民族关系呈正向发展：民族平等、团结、进步、繁荣。

但是，立法变通本身的僵化性、政治的敏感性、认识的差异性、选择的多样性，加上少数民族习惯法调整范围的广泛性、内容的流变性与碎片化、语句的不确定性和模糊性，使我国通过民族自治立法与变通立法协调习惯法与国家法的矛盾冲突关系，推动国家法全方位实施，借以取代民族习惯法，直至彻底消灭民族习惯法的愿望落空。一是国家立法与变通立法本身不可能一蹴而就，无法包打天下，全面调整民族地区的社会关系，迄今实质性的立法变通只在法定婚龄、计划生育、选举、民族文化等方面有所变通，立法变通的政治宣示多于实际行动。二是任何地方的法律继受不是一次性的立法行动，而是长期的社会变迁的过程，它以文化传递的形式出现，直至被继受一方整合吸收进其本身的社会文化中，不能把法律应该有效与实际有效混为一谈。民族地区虽然从面上呈现出国家法主导一切，少数民族习惯法被否定，未经国家法认可的习惯法不具有法律效力，通常只能以民族风俗习惯的面貌示人，但是“国家法在少数民族地区的实施没有整合原有习惯法，导致当地法治状况一直是两张皮，只不过是国家法这张皮盖过了习惯法这张皮，二者并未融合”。[②] 少数民族习惯法作为一种“活”的行为法，仍在发挥社会调整作用，不会因国家法的否定与排斥就自

① 关于少数民族习惯法与国家法的冲突，目前学者主要是从国家法具体规定与习惯法的差别，列举其方方面面的不同。其实这种简单列举无法揭示二者的内在矛盾，即为什么有这些差别。杨程女士从法秩序、事实、规则及价值四个方面进行了详细的极具说服力的比较论述，寻找冲突的内在根源与互动的困境，具体参见国家社科基金项目《少数民族习惯法与国家法新型关系》2016 年结题成果报告，第 54 ~ 92 页。

② 曾代伟：《巴楚民族文化圈研究》，法律出版社，2008，第 101 页。

行消失。法律权力的话语权在国家法与习惯法二者关系中一直处于“中心－边缘”的二元格局与地位之中。这导致一方面国家法在民族地区某些领域、某些地方因水土不服难以有效实施，一定程度上被虚置，很多社会纠纷由国家司法解决后并不作数，还要经过民间的“二次司法”才能得到最终平息；另一方面，少数民族习惯法由于国家法的制度否定而长期处于边缘化和扭曲状态，无法成为社会名正言顺的正当行为、裁判规范，从而使民族地区社会行为在一定范围、程度上呈现规范虚化、空化，纯良民风异化，江湖混混、狠人、恶人当道，社会秩序有恶化趋势。

三　多元一体：民族习惯法与国家法新型关系

少数民族习惯法与国家法关系现实困境出路何在？研究少数民族习惯法的学者都主张要调适，可是，调适的方向在哪里？官方担心的给予习惯法合法地位是否会冲击国家法治统一？一些民俗、民族法学者是否将民族习惯法描绘得过于美好？这些问题是我们在思考二者关系时应该兼顾的。费孝通的中华民族多元一体格局理论和我国台湾学者林端教授关于中国传统法律的多值逻辑理论，对我们思考中国少数民族习惯法与国家法新型关系极具启发性。

1988 年费孝通提出了中华民族多元一体格局，其后很多学者参与，论证了中华民族所属各民族之间“多元”与“一体”格局的形成历史与流变，[①] 这种多元一体的中华民族格局决定了民族融合与国家统一、民族利益与国家利益的根本一致性，“一体”是主干，“多元”是枝叶，二者不可偏废。张晋藩则从法制史角度论述了少数民族习惯法与国家法在传统关系上就是遵循这种多元一体的民族关系格局流变而形成、发展和变化的，历史上中华法系的形成和内容是“以汉族为主体，各民族共同缔造的，凝结了少数民族的法律智慧，吸纳了少数民族优秀的法文化成果”。[②] 林端对中国传统法律文化研究后认为，中国传统法律文化是，律与例并存、情理法同为法源、官方审判与民间调解相辅相成、国家法与民间习惯同为法源，是

---

① 参见费孝通《中华民族多元一体格局》（修订本），中央民族大学出版社，1999。

② 张晋藩：《多元一体法文化：中华法系凝结少数民族的法律智慧》，《民族研究》2011 年第 5 期。

一种既此且彼、兼容并蓄的多值逻辑，而不是非此即彼的二元对立关系，“官有正条、民有私约”，国家制定法与民间习惯一直是一种互补的相辅相成关系。[①] 因此，要理顺今天的少数民族习惯法与国家法的既有关系亦应从历史中来，顺势而为，按照多值逻辑思维，遵循这种民族历史与法律文化流变格局，兼顾国家统一与地方自治，在强化国家法的一体实施、遵循时，承认少数民族习惯法的合法民间自治地位，注意发挥少数民族习惯法的正向作用，构建少数民族习惯法与国家法的多元一体新型关系，改变新中国成立以来的革命主义法律观视习惯法为革命对象和国家主义法律观包打天下的思想，将少数民族习惯法与国家法“非此即彼”的二元对立排斥关系，塑造为少数民族习惯法与国家法“既此既彼”、既相辅又相依的包容并存关系。

这种少数民族习惯法与国家法的多元一体新型关系，是在国家法治体系总体框架下，在少数民族地区实行的“以国家法为主，以民族习惯法为辅”的法治双轨制，允许少数民族民间习惯法在不违背国家法基本原则与基本制度，有利于国家法治统一、保障人权、实现社会善治的前提下，民族习惯法与国家法在不同层面上共同发挥社会治理作用，成为社会行为规范。首先，要肯定国家法的一体主导地位，这是客观现实，也是历史潮流，不可阻挡。绝不能以民族地区的所谓特殊性来否定、挑战国家法的基本原则、基本制度在民族地区不折不扣地实施，影响国家法治统一。其次，要承认各民族习惯法的多元存在。各民族习惯法与国家法多元并存既是法律现实，同时又包含着“一体”与“多元”的互动格局，是法律结构的封闭性与认知能力的开放性之必然要求。二者在体系与内容上首先是同一的，然后又有相对的独立性，彼此既互相吸收、转化、互惠，又有一定的博弈与竞争。少数民族习惯法部分内容通过国家法承认、吸纳转化为国家法的组成部分，部分内容通过自我扬弃以适应新的时代要求；国家法的理念和绝大部分内容通过民间继受理解、认可、转化而下沉，与民族地区特殊地域、文化、生活相整合而内化为富有时代气息的新的民族习惯法文化。彼此既独立存在，各有其调整范围，同时又相容共生，互通、圆融无碍，民间习惯法不挑战国家法的主导权，国家法尊重民间私约的法律效力。这不

① 林端：《韦伯论中国传统法律——韦伯比较社会学的批判》，三民书局股份有限公司，2003，第13~22页。

仅符合中华民族与各民族之间多元一体的社会格局，也符合当代中国特色的统一法制与和谐社会利益多元的法治建构。

少数民族习惯法的“多元”价值在于：一方面，它有效地补充了国家法的缺失，使社会秩序不会因为国家法的阙如而陷入无序之中，定纷止争，维护社会秩序；另一方面，它有力地促进了国家与社会的双向互动，使社会在国家法的统一规制下获得更为良好的自治环境，促进国家法通过社会自治的法律运作反观自身的不足，为国家法的发展提供养分，从而不断完善国家法规范。

作为强势主导“一元”的国家法，也需要在开放的认知下，允许法律与社会外部环境之间沟通，正面认识其自身的自主性与无法自足性，善待少数民族习惯法，允许各民族习惯法的延续与发展，为社会多元利益需求提供规范保障。为国家法与少数民族习惯法共治民族地区，实现民族地区社会秩序最优化，最终实现全国各族人民由政治共同体转变为法律共同体，蜕形为现代法治国家，提供制度支撑。因为“国法无法改变民俗”：其义是说“其一，法律永远不可能在民俗、舆情之前移动一步；其二，任何实证法如果未深植于民俗、民情之中，休想产生社会的变化”。[①] 国家法在民族地区要获得社会效果就必须认可并植根于少数民族习惯法，与舆情同调、一致。

构建少数民族习惯法与国家法多元一体新型关系，“最根本、最有效的路径是在法治理念指导下做出与社会发展趋势相适应的正式制度和非正式制度相协调的制度安排”。[②] 要坚持以实现社会善治、法治统一为原则，以立法变通为引领，地方政府行为主导协调，村规民约作融通细化载体，司法个案调判运用、保障，少数民族社区公民实质参与。循序渐进地完善相关制度与措施，核心是克服照搬西方法治的本本主义与唯理主义，坚持实践理性，走中国特色的以人为本的法治之路。

四　变通立法：多元一体新型关系的法定制度空间

法律变通是少数民族习惯法“合法化”进入国家法的制度路径，是少

① 洪镰德：《法律社会学》，扬智文化事业股份有限公司，2004，第 68 页。

② 盛辉、顾文斌：《少数民族习惯法的国家法功能调试价值探析》，《广西民族研究》2017 年第 2 期。

数民族习惯法与国家法和谐互动、融通一体的法定制度空间。民族自治地方通过自治立法吸收少数民族习惯法进入国家法体系，使国家法相关规范更符合民族地区的实际情况，有利于国家法实施，是国家法作为封闭体的自我完善；对少数民族而言，通过法律变通行使自治权利，使部分少数民族习惯法得到国家法确认，少数民族习惯权利受到国家法尊重和肯定，成为法定权利，从而实现国家法与民族习惯法的文化统一，在现代化的同时完成民族传统文化的创造性转化，因此，这无疑是一种最优的制度路径选择。

我国的民族自治立法进行了多年，也取得了不少成绩，截至 2014 年 10 月，我国 155 个民族自治地方出台的自治条例和单行条例有 780 多部，变通规定和补充规定 65 个。但是，在变通立法方面仍然十分不完善，有些尚属空白领域。

当前在变通立法内容方面，应着力填补刑事立法变通的空白，进一步完善民事法律变通，探索行政法律变通实施。如刑事立法变通问题，我国 1979 年刑法典明确规定了少数民族地区有刑事立法变通权，1982 宪法更是在第 115、116 条中明确规定民族区域自治地方的“人民代表大会有权依照当地民族的政治、经济和文化的特点，制定自治条例和单行条例”。但是，基于各种原因，我国刑法变通迄今仍然是空白，没有任何一个民族自治地方制定变通或补充规定。而很多学者的研究成果表明，少数民族刑事习惯法和国家刑法的一个重大差别是，国家刑法注重用维护统治秩序来打击和处罚犯罪，因此，刑法理念突出对犯罪人的人身权处罚，而少数民族习惯法则注重社会关系与秩序的恢复与维持，因此制裁方式以财产罚为主，辅以其他方式，其中，充分赔偿对定罪量刑有决定作用。这种理念冲突导致二者在定罪标准、处罚方式与力度等方面的冲突，使刑法在藏区、彝区实施不畅，国家司法与民间司法并行，国家对罪犯判刑实施后，民间的赔命价、赔血价从新中国成立到现今从未中断。要解决犯罪嫌疑人双重受罚问题，就需要结合各民族地区的差异性，制定刑法变通或补充规定来协调、融通习惯法与国家法的冲突。在一定程度上对于某些犯罪行为，肯定少数民族地区传统刑事和解的合法性（危害国家安全、损害领土完整、主权独立的犯罪行为除外），规范习惯法中的财产罚适用标准，摒弃、克服民族习惯法中的家族株连、轻罪重刑、主观臆断定罪和赔偿额度过高等问题。民事法律变通学界研究较多，我国现有变通和补充规定也主要涉及民事法律方面，故此处不赘述。对于行政法律变通问题学界研究极少，然而，现实中涉及行政法与习惯法冲突的问题不少，如，少数民族对传统狩猎、放牧、垦荒中使用、携带枪械、刀具，砍伐林木、猎获动物等习惯行为，对民族节日、婚恋、丧葬、禁忌有习惯规范，对山林、草场、河流、土地有传统物权，对小偷、盗窃等有传统罚则，这些都可能与野生动植物保护法、社会治安处罚法、行政强制法、土地法、户籍管理条例、城市规划法、物权确权登记等构成冲突，使国家相关行政执法实施不畅，目前立法变通的只有计划生育管理方面各民族地区出台的单行条例，其他方面没有展开，需要今后积累经验教训，通过深入调研，出台相关变通立法来协调行政法执行中与习惯法的冲突。

在变通立法程序上，向上要善于争取权利，强化变通立法的正义性、说理性，获得各级党政机关在理解、自愿基础上“放权”“让利”，对变通立法大力支持，从而用好、用足我国宪法、民族区域自治法、立法法所赋予的民族区域自治地方自治立法权与地方立法权；向下要民主立法、开门立法，完善民间立法参与程序。自治地方立法机关在进行地方法规、单行条例的立法规划、制定、修改时，应当广泛征求专家学者、民间精英、乡贤，尤其是“乡土法杰”的意见，认真吸纳他们的建议，使自治立法或地方立法有很强的针对性，“具有现实的可操作性和民众可接受性”,① 既有理论高度，又符合实际工作情况，既不过于超前，又不滞后。

需要注意的是，国家法在民族地区的法律变通不能替代少数民族习惯法在民族地区所发挥的社会自治功能，也无法全面消减国家法在现代社会治理中的“有限度”，亦不能全面沟通协调少数民族习惯法与国家法关系。我们“必须正视少数民族习惯法与国家制定法这两种不同的社会规范长期共存的客观事实”,② 因此，全面理顺少数民族习惯法与国家法关系，除了要继续完善、践行民族区域自治立法和地方立法外，还应着力开启其他制度路径。

---

① 高其才：《乡土法杰与习惯法的当代传承》,《清华法学》2015 年第 3 期。

② 庞锋：《少数民族习惯法与国家制定法的冲突与调整》,《贵州民族研究》2016 年第 4 期。

五　新型村规民约：多元一体新型关系的民间规则载体

“维风导俗”是历史经验中的乡约留给我们的宝贵财富，[①] 村规民约作为活着的传统，[②] 既是传统乡约、习惯法的自然延续，又有新的时代特征。首先，村规民约是村民自治的历史产物，目的是解决生产生活中的实际问题。其次，在制定程序上有广大村民普遍参与、公开、公知保障，内容上合法、合理、合情，结构上符合规范性与科学性，从而具有正当性。再次，规则的行为模式虽然有不确定性与模糊性，但是这恰恰有利于在实践中赋予村民自治主体更多的裁决空间来解决“十里不同风、百里不同俗”的地方差异性、特殊性问题。最后，在实效性上内含着务实的经济利益、难以割裂的人脉需求等理性因素。这都构成了民族地区村规民约作为国家法与少数民族习惯法的融汇、传来知识与习得知识贯通的前提条件和基础。它既有国家法的身影，也有习惯法的血脉。村规民约作为一种合法制度，在运行过程中从多值逻辑出发，通过人们的行动，使正式规则与非正式规则进行互动对接，从而实现社会秩序治理功能，重塑和整合村落秩序，消减正式规则与非正式规则在调整社会纠纷时的冲突与对抗，弥合两种不同规则之间的差异性，同时也重塑村规民约自身。

即通过村规民约上传“活法”给基层司法、基层政府，同时，也通过基层乡村组织将国家法的相关规定、精神下传民间，开启国家法与民族习惯法两种规则互动的对话平台，实现一种开放的规则共治，使村规民约成为沟通少数民族习惯法与国家法的半官方的民间规则载体，成为延续传统、承接现代，体现国家法知识与地方性知识的复合体。

在具体操作把控上，一是通过政府介入，加强村民自治的指导、监督，推动国家法意志下沉民间。这里的介入，是一种指导、监督关系，而不是一种强权干预，不是让村规民约成为政府权威，而是村庄内部组织、载体的权威。为此，应强化村民的普遍深度参与和意志表达，使村规民约既体现民意，又与国法圆融无碍，从而增强其有效性与执行力。二是通过司法

---

① 参见王崇峻《维风导俗——明代中晚期的社会变迁与乡约制度》，文史哲出版社，2000。

② 杨程：《村规民约溯源及其当代价值》，《武汉纺织大学学报》2013 年第 1 期。

介入，促使村民自治功能自我反省、修复，正确表达少数民族习惯法意志。司法介入，不是通过简单的判决来进行，而是通过法官下乡的司法互动活动，将国家法的知识和精神传递给村民、村干部，由他们通过村民自治自行校正村规民约中出现的违法行为，从而有效解决由村规民约所引发的社会纠纷，使村规民约在协调少数民族习惯法与国家法相关矛盾问题上找到最恰当的衔接点。

六　行政行为：多元一体新型关系的沟通、协调平台与通道

政府行政行为作为动态的国家法，一直在通过自己的行为推动国家法下乡，协调国法与习惯法之间的矛盾。与此同时，民族习惯法也在组织、行为和观念上影响政府行为的内容、效力，二者呈现出互动状态。政府行为协调少数民族习惯法与国家法关系有其独特的多样性、主动性和有效性优势，如广西金秀瑶族自治县、乡镇两级政府就通过吸纳、参照、传承、展示、宣讲、宣传等“直接和间接的方式进行瑶族固有习惯法的弘扬，发挥习惯法在当今社会的积极作用”。[①]

用好政府行为这一有效手段协调习惯法与国家法的冲突，就是要求政府行政行为成为民族习惯法与国家法关系沟通、协商的平台和通道，不是消灭民族习惯法的“打手”，因此，在具体原则上应坚持：多元一体原则，民族平等、团结、发展、进步原则，少数民族参与和分享原则，政府不与民争利原则。

在具体方式上，一是发展市场经济，改变社会生产、生活方式，克服陈规陋习。政府通过改革开放发展市场经济，在行政治理上以西部大开发、利益分享式扶贫、提供社会保障、行政公物服务、财政转移支付为主，在一定程度上改变少数民族传统生产、生活方式，平衡国家法与少数民族习惯法之间调节社会关系产生的利益冲突，稳固少数民族群众国家法认同的经济基础。二是培育、健全基层社会组织结构，完善村民自治，衔接习惯法与国家法的执行组织，维护习惯法的现代组织生存空间。政府在诸如民

① 高其才：《地方政府与习惯法的当代弘扬、传承——以广西壮族自治区金秀瑶族自治县为考察对象》，《创新》2015 年第 5 期。

间纠纷调解、农田水利设施建设、农村安全用水、农居环境整治、精准扶贫、生态林业保护、防火防盗、民族文化复兴、捐资助学与社会救助帮扶等涉及村民切实利益的公共服务需求方面，既发挥组织引导作用，同时又不包办代替，最大化地发挥现代村民自治组织的主体作用、领导作用和村民的参与作用，树立村民自治组织的领导权威，解决政府不能包办的社会事务。三是在实施国家法的行政规范性文件中吸纳、借鉴习惯法的有益成分，排除与社会现状不符的落后规则，在国家法的行政执法中助力习惯法的规范化、转型化。四是严格依法行政，推动国家法的惠民工程，增强社会公众对国家法的普遍信任度和依赖感。五是加强行政程序的参与和沟通，构建习惯法与国家法的商谈机制。搞好行政公开，畅通少数民族群众行政相对人直接参与行政决策、执法程序，表达他们正常的合理诉求，凝聚社会共识，破解彼此矛盾冲突。六是完善多元纠纷解决机制，整合社会法律力量。在社会纠纷预防、处理中注意吸纳乡土法杰力量，充分发挥他们在社会治安、人民调解、法制宣传等方面的积极作用，在处理方式与说理依据上参照习惯法，使行政执法活动具有社会基础，符合社情民意，合法、合情、合理、高效四位一体。既宣传、实践国家法知识，弘扬国家法精神，又克服习惯法当今面临的弱化、豪强化等异化行为。七是强化政府购买社会服务。普遍建立民族地区农村律师法律顾问制度和法律援助制度，全天候为普通老百姓在解决社会争议和矛盾中提供国家法律咨询、建议与服务，使老百姓在社会“治疗”中感受国家法的有用性，在案件与争议处理中学法用法，实现政府普法的单向送法下乡，为政府与社会多向送法下乡。八是在行政指导中引导社会习俗，避免习惯法行为逐利化。利用指导村民自治机会，教育说服、引导少数民族群众在村规民约中注入国家法的内容，摈弃习惯法中落后的不合时宜的内容和形式，保留习惯法倡导的良风民俗，促进习惯法的自我更新和规范化。

七　司法调判：多元一体新型关系的终极场域与保障

为避免现实中习惯法置换国家法导致国家法虚置化的民间“二次司法”问题，实现习惯法对国家法的补强，弥补国家法的不足；同时避免习惯法“失控”状态，避免民族地区在民间社会纠纷处理中的社会豪强化行为，使司法成为社会救济的终极场域，引导、规范少数民族习惯法进入司法运用，是建构民族习惯法与国家法多元一体新型关系的最终保障。司法调判运用民族习惯法应遵循有利于国家法治统一的同案同判原则、有利于实现民族地区社会长治久安的客观正义原则。

1. 刑事司法中的习惯法问题

民族地区刑事司法要坚持与民族地区社会经济、文化发展变化动态协调原则来运用民族习惯法，对不同发育程度的民族地区区别对待，将刑法的罪刑法定原则和宽严相济刑事政策相结合，不能简单地实施“两少一宽”。总的原则是不能让少数民族产生特权思想，尤其不能让宗教极端分子和恐怖分子钻国家法律的空子，成为刑法外的特殊阶级。习惯法的用或者不用，刑法的宽或者严，要有利于国家统一，实现民族地区安定团结。

具体而言，一是在少数民族习惯法观念浓厚的藏族、彝族等较为边远的农牧民族集聚区，对于进入司法程序的涉及少数民族习惯法观念的刑事案件，除危害国家安全犯罪外，可引入协商性民间惩罚机制来解决国家刑事法与民族习惯法的冲突，弥补罅隙，适时采取刑事和解，聚焦于纠纷双方的合法权益的维护，侧重于社会秩序的修复，促使国家刑法渗透与整合少数民族刑事习惯法,[①] 将少数民族习惯法作为司法裁判的司法事实或边际事实，来认定其犯罪行为的社会危害性，必要时将其作为“出罪”事由;[②] 在处理程序上引入、改造、整合民间司法力量，使活佛、德古[③]、阿訇等民间司法力量成为引导社会向善，推动国家刑法实施社会正向治理的正能量，渐进式地推动国家刑法全面实施。二是对因社会发展变化而少数民族群众习惯法观念也已经发生改变，但是也保留了一定习惯法观念的西部民族地区城镇与中部、西南部民族地区，要稳步、适时强化国家刑法实施，依法定罪，通过个案处理强化、教育、引导、校正民间习惯行为，塑造符合国家刑法的行为规范。但与此同时，在刑罚上又要根据少数民族习惯法观念因素，考虑具体犯罪主体个人的主观恶性大小与习惯法认知和当地社会的舆情，适当从宽，即既遵循罪刑法定原则，又符合少数民族公民普遍认同

---

① 苏永生:《国家刑事制定法对少数民族刑事习惯法的渗透与整合》,《法学研究》2007 年第 6 期。

② 张殿军:《罪刑法定视域的少数民族习惯法》,《甘肃政法学院学报》2009 年第 3 期。

③ 彝族聚居地区的德高望重、具有较高调解和调处能力的民间法官。

的“三常”（常识、常理、常情）知识，从而实现刑法的国家意志性与社会认可性的统一。

2. **民事司法中的习惯法问题**

民族地区民事司法要按照当事人意思自治、定纷止争、修复关系、传播法治原则，处理少数民族习惯法与国家法在个案中的冲突问题，协调好老百姓心中的天理、国法与人情关系，遵从公众普遍认同的是非、价值标准，允许少数民族习惯法适度、适时进入民事司法，从而襄助法律和司法实现公平正义。

具体措施如下。一是细化民法总则中“从习惯”的具体标准。民法总则承认了习惯的法源地位，这有利于司法光明正大地运用习惯法。但不是所有的习惯都能进入司法，需要进行类型化研究，[①] 细化适用条件，甄别良莠，也就是要将其纳入司法审查的监控范围，确保其符合公序良俗，不违反人权标准，不违反国家法的禁止性规定。二是程序法上规范习惯法的运用程序，防止因法官自由裁量权过大而随心所欲地适用，影响国家法在民族地区的实施。在司法运用中应遵循提出、证成、过滤、适用等基本步骤，[②] 让少数民族习惯法的选择运用变得庄重而严肃，确保少数民族习惯法的应用能够有效补充国家法的不足，缓解国家法与社会的矛盾冲突，实现社会认可的公平正义。三是建立少数民族习惯法运用案例审核、指导制度。基层法院适用习惯法规范裁判应该报请中级人民法院审核，建立由民族地区中、高级法院发布和掌控习惯法运用的司法案例指导与交流制度，保障民事司法相对统一，防止法官因法律知识、地方性知识、观念差异等差别引起司法不公，增强司法行为的社会可预期性，培育社会的法律信仰。四是建立少数民族习惯法运用规范化制度。民族地区法院应注意收集和研究少数民族习惯法，将当地辖区内多年惯行、一般人共信、不妨碍公共利益而又零碎的习惯规则整理分类，形成相对规范成形的书面文字，并将其放入既往案件中进行分析甄别，同时邀请当地各界代表进行论证，检验其良善性，然后提交法院审委会讨论、决定，形成规范成形的符合当地实际、

---

① 刘智慧：《习惯作为民法法源的类型化分析》，《新疆社会科学》2017年第4期。

② 参见广东省高级人民法院民一庭、中山大学法学院《民俗习惯在我国审判中运用的调查报告》，《法律适用》2008年第5期；贾焕银《民间规范司法运用程序研究》，《西南民族大学学报》（人文社会科学版）2015年第3期。

体现少数民族普遍认可与遵从的公平正义，不与国家法基本制度、禁止性规范相抵触，可以直接引入参考的民间规则。这样既能提高司法公信力，增强司法的社会认可度，也能有效防范、化解当下司法体制改革下法官责任制面临的司法裁判风险，提高法官合理参照习惯法的积极性。五是完善诉讼调解机制。充分发挥法官的主观能动性，运用当事人意思自治原则，促使当事人之间在分清是非的基础上谦让、妥协，将眼前利益与长远利益相结合，合法与合理相结合，强与弱相平衡，面子与实惠相平衡，从而实现案件纠纷解决的长期有效性。六是加强民族聚居地区法官地方性知识学习与培训，广泛吸纳、整合民间传统司法权威参与国家司法行为，促进习惯法知识运用技巧的传、帮、带，实现民族聚居区基层纠纷解决由传统民间习惯司法向现代国家文明司法转化。

3. 行政诉讼中的习惯法问题

我国宪法和相关法律规定，公民有信仰宗教的自由，国家尊重民族风俗习惯。我国少数民族大多信仰宗教，也保留了浓厚的民族风俗习惯，民族习惯法的很多内容就是这些思想、禁忌、行为的习惯规范。民族地区政府进行社会治理时，其行为针对特定行政相对人做出，必然大量触及民族习惯规范。政府依法行政的法源中只有法律、法规和规章，没有肯定习惯法，那么，在行政行为中习惯法处于什么地位？如果政府行为用或者不用，由此引起行政争议，当相对人提起行政诉讼时，则必然牵涉行政诉讼中的习惯法运用问题。

少数民族习惯法对于人民法院在行政诉讼案件的判案中处于一个什么地位？是否可以完全无视或者照单全收？从中国裁判文书网载司法实践案件看，涉及少数民族习惯法在行政诉讼中应用的案件极少，学者杨丹初步统计仅有8件，其中7件是山林、草场、土地行政确权案件，1件是离婚登记行为案件。[①] 而政府在西部资源开发、城市扩容规划、土地征收、社会治安整治、山林草场土地确权、森林与野生动植物保护等行动中发现大量行政争议案件，最后不少案件提交司法由法院最终裁判解决。这样少量运用民族习惯法处理案件只能说明一个客观事实，即，民族地区大量行政诉讼

---

① 杨丹：《少数民族习惯在行政诉讼中的作用、性质和使用指导原则》，《湖北民族学院学报》（哲学社会科学版）2017年第2期。

案件的法官要么没有运用习惯法，要么用了，但是用法定形式掩盖了民族习惯法的司法运用问题，就像前文注释中的利川“铁钉棺材案件”[①]。在已有的应用民族习惯法的行政案件中，人民法院将民族习惯法作为行政诉讼中的经验法则，这对发现事实真相，辨别证据真伪和对行政行为合理性评价都起到了很好作用，增强了案件裁判的说理性、公正性，平息了习惯法与国家行政执法中的冲突，案件的裁判获得了很好的社会效果。因此，在民族地区行政诉讼中，对涉及民族习惯法的行政案件，不应简单排斥民族习惯法的司法运用。

当然，司法运用是不能简单照搬民族习惯法作为裁判行政案件依据的。我国行政诉讼法规定，人民法院裁判行政案件只能以法律、法规为准绳，这就决定了法院要引入习惯法裁判案件只能从事实证据、说理依据进入司法，由法官依据自治裁量权来平衡习惯法与国家法的关系，实现案件的合法合理裁判。为此，首先要建立习惯法的识别与评价机制，识别习惯法在行政诉讼案件中是否真正存在，评价其良莠，按照公序良俗、尊重少数民族风俗习惯原则，排除恶习的应用。其次要建立习惯法的运用规范机制，民族地区法院应邀请民俗专家，收集整理民间习惯规范，去伪成真，使其在形式上更加规范。为防止法官不用或滥用，应建立案例指导制度和内部请示与纠错制度，允许行政诉讼当事人或第三人对民族习惯在案件审理的事实调查阶段举证，或者就民俗习惯进行庭前听证，以期实现同案同判。再次，应加强习惯法与政府行为关系的研究与学习，培育法官对习惯法作为经验法则处理行政诉讼案件的敏感性，提高知识能力。

八　结语：实践理性乃中国法治之路

少数民族习惯法与国家法新型关系建构是一个漫长而务实的过程；是一个探求社会主义法治理念与实践相一致，国家法与我国多民族的民情民俗相结合、相和谐，国家法从国家强制变为社会自觉行为的过程；也是我

---

① 2017年8月笔者调查翻阅卷宗发现，公安、法检三家的立案、公诉书和判决书，写的都是被告产品质量诈骗问题。如果不是新闻媒体的报道，外人从裁判文书中丝毫看不到与民间禁忌习惯有关。但是，私下交谈，司法人员则不避讳是被告触犯民间风俗禁忌引发众怒。甚至二审公诉人及当地群众迄今仍对终审法院判决被告无罪心存疑问。

国由多民族政治国家逐步蜕变为中华民族一体化的法治国家的过程。少数民族习惯法与国家法新型多元一体关系，最终是要使国家与社会既有统一意志，又有个性张扬，使中华民族共性与个性都得到充分的舒展，自由与民主法治高度统一，并行不悖。因此，需要我们坚持理论与实践相结合，顶层设计与底层行为互动，抛弃西方唯理主义法律观，践行实践理性，走有中国特色的社会主义法治道路。

第四篇

民族经济法治研究

广西重点生态功能区财政转移支付研究

谭　洁*

摘要： 广西重点生态功能区财政转移支付制度在逐年完善，但仍存在“财政转移支付政策多重目标与绩效考核相冲突”“资金使用的绩效考核指标体系与县域经济考核指标体系脱节”“资金的拨付偏离了向财力较弱地区和生态环境质量较差地区倾斜的政策目标”等问题，需要从总量增加、结构优化、严加监管、加大奖惩等方面加以完善。

关键词： 重点生态功能区　财政转移支付　广西

一　重点生态功能区设置的理念与目的

生态功能区划是根据区域生态系统格局、生态环境敏感性与生态系统服务功能空间分异规律，将区域划分成不同生态功能的地区。全国生态功能区划是以全国生态调查评估为基础，综合分析确定不同地域单元的主导生态功能，制定全国生态功能分区方案。全国生态功能区划是实施区域生态分区管理、构建国家和区域生态安全格局的基础，为全国生态保护与建设规划、维护区域生态安全、促进社会经济可持续发展与生态文明建设提供科学依据。国家重点生态功能区是指承担水源涵养、水土保持、防风固沙和生物多样性维护等重要生态功能，关系全国或较大范围区域的生态安全，需要在国土空间开发中限制进行大规模高强度工业化城镇化开发，以保持并提高生态产品供给能力的区域。[①] 我国关于重点生态功能区的建设大

* 谭洁，女，广西兴安人，广西民族大学法学院副教授、硕士生导师。

① 李国平、汪海洲、刘倩：《国家重点生态功能区转移支付的双重目标与绩效评价》，《西北大学学报》（哲学社会科学版）2014 年第 1 期，第 151 页。

约经历了十年的时间。2000 年公布的《全国生态环境保护纲要》提出了建设重点生态功能保护区的设想；2003 年国家发改委首次提出四大主体功能区的概念；2006 年国务院在《中华人民共和国国民经济和社会发展第十一个五年规划纲要》中提出将国土空间划分为优化开发、重点开发、限制开发和禁止开发四类主体功能区，国家“十一五”规划纲要中提到，“财政政策，要增加对限制开发区域、禁止开发区域用于公共服务和生态环境补偿的财政转移支付，逐步使当地居民享有均等化的基本公共服务”;[①] 2010 年公布的《全国主体功能区规划》提出重点生态功能区的主体功能是提供生态产品，首要任务是保护和修复生态环境，主要目的是限制大规模的城镇化开发，以实现保护环境、发展经济及人与自然和谐相处。2016 年 9 月 29 日国务院印发《关于同意新增部分县（市、区、旗）纳入国家重点生态功能区的批复》，至此，国家重点生态功能区的县市区数量由原来的 436 个增至 676 个，占国土面积的比例从 41% 提高到 53%，此举将有利于进一步提高生态产品供给能力和国家生态安全保障水平。

（一）重点生态功能区设置的理念

重点生态功能区建设是推进生态文明建设的重要内容，事关生态产品供给能力的提升和生态经济的发展，事关全国或较大区域范围的生态安全。重点生态功能区秉持“绿色、协调、发展”的理念设置。

为了推进生态文明建设和优化国土开发格局，重点生态功能区的设置运用生态学原理，以协调人与自然的关系、协调生态保护与经济社会发展关系、增强生态支撑能力、促进经济社会可持续发展为目标，在充分认识生态系统结构、过程及生态系统服务功能空间分异规律的基础上，划分生态功能区，明确对保障国家生态安全有重要意义的区域，指导我国生态保护与建设、自然资源有序开发和产业合理布局，推动我国经济社会与生态保护协调、健康发展。

区域生态功能的确定以生态系统的主导服务功能为主。在具有多种生态系统服务功能的地域，以生态调节功能优先；在具有多种生态调节功能的地域，以主导调节功能优先。在区划过程中，综合考虑流域上下游的关

① 参见《中华人民共和国国民经济和社会发展第十一个五年规划纲要》第二十章。

系、区域间生态功能的互补作用，根据保障区域、流域与国家生态安全的要求，分析和确定区域的主导生态功能。生态功能区划是国土空间开发利用的基础性区划，是国民经济发展综合规划、国家主体功能区规划、土地利用规划、农业区划、城镇体系规划等区划、规划编制的科学基础。在制订生态功能区划时，与已经形成的国土空间开发利用格局现状进行衔接。全国生态功能区划应从满足国家经济社会发展和生态保护工作宏观管理的需要出发，进行大尺度的范围划分。省级政府应根据经济社会发展和生态保护工作管理的需要，制定地方生态功能区划。全国生态功能区划与地方生态功能区划有机联系、相互协调。

（二）重点生态功能区设置的目的

重点生态功能区设置的目的有三：其一，明确全国不同区域的生态系统类型与格局、生态问题、生态敏感性和生态系统服务功能类型及其空间分布特征，提出全国生态功能区划方案，明确各类生态功能区的主导生态系统服务功能以及生态保护目标，划定对国家和区域生态安全起关键作用的重要生态功能区域；其二，全面贯彻“统筹兼顾、分类指导”和综合生态系统管理思想，改变按要素管理生态系统的传统模式，增强生态系统的生态调节功能，提高区域生态系统的承载力与经济社会的支撑能力；其三，以生态功能区为基础，指导区域生态保护与建设、生态保护红线划定、产业布局、资源开发利用和经济社会发展规划，构建科学合理的生态空间，协调社会经济发展和生态保护的关系。

二　重点生态功能区财政转移支付的意义

“国家重点生态功能区转移支付是指为维护国家生态安全，促进生态文明建设，引导地方政府加强生态环境保护，提高国家重点生态功能区所在地政府基本公共服务保障能力而设立的转移支付。”[①] 因此，提高当地政府的基本公共服务能力和引导当地政府加强生态环境保护是中国实施国家重

① 苏明、刘军民：《创新生态补偿财政转移支付的甘肃模式》，《环境经济》2013 年第 7 期，第 18 页。

点生态功能区转移支付制度的双重目标。① 从该双重目标可以窥见重点生态功能区财政转移支付的重要意义。

（一）提高政府的基本公共服务能力

生态环境公共服务作为公共产品所具备的非排他性和非竞争性特性极为显著，也就是说良好的生态环境在被公众所享用与消费的过程中，并不是一项可以独占的稀有资源，不会因为消费良好生态环境的人数增加而减少继续享受生态环境这一公共物品的机会。同时，没有付费的消费者也可以搭便车享受这一公共产品成果。可见，生态服务具有显著的正外部性，生态环境不能被独占，良好的生态环境一旦产生就不能通过任何方式阻止他人享用，因此，以利润最大化为目标的企业不愿意提供这种产品，在得不到应有补偿的情况下，地方政府也很难持续提供生态保护服务。经济学家庇古认为：在公共产品正外部性发生作用的时候，容易因正外部性活动无法在市场交易中获得补偿而被抑制，这时公共产品的正外部性只能通过国家干预来消除，通过国家主动介入给予补偿，来使该正外部性活动持续。

鉴于我国地区经济发展极不平衡，发达地区与欠发达地区之间有着巨大的经济差距，并且这个差距正朝着不断扩大的趋势发展。我国生态环境现状的重大特点就是重要生态区与生态脆弱区、生态敏感地带、欠发达地区重合。欠发达地区作为重要生态功能区，在还不能满足本区居民温饱的情况下，却承担着为本区以及其他地区提供生态服务的义务。欠发达地区居民为了保护生态环境不得不放弃当地直接可利用的资源，甚至将有限的精力、财力用于生态环境保护服务当中，为生态保护筹集资金，花费成本，处于一个“饿着肚子呼吸新鲜空气”的境况。通过财政转移支付制度设计将生态功能转化为可供公民消费的消费品，将生态服务转化为经济利益并转移支付给提供生态服务的人，通过向欠发达地区转移支付财政资金，弥补欠发达地区财力缺口，使地方政府拥有足够的财力为居民提供基本的公共服务，从而保障居民的生存权，使居民能够享受政府提供的“公共教育、公共卫生、公共文化体育、公共交通等基础服务类和生活保障（含养老保

---

① 李国平、汪海洲、刘倩：《国家重点生态功能区转移支付的双重目标与绩效评价》，《西北大学学报》（哲学社会科学版）2014 年第 1 期，第 151 页。

险、最低生活保障、五保)、住房保障、就业保障、医疗保障”等保障类的基本公共服务。这样一来，生态建设外部效应内部化，可以改变生态服务公共产品辖区外溢的现象，充分实现生态保护地区与生态受益地区之间的公平与利益平衡。

(二) 加强生态环境保护，促进国家生态文明建设

重点生态功能区财政转移支付旨在通过政府财政支持提供生态公共产品，从而获得更多、更有效的生态环境正效应，促进生态环境的保护与改善。当前我国生态补偿实践主要就是通过财政转移支付的方式进行。政府通过财政转移支付向重点生态功能区建设的各项事务转移支付财政资金，直接或间接地促进国家生态保护。重点生态功能区建设目标的实现依赖于财政转移支付投入，原因有如下几点：第一，重点生态功能区建设具有周期长、投资大的特点，无法高效地产生可观的回报，不适合以营利为目的的其他市场主体，高额的资金需求也只有政府有能力负担；第二，重点生态功能区建设涉及的范围过广，需要协调的关系太复杂，政府以外的社会组织机构难以胜任；第三，重点生态功能区建设是政府公共职能之一，具有公益性，政府理所应当承担相应的责任。可见，我国重点生态功能区建设的各项工作依赖国家财政投入，其资金来源主要通过政府间财政转移支付。当前，重点生态功能区财政转移支付制度一定程度上达到了改善生态环境的作用，并且随着该项制度的不断完善，对国家生态保护的支持将变得更加直接、有效。

三 广西重点生态功能区财政转移支付的现状及存在的问题

(一) 广西重点生态功能区的设置

根据《国务院关于印发全国主体功能区规划的通知》(国发〔2010〕46号)“附件 1”，广西壮族自治区第一批确定的 16 个国家重点生态功能区县，包括 12 个“桂黔滇喀斯特石漠化防治”区县，4 个“南岭山地森林及生物多样性”区县；2016 年，根据《国务院关于同意新增部分县（市、区、旗）纳入国家重点生态功能区的批复》，广西壮族自治区的阳朔县、灌阳

县、恭城瑶族自治县、蒙山县、德保县、那坡县、西林县、富川瑶族自治县、罗城仫佬族自治县、环江毛南族自治县、金秀瑶族自治县共 11 个县（自治县）被新增纳入国家重点生态功能区范围；此外，自治区级生态引导类、限制开发区，生态文明工程试点 19 个。具体范围见表 1。

表 1　广西壮族自治区重点生态功能区一览

级别	国家级	自治区级
1. 南岭山地森林及生物多样性生态功能区（4 个）	资源县、龙胜各族自治县、三江侗族自治县、融水苗族自治县	
2. 桂黔滇喀斯特石漠化防治生态功能区（12 个）	上林县、马山县、都安瑶族自治县、大化瑶族自治县、忻城县、凌云县、乐业县、凤山县、东兰县、巴马瑶族自治县、天峨县、天等县	
3. 生态引导类、限制开发区，生态文明工程试点（19 个）		融安县、雁山区（市本级）、临桂区、灵川县、兴安县、全州县、永福县、平乐县、荔浦县、防城区（市本级）、上思县、田林县、靖西市、昭平县、金城江区（市本级）、宜州市、龙州县、宁明县、凭祥市

资料来源：作者根据《国务院关于印发全国主体功能区规划的通知》（国发〔2010〕46 号）整理。

（二）广西重点生态功能区财政转移支付的现状

广西壮族自治区于 2009 年设立重点生态功能区转移支付，其主要依据《广西壮族自治区重点生态功能区转移支付办法》，该办法先后修订 3 次，新办法于 2016 年 1 月 1 日起正式实施。从内容上看，新办法主要对以下两个核心内容进行了完善。

1. 享受转移支付范围

新办法将符合以下三个条件的区域纳入重点生态功能区转移支付享受范围：一是《全国主体功能区规划》《广西壮族自治区主体功能区规划》确

定的限制开发的重点生态功能区所属县（市、区）；二是《全国主体功能区规划》《广西壮族自治区主体功能区规划》确定的禁止开发区域所属县；三是根据石漠化、森林覆盖、重要河流流域等客观因素确定的，具有重要生态保护意义的引导类区域。

2. **转移支付具体测算办法**

在财政转移支付的具体测算办法上，一是对限制开发区域、引导类区域转移支付的补助额测算。对限制开发的重点生态功能区、引导类区域所属县（市）以上年分配数为基数，根据财力缺口、石漠化防治、森林覆盖、国家级保护区、漓江保护等客观因素对增量资金进行分配。对当年新增纳入转移支付范围的限制开发及引导类区域，按照客观因素进行排序并以此分档核定补助基数，同时按照以上六项客观因素统一测算分配增量补助资金。二是对禁止开发区域转移支付的补助额测算。对点状分布且不在限制开发及引导类区域范围的世界自然文化遗产、国家自然保护区、国家级风景名胜区、国家森林公园、国家地质公园等禁止开发区域所属市县，给予适当定额补助。

为营造山清水秀的自然生态，加大对重点生态功能区的政策支持，广西壮族自治区在测算重点生态功能区转移支付时，重点加大了对新增纳入国家重点生态功能区的11个县的补助力度。一是给予新纳入国家重点补助范围的地区一定额度的补助基数，使得属于国家重点生态功能区的地区享受的补助趋于同一水平；二是增加补助系数，将11个县从自治区级重点补助区域纳入国家重点补助区域，补助系数从0.8提高到1.0。据统计，新纳入国家重点生态功能区的11个县在2016年重点生态功能区转移支付补助总额为5.04亿元，比2015年增加了1.96亿元，增长了64.1%，高于平均增长率48.6个百分点。

近几年，广西逐年加大对重点生态功能区域的支持力度，已经形成稳定的增长机制。2014～2016年分别安排16.37亿元、17.77亿元和21.93亿元，年均增长15.5%，享受重点生态功能区转移支付的市县由45个增加到66个。2016年，对纳入重点生态功能区监管范围的30个县区转移支付额为18.11亿元，占转移支付总额的82.6%。

（三）广西重点生态功能区财政转移支付中存在的问题

根据《财政部关于下达2016年中央对地方重点生态功能区转移支付资

金的通知》（财预〔2016〕118号）“附件3 2016年重点生态功能区转移支付奖惩名单”，全国24个县域生态质量考核奖励县中广西占两个，分别是三江侗族自治县和资源县。广西总共27个国家级重点生态功能区县，只有两个县在生态质量考核中获得奖励，所占比例只有7%。到底是哪个环节存在问题？是什么原因导致县域生态质量考核结果不佳？研究发现，广西重点生态功能区财政转移支付中存在如下问题。

其一，广西重点生态功能区财政转移支付政策存在多重目标与绩效考核相冲突的问题。最新的《广西壮族自治区重点生态功能区转移支付办法》（以下简称《办法》）第5条关于“奖惩补助办法”的规定是以“生态环境的好坏”作为奖惩补助的重要标准，然而第6条关于“资金使用和监管”的规定则将重点生态功能区转移支付资金的使用范围界定为“保护生态环境和改善民生，加大生态扶贫投入”。由于地方财政吃紧，《办法》并未对“保护生态环境、改善民生及生态扶贫投入”各项支出规定比例限制，因而在实施中会出现“改善民生及生态扶贫投入”目标喧宾夺主地冲淡“保护生态环境”目标的问题，不利于生态环境的保护。

其二，广西重点生态功能区财政转移支付资金使用的绩效考核指标体系与县域经济考核指标体系脱节。当前县域经济考核指标仍然以GDP为核心，在这种绩效考核下，发展地方经济能够给官员带来激励，但是也存在严重的缺陷，地方政府将大部分人力、物力用于GDP的增长上，而对那些不在考核范围内的其他指标不关心，缺乏投入力度，导致地方政府相对缺乏提供生态产品的积极性。地方政府在GDP的指挥大棒下，以牺牲环境资产为代价换取经济增长，纵容环境污染、滥用环境资源以及消极治理环境污染等也成为顺理成章的行为。

其三，广西重点生态功能区财政转移支付资金的拨付偏离了国家重点生态功能区转移支付办法向财力较弱地区和生态环境质量较差地区倾斜的政策目标。[①] 广西重点生态功能区绝大部分都处于广西老少边山穷的地区，一部分还是国家级贫困县，当地的经济发展水平远远落后于广西经济发达地区，地方政府的财政收入大多依赖于中央政府的转移支付，也即吃“财

① 李国平、李潇：《国家重点生态功能区转移支付资金分配机制研究》，《中国人口·资源与环境》2014年第5期，第129页。

政饭”，而这些重点生态功能区承担了十分重要的生态保护和建设任务，为保护生态环境，势必会影响承担重点生态功能区建设任务地区的工业发展，许多企业为保护生态环境不能“上马”，甚至关闭，严重影响当地税收的增长，极大地限制了当地财力的增长。此外，生态环境质量较差地区的生态环境保护成本比其他地区高，当地政府与居民无力负担。由于重点生态功能区所处县市的经济社会发展受到更多条件的制约（级别越高，受到的限制越多），重点生态功能区财政转移支付资金有限，资金拨付时并没有向财力较弱地区和生态环境质量较差地区倾斜，因此一些地方政府在申报重点生态功能区时积极性不高，在使用重点生态功能区财政转移支付资金时容易偏离生态保护和建设的目标。

四 优化广西重点生态功能区财政转移支付的建议

一是总量增加，不断加大对重点生态功能区支持力度。积极争取中央财政加大对我区重点生态功能区的转移支付，同时推进区内横向生态补偿机制，自治区本级财力进一步增加投入，统筹各类财政资金，加大对重点生态功能区域的支持力度，形成稳定增长机制。

二是结构优化，进一步完善分类分档补助机制，突出支持重点。为更好地体现对重点补助地区的支持力度，转移支付资金按照分类分档的原则进行测算，补助系数按照自治区级引导类地区、国家级引导类地区和自治区级重点生态功能地区、国家级重点生态功能区依次递增，不属于重点补助和引导类补助范围的禁止开发区给予定额补助。

三是完善重点生态功能区监管制度。重点生态功能区监管制度建立后，将形成产业准入负面清单、环境质量监测评估、生态环境质量综合评估、财政转移支付、重点生态功能区绩效考评五项制度。其中产业准入负面清单、环境质量监测评估是重要基础，根据这两个制度进一步建立生态环境质量综合评估制度，并依此优化财政转移支付和重点生态功能区绩效考评。通过强化生态环境保护的监督管理，形成政策合力，将推进形成主体功能区布局，提升生态环境治理水平，提高政策实施综合效果，确保重点生态功能区严格按照主体功能区定位科学发展，打造山清水秀的美丽广西。

四是加大奖惩，进一步建立健全激励约束机制。为有效引导和约束重点生态功能区按照主体功能定位谋划发展，通过加大奖惩力度，建立生态保护成效与资金分配挂钩的激励约束机制。引导重点生态功能区在享受财政转移支付等优惠政策的同时，切实加强生态保护意识，加大环境保护投入力度，提高生态环境质量。对享受重点生态功能区转移支付的市县，定期开展监督检查和综合评价，根据综合考核评价结果采取相应的奖惩措施。对生态环境明显改善、严格实行产业准入负面清单、财政资金管理规范有效、综合考核评价结果优秀的地区，在分配转移支付时，给予奖励激励，增加资金支持；对非不可控因素而导致的生态环境恶化、重大环境污染事件、主要污染物排放超标、实行产业准入负面清单不力、综合考评评价结果不理想的地区，将根据实际情况对转移支付资金予以扣减。同时研究建立重点生态功能区动态调整制度，对环境综合评价较差，特别是产业准入负面清单实行不力，环境破坏难以恢复丧失生态功能作用的地区，研究退出机制。避免生态功能区政策优惠固化，以及从机制上杜绝享受生态功能区转移支付不重视保护环境的行为。

民族地区民营经济发展与社会治道变革*

韦正富　吴大华**

摘要：随着改革开放的进一步深入，民族地区民营经济得到了快速的发展，这种发展让民族地区摆脱了贫困面貌的同时，也使民族地区社会内部、民族社会之间、民族地区社会与政府关系等之间的结构发生了深刻的变化，这种变化要求民族地区社会治理必须从传统的以“族性”为价值基础逐渐向以绩效、公共性为价值基础的转化。

关键词：民营经济　民族地区　治道　变革

经济生活是社会生活的基础，随着改革开放的深入，民族地区传统的以小农经济为基础的生产方式发生了深刻的变化，特别是民族地区民营经济的兴起，给民族地区传统的民族经济生活、社会交往带来了深刻的变革，这种变化呼唤民族地区社会治理方式必须伴以相应的变革。

一　民族地区民营经济发展推动民族地区社会结构变革

民营经济，简而言之，就是区别于国有经济，是指由民营企业运作和发展所形成的一种格局，它以民为本，自力更生，自己经营，自求发展。改革开放以来，一些民营经济发展早的地方，已经形成了一定的发展基础，初步完成了原始积累，并正在由小到大，由分散到集中，由量的扩张向质

---

* 本文系贵州师范大学2014年博士科研启动项目、贵州省教育厅高校人文社会科学研究基地项目（2015JD024）的阶段性成果。

** 韦正富，男，贵州三都水族自治县人，贵州师范大学历史与政治学院副教授，行政管理学博士，西南政法大学与贵州省社会科学院合作设立联合培养博士后研究人员；吴大华，男，湖南新晃人，贵州省社会科学院院长、二级研究员，法学博士、博士生导师。

的转变，甚至有一些地方已涌现出一批经营规模大，经济实力强，品牌优势明显的私营企业集团。1978 年改革开放之后，特别是 20 世纪 90 年代西部大开发政策执行之后，民族地区相对封闭的社会结构逐渐打开，出现各种打工潮，民族地区民众外出打工积累了第一桶金。后来随着改革开放进一步深化，民族地区各种招商引资政策的推进以及农民工返乡扶持政策的推行，民族地区各种形式的民营经济如雨后春笋，并正在对西部民族地区现代化进程产生深刻的影响。

一方面，民族地区民营经济发展给民族地区社会交往结构带来深刻的变革。民族“族性”以其独特的文化为主要标志，在民营经济发展的进程中，文化也随之发生了变化，其主要表现就是削弱传统民族文化包括对民族人、民族家庭对内和对外的决定与支配地位。民营经济发展背景下，随着民族地区社会经济发展手段的变化和经济资源拥有量的增长，与其相关的能力和需求也在发展和变化。

随着生活的可能性的增多，民族地区个人越来越不满足于受由民族群体所规定的相对僵化的少数民族文化的约束。在这种背景之下，“社会中的人们希望作为一个个体来决定自己的生活，以及如自己本身所希望的那样，来享受自己的能力和劳动所带来的成果”。[①] 也就是说，随着民营经济的发展，民族个人或家庭不再从家族、宗族、氏族等这种民族共同体那儿去寻找保护，而是到民营企业或民族地方政府这样的官僚组织中去寻找。另外，现代民营企业是以规模化生产为基础，分工也在日益细化，传统民族地区的以家庭为单位的生产方式发生了巨大的变化，因为在民营企业中，一个企业的生产是以同类专业、年龄、性别等为基础，而不是传统的“男耕女织”。因此，构成民族社区的重要部分——民族家庭的生活系统生态发生了变革。家庭不再是一个共同的生产单位，而是共同的消费单位。此外，个人所接受的全部教育，逐渐来自家庭之外，各种各样的企事业单位，如学校、书店、影剧院、音乐厅、俱乐部、会场等，为此提供了各种手段和途径。

另一方面，民族地区社会结构变革呼唤民族地区社区公共治理的变革。

---

① 〔德〕马克斯·韦伯：《经济·社会·宗教》，郑乐平编译，上海社会科学院出版社，1997，第 13 页。

“治理是各种公共的或私人的个人或机构管理其公共事务的诸多方式的综合。它是使相互冲突的或不同的利益得以调和并且采取联合行动的持续过程。”① 韦伯认为在中国，国家的权力不如一大片氏族力量。② 但是，改革开放后，民族地区在民营经济发展背景下，社会交往结构发生了变革，民营经济的发展意味着民族地区市场经济的发展，民族人的“族性”意识逐渐向“理性”意识转化。此外，市场经济的发展和伴随着的公共治理领域的政府与社会的分化，以及私人财产保护法的出现，等等，都呼唤民族地区社区治理的变革。

民族地区民营经济的发展促进民族地区社会结构由原来以家庭、家族、氏族等为主体构成向现在单位、政府等官僚机构为主体构成的治理系统转变。正如图 1 所示，“政治功能领域与经济功能领域之间的分离，带来两个重要的后果，一方面，只有国家才可以在垄断正当的权力运用手段基础上履行最重要的公共行政管理。另一方面，享有特殊功能的公共权力机关作为税收国家又离不开私人领域当中的经济交往所提供的动力资源”。③ 民族社区结构的变化导致了社区治理的变革，也就是从“民族的”变成“公共的”，也就是“族性”向“公共性”的转变。

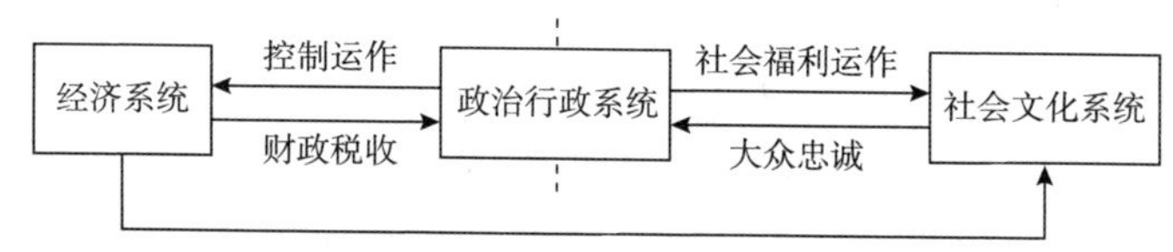

图 1　规范系统的前政治因素

资料来源：〔德〕尤尔根·哈贝马斯：《合法化危机》，刘北成、曹卫东译，上海人民出版社，2000，第 7 页。

总之，民族地区民营经济的发展带来了民族地区传统的封闭的，以家庭、家族、氏族等为主体单位逐渐向以单位、“楼盘”、同行等为主体单体转化；民族地区传统的以民族伦理为基础的行动逻辑向以“绩效性”——帕累托最优定律为基础的价值转变；民族地区从相对封闭向相对开放的模

---

① 俞可平：《治理与善治》，社会科学文献出版社，2000，第 4 页。

② 〔德〕马克斯·韦伯：《经济·社会·宗教》，郑乐平编译，上海社会科学院出版社，1997，第 151 页。

③ 〔德〕尤尔根·哈贝马斯：《后民族结构》，曹卫东译，上海人民出版社，2002，第 75 页。

式转变。因此，作为民族地区公共生活的重要组成部分——民族地区社区公共治理必然需要进行深刻的变革。

二　当前民族地区社会变革推进其社会治理系统结构的变革

民营经济的发展改变了民族地区的经济基础，经济基础的变革促进民族地区社会交往结构的变革，这种变革主要表现为：公共治理权力由自然的、继承的向现代法律授权的转变；公共治理对象由原来的民族人向公民人的转变；治理的行动逻辑由“族性”向“帕累托最优”、公共性的转化；治理主体的权威由民族“长老”向“公共机关”转化；等等。

（一）治理权力来源的变革：从自然习惯到法律授权

社会成员大都自己设法满足自己的需要，而需要的来源及获取方式将直接影响人的行为及动机。民族地区传统的生产及获取生活资料的方式主要基于民族伦理引导下的互帮、互助的劳动，其相互之间的依赖性程度高。同时，他们之间的需求同质性较大。比如，春季都要播种，秋季都需要参加收获，他们之间选择的互助也比较大。因为，与当下城市居民相比，他们对外部如政府、警察、社会部门这样的组织可选择的难度较大，绝大多数情况下他们都要依赖于邻里的社区关系。在这样的社会中，公共治理的权威往往是日常生活接触的过程中自然形成的。这种形成可以通过民族社会中的辈分等级关系及个人阅历得到。传统的民族社会对于物质财富的需要很大程度上可以通过协作劳动获得。但在民营经济发展条件下，民族社会中人们的物质生活主要通过经济制度得以满足；同时，在传统的民族社会中，对于权力的追逐可以在家族、氏族、兄弟会等这样的组织中获取，而民营经济条件下，主要通过教育、考试、选举等类似的“官僚”组织来取得。此外，在部分民族地区，公共治理权威是通过继承而得，正如福山所言“民族主义是一种世袭君主制跟民族平等的正统性形态之一；在这一形态中，所有人民可能被视为祖先传下来的遗产”。[①] 与传统的民族地区公

① 〔美〕弗兰西斯·福山：《历史的终结》，本书编译组译，远方出版社，1998，第 303 页。

共治理相比，在民营经济发展的条件下，传统的公共治理权力来源由原来的自发形成或继承向法律授权转变。

（二）治理主体的变革：由民族精英向“公共机关”知识精英转化

如表1所示，在民族地区传统社会，由于民营经济发展的滞后及与之相伴的经济精英的不足，民族地区公共治理的传统主要由民族地区传统的文化精英、政治精英向现代的经济、知识精英转化。

表1 民族精英的类型与功能

	经济精英	文化精英	政治精英
功能领域	经济生活中的带头人与领航者	文化生活领域中的传统与现代的衔接工具	政治生活的组织者与代言人
主体来源	民族地区有经营理念的人、外部打工者、本地经商户	民族地区的“读书人”	长老、寨老、族老

资料来源：韦正富：《论民族地区公共治理合法性的再生产：基于西南民族地区的视域》，博士学位论文，南京大学，2012。

尽管在新中国成立之后，民族地区地方政府干部主要通过考试、毕业分配等方式进入政府系统，但是民族地区基层政府在执行公共政策、提供公共服务的过程中离不开民族文化、政治精英的支持。在传统的民族社会中，“政治共同体的现代地位是建立在有关参加者之中广泛传播的、对一种特别威严的特殊信念所赋予的威望之上，即由它们所安排的共同体行为的合法性，也包含着而且恰恰是在这个意义上包含着包括支配生杀大权的有形的强制：与此相关的特殊合法性的默契”。[①] 但随着改革开放的深入，这种格局发生了深刻的变革。由于市场经济的深入，“理性”的经济意识逐渐在民族地区扎根，经济因素对社会的影响越来越大，而传统的民族“道德”因素对社会的影响越来越小，人们逐渐形成了对“致富能手”、致富带头人群体的崇拜。正是在这样的背景之下，传统的民族文化精英、政治精英逐渐失去了传统的合法性地位。

① 〔德〕马克斯·韦伯：《经济与社会》下卷，林荣远译，商务印书馆，1997，第210页。

（三）治理对象的变革：由“民族人”向“公民人”的转变

一方面，民族个体向公民个体的转化。民族共同体是同一民族人的结合体，因为“共同祈愿的纽带是建立在血缘基础上的，即国家的全体成员包括哪些在神话上属于同一血缘集团的人，即同一部落、民族，或同一族体的人。这样，就有了部族国家和公民国家的区别”。[①] 因此，“每个民族都有一个内在核心，就像任意一个球都有中心一样”。同时，“每个时代都面对着上帝，时代价值的基础根本就不是时代的产物，而是时代的实存”。[②] 就公民而言，也就是国家公共性层面而言，公民国家是自由公民的联合。他们是在同一地域上居住的所有具备资格的居民，不论其出身、宗教、族属或文化背景如何，都是国家的一员。而民族中的共同体往往把宗教、族属和政治制度混同为一个单一原则和属性。因此，它是一种与平等权利不相容的，甚至不能容忍少数民族存在的高度排他性的制度。因此，由于民族地区民营经济的发展，民族地区劳动力人口从传统的与同族人的田间劳作方式向工厂流水线协作生产的方式转变。原来在田间劳作的劳动合作伙伴主要是以家庭、家族、宗族等为主体人群，而在工厂中他们所遇到的是同行、同龄人群；在民营经济企业中他们将遵守的不仅仅或者说不能是传统的民族礼俗，而是法律、企业管理规定等这样的“契约”，而“任何一个契约的候选人都必须具备一个合理的动机，一边由一个自由人变成一个社会成员，遵守相应的规范和程序”。[③] 这也就是在民族地区民营经济发展条件下民族人转变为公民的一种必然。同时，原来来自乡间的民族地区农民，通过在民营工厂工作之后，有时为了从事事务性工作，他们必须能用共同语言读写，所以需要接受某种程度的教育。家庭、家族、民族这类传统的组织对人的社会化功能，在需要一贯的劳动流动性的压力下逐渐衰落，只有共同语言和以此为基础的文化，才能成为人们主要的社会相关形态。因此，我国民族地区的“民族人”在民营经济发展及伴随它而来的民主与平等等方面随着法治意识形态的产生而逐渐向“公民人”转化。

---

① 〔美〕菲利克斯·格罗斯：《公民与国家——民族、部落与族属身份》，王建娥等译，新华出版社，2003，第 6 页。

② 〔德〕尤尔根·哈贝马斯：《后民族结构》，曹卫东译，上海人民出版社，2002，第 5 页。

③ 〔德〕尤尔根·哈贝马斯：《后民族结构》，曹卫东译，上海人民出版社，2002，第 16 页。

另一方面，个体行动的逻辑转化。正如马克斯·韦伯所批评的传统中国的家族社会一样，认为中国的儒教缺乏西方资本主义国家经济人的理性思维。这正道破了中国“礼仪之邦”理性不足的问题，其实当前我国民族地区社会与沿海发达地区相比，正如当年韦伯所指的西方资本主义与中国儒教相类似之处一样。韦伯强调的资本主义精神主要“是对这种非理性（irrational）欲望的一种抑制或至少是一种理性的缓解。……资本主义确实等同于靠持续的、理性的、资本主义必须如此：在一个完全资本主义式的社会秩序中，任何一个个别的资本主义企业若不利用各种机会去获取利润，那就注定要完蛋”。[①] 因此，与传统的民族社会相比，在民营经济发展的条件下，民族地区“家庭现在失去了作为一个生产共同体的原始功能而被纳入了民族经济共同体之中”，[②] 韦伯所指的正是一种理性选择理论，理性选择的前提是“决策被假定为是由个人作出的，这些个人的行动大多以个人利益为中心，并且理性地追求这些利益”。当然这种自利并不意味着个人不关心他人，而是说当个人利益和他人利益发生冲突时将个人利益放在首位。其潜在的含义就是，我们不能完全靠“良好的天性”来保证个人都以他人的利益为行动目标。因此，通过更广泛的目标激发人们改善个人利益分配动机，就是可能的。比如说，当人们可能由于具有为公众服务的渴望而愿意从事文官工作时，如果他们认为更多的努力将增加被提升的机会，他们将会更努力地为公众服务。

（四）行动目标的变革：由“族性”向公共性的转化

在民族地区传统社会中，“民族主义是被承认欲望的表现，由‘气魄’产出。民族主义者原本就认为经济利益是次要的，只有获得承认肯定与尊严才最重要。民族性不是自然的特征，必须获得他人承认才能得到的。可是，民族主义者追求的承认，不是承认个人自己，而是承认自己所属的集团，即自己所属的民族”。[③] 因为，中国是单一制的多民族国家，在治理上维系着中央的统一领导，但是由于民族对自身共同体的认同，以及民族地区特殊的民族文化的客观存在，民族地区公共治理活动中特别关照了民族

---

① 〔德〕马克斯·韦伯：《新教伦理与资本主义精神》，于晓等译，三联书店，1987，第 8 页。

② 〔德〕马克斯·韦伯：《新教伦理与资本主义精神》，于晓等译，三联书店，1987，第 92 页。

③ 〔美〕弗兰西斯·福山：《历史的终结》，本书编译组译，远方出版社，1998，第 233 页。

地区的“族性”，因此，《民族区域自治法》以及与之相关的各种民族法规、规章、民族优惠政策不断出台。其目的，一方面是对“族性”的包容，另一方面是在推动民族加快发展、快速转型，从而实现民族地区在经济、文化、政治方面地位的平等。然而，当前民族地区民营经济的快速发展，使民族交往结构发生了变革，民族的“族性”逐渐弱化，民族的经济地位也有了较大的提高。民族地区公共治理在一定程度上兼顾“族性”的同时，将更多地关注区域发展不平衡，并将主要集中在民族地区公共治理主体可支配的资源，以公共资源的最有效利用为导向，以促进公共服务最大化为目标，推进公共服务方式的转变。公共部门将以公共性的最大化为目标，以企业家理性精神即“帕累托最优”的价值作为资源配置为指导，从而推进公共治理模式的转变。

总之，民营经济发展条件下，交易替代了劳动，货币替代了人们之间关系的无形资本，成为人们之间关系的中介物。在以货币为中介机制整合乡村社会生产秩序的时期，社会生产秩序与社会生活秩序开始相对分离，后者的整合需要相对独立的整合工具。但是，此时的民族地区乡村社区本身也发生了根本性的变化，农民开始日益“理性化”，以致民族社区本身无法完成权威秩序的生产，以满足社会生活秩序整合的需要，于是国家权威体系就成了较为现实的依靠对象。况且，法制化与法治化是现代化国家建设的一项重要任务，通过国家法律实现乡村社会生活秩序的整合，也是这一国家意志的基本表现。

三 民族地区民营经济发展与社会治道变革

民族地区治理的特点主要在于，其合法性系统的问题，也就是共同体的认同问题。正如阿玛蒂亚·森所指“认同感可以在使我们有爱地拥抱他人的同时，顽固地排斥许多其他人”。[1] 在民营经济积极发展，社会结构变革的背景下，民族地区内部及外部系统都发生了深刻的变革。因此，基于民族地区社区的治理规律，我们的分析必须依赖于一种系统思想，也就是

---

① 〔印〕阿玛蒂亚·森：《身份与暴力——命运的幻象》，李风华等译，中国人民大学出版社，2009，第2页。

民族地区社会系统必须处于一个大的环境之中，并且易于受到来自环境的可能影响，这些影响可能要把系统的基本变量逐出其临界范围。民族地区社会治理变革必须与民族地区变革的治理结构相对应。

（一）呵护与培养过渡性治理工具

一方面，尽管民族地区内部族性有诸多落后性，但就传统的民族社会而言，“共同的语言和文学、共同的艺术和道德，对于主要依靠自有联合和兄弟情义而建立起来的民族是一笔宝贵的财富，也就是说，是社会团结的资源”。[①] 在市场经济的作用下，民族地区社会传统的组织在逐渐瓦解，而新的组织却没有出现，在政府补位不足的条件下，民族地区社会的有序运行与协调发展需要培养过渡性的治理工具，即民族地区民营经济主体需要与民族地区社会实际有效结合。

另一方面，民族地区民族人的理性化，导致人们选择的多样化，即人们在行动选择上更多的是考虑个体的利益，而不是传统的民族共同体的利益。也就是“任何时候，一个人只要不被排斥在分享由他人努力所带来的利益之外，就没有动力为共同的利益做贡献，而只会选择作为一个搭便车者。如果所有的参与人都选择搭便车，就不会产生公共利益”。[②] 也就是说，随着民族地区理性化的提升，民族人的个体能力、理性意识得到提高的同时，民族地区将出现公共精神不足的问题及“公地危机”等问题。因此，在民族地区传统的民族共同体日趋瓦解的条件下，新型社会组织若得不到培养，社会公共性就难免不足并危及社会的良性运行与协调发展。在此背景之下，民族地区社区治理需要关注民族传统的团结、互助因素，新型的各种非政府组织需要在民族地区的民营企业中、在民族精英中去呵护和培养。

（二）扩大开放治理，为推进民族地区治理现代化提供动力

正如哈贝马斯所言，“我们的社会还建立在民族国家观念之上，但已经受到了非民族化运动的冲击；今天，面对经济领域中率先建立起来的世界

---

① 〔德〕尤尔根·哈贝马斯：《后民族结构》，曹卫东译，上海人民出版社，2002，第21页。

② 〔美〕埃莉诺·奥斯特罗姆：《公共事物的治理之道——集体行动制度的演进》，余逊达等译，三联书店，2000，第22页。

社会，我们的社会也在‘走向开放’”。[①] 在民营经济发展条件下，民族地区的社会现代化取得了进步。

一方面，就经济层面而言，在现有的世界经济一体化的大背景下，对民族地区的经济或文化采取保护主义措施将无以为继。因此，在这样的背景之下，必须让民族地区自觉地投身到全球性的竞争中，而且要积极、灵活和稳妥。比如与民族地区相适应的特色产业政策、发展规划，促进真正具有少数民族属性的经济体系的发展。

另一方面，就社会领域而言，通过开放促进民族地区社会交往结构的变革，给民族地区输入多元的文化基因。正如古典社会学一直都在描述的那样，让民族地区治理的逻辑从族性伦理到契约，从原始氏族群体到派生社会群体，从民族的共同体到民族的社会，最终达到从机械团结到有机团结的目标。从当前形势看，民族地区的开放动力来自市场机制的作用，来源于各种新的通信工具的进步。当然，开放对于某些民族共同体来说意味着属于自己东西的成分可能越来越少，而对外界的依附性越来越大，也正因此，民族地区的各种民族自治条例必须着重强调民族地区现代化过程中民族主体在政治上的自治问题。

（三）发挥民族地区民营企业作为新型社会组织与公民文化的摇篮功能

民营经济在民族地区的发展推动了民族地区公民社会的发展。民族的消亡不是民族地区发展的目标，民族地区发展的目标应该是促使民族地区民众经济、政治、文化的全面发展。因此，民族地区公共治理的目标是要考虑如何让民族地区学会、学好自治的问题。因为“人们一旦能控制自己的环境，就比在受他人控制的环境下更能够负责任地采取行动”。[②] 我们民族地区的治理不能寄希望于别人或其他的民族，因为民族人最了解自己。因此，民族地区在民营经济发展的条件下，在面临公民社会发展机遇的同时，也必须正视其面临的民族危机。在现实的公共治理活动中，我们要学

① 〔德〕尤尔根·哈贝马斯：《后民族结构》，曹卫东译，上海人民出版社，2002，第 73 页。

② 〔美〕戴维·奥斯本、特德·盖布勒：《改革政府：企业精神如何改革公营部门》，周敦仁等译，上海译文出版社，1996，第 28 页。

会向民族人授权。

一方面，民营经济发展能够推动民族地区公民社会需要的相关因素的产生，但并不能直接推动民族社会的发展。因为，一种现代的民主秩序并不是一开始就扎根在作为前政治的命运共同体的民族当中。民族地区“族性”对当前依法治国的作用就在于能够用民族传统的向心力来弥补社会一体化的不足。正如哈贝马斯所言“民主过程如果仅仅立足于一种自由的政治文化，如果多元利益格局、多元文化生活方式或多元世界观压倒了命运共同体的原始基础，那么，民主过程本身就可以确保功能发生分化的社会不会变成一盘散沙”。[①] 因此，民营经济发展过程中，需要民营企业经济组织内部或依附于这样的经济组织来培养各种新型的民族的、社会的组织部门，作为公民社会的孵化室。

另一方面，珍惜民营经济的自由流动及市场的理性精神，推动公民意识的成长。正如韦伯所言“市场行为只受理性的、合目的的利益追求之影响，一项交易的合伙人只会按照理性的合法性行事，更具体地说，只是考虑到一项承诺的形式上的不可违约性。这就是构成市场伦理内涵的品格”。[②] 正是这样的思想内涵，在民族地区发展民营经济的同时，从社会学的角度关注和呵护其产生的公民社会发展要素，将其纳入社会公共治理系统中来，实现公共性的再生产，以弥补因为民族共同体意识瓦解而引发的公共性的弱化。

（四）打造“共治、共享、共有”的治理理念

所谓包容，就是指政治共同体对所有的公民都保持开放态度，不管他们有怎样的出身。“一个共同体的任何一次新的闭合，在一定程度上都受到了平等的普遍主义的约束，而这种普遍主义的基础在于应当平等包容他者。”[③] 一种良好的治理首要是基于治理的正当性，而治理的正当性主要取决于治理的文化基础，少数民族社会在其历史发展中创造了自身的社会调节模式、法律观念、冲突的解决办法、共同利益的维护、自然资源的分享

① 〔德〕尤尔根·哈贝马斯：《后民族结构》，曹卫东译，上海人民出版社，2002，第89页。

② 〔德〕马克斯·韦伯：《经济·社会·宗教》，郑乐平编译，上海社会科学院出版社，1997，第155页。

③ 〔德〕尤尔根·哈贝马斯：《后民族结构》，曹卫东译，上海人民出版社，2002，第95页。

及权力的组织和行使。在民营经济发展的背景下，多种文化元素的涌入，导致民族地区公共治理文化交集的减少和不可调和因素的增多。因此，调和多样性文化的艺术对当下民族地区治理具有重要的价值。

民族地区民营经济的发展导致了社会价值、诉求的多元化。民族地区的传统礼俗遭受质疑的同时，作为国家宏观管理层面的法律也没有完全得到接受，也就是民族文化方向和外来的或经济的文化方向两种趋势在民族社会内部强化了社会的离心力。如果这种分裂关系不能解除，也就是我们在这个阶段不能把民族地区民众对“族性”认同的弱化有效转移到宪法爱国主义的基础之上，那么，它们就在消耗着社会的资本。因为，在一定历史时期内，民族地区的公共治理受“族性”、文化和民族多样性发展的影响的同时，狭隘的民族主义情绪蔓延，也难免社会不同民族群体之间发生冲突，甚至是暴力行为。因此，在民族地区民营经济发展的背景下，为了促进民族地区和谐发展和公共生活的有序，就必须建构并坚持一种包容的价值。在民族地区民营经济发展的背景下，所要建构的包容性文化，不是要突出民族的特性，而是一种包容他族的异意，在民族公共事务中应该把所有民众都平等地包容进去，同一民族区域内，不同的民族共同体应当享有同等的参与权和同等分享治理成果的权利。它需要回归到公共治理的民主过程中，因为只有这种平等参与的民主过程，不同民族共同体之间才可能形成共同的意识，使得不同民族人员自己联合起来的盟友自觉地把自己看作公民，而且相互认同。同时，我们需要把这种包容性的文化内化到人们心里，让民族地区民众逐渐认识到他们作为中华人民共和国的公民应该相互尊重，就像在族内我们希望别人承认我们一样。这样，民族传统与民族心态就逐渐成为民族个体人格的一部分。

论民族地区精准扶贫对象识别的法治化保障*

尕永强**

摘要：民族地区精准扶贫工作重在扶贫对象的识别，但目前的识别工作缺乏相应的法律保障机制，识别过程未做到公平和公正，仍存在较大的法律漏洞。因此，构建完善的法律保障机制，做到依法识别扶贫对象，既可杜绝精准扶贫过程中的违法行为，又能保障家庭贫困人员的利益，对全面建成小康社会，实现各民族共同富裕和伟大“中国梦”具有重要意义。

关键词：精准扶贫　识别　法治化保障

实现各民族共同富裕，全面进入小康社会是我们的目标，新中国成立后，特别是改革开放以来，我国在经济迅速发展的同时，贫困人口大幅下降，但在部分地区特别是民族地区，贫困人口仍较多，帮助贫困人口脱贫致富是扶贫工作的关键和重心。习近平总书记指出：扶贫应做到“实事求是、因地制宜、分类指导、精准扶贫”，“贵在精准，重在精准，成败之举在于精准”。① 如何做到精准扶贫？重在扶贫对象的识别。综观各地方扶贫过程中扶贫对象的选择和识别方法，仍存在诸多漏洞，导致国家机关工作人员、村干部违法违纪行为多发，严重影响了精准扶贫的效果和贫困人口的利益。“社会主义现代化建设，离不开法治的引领和规范；中华民族的伟大复兴，离不开法律的保障和支撑”。② 在全面实施依法治国的背景下，通过建立完善的识别程序，建立健全监督机制和依法追究违法违纪人员的责任机制，是做到精准扶贫、精准识别的关键。

---

* 本文系2016年西北民族大学中央高校基本科研业务专项资金项目，即“西部民族地区公安派出所解决纠纷实务研究——以甘肃省基层警务为例”（31920160015），国家社科基金年度项目，即“甘宁青民族地区法律执行和社会稳定研究”（13BMZ005）的阶段性研究成果。

** 尕永强，男，甘肃省平凉人，西北民族大学法学院讲师、中南财经政法大学博士生。

① 习近平2015年6月18日在贵州召开部分省区市党委主要负责同志座谈会上的讲话。

② 人民日报社论：《实现依法治国的历史跨越》，《人民日报》2014年10月24日，第3版。

一　贫困人口识别的一般程序

“程序，从法律学的角度来看，主要体现为按照一定的顺序、方式和手续来作出决定的相互关系。其普遍形态是：按照某种标准和条件整理争论点，公平地听取各方意见，在使当事人可以理解或认可的情况下作出决定。但是要注意，程序不能简单地还原为决定过程，因为程序还包含着决定成立的前提、存在着左右当事人在程序完成之后的行为态度的契机，并且保留着客观评价决定过程的可能性。另一方面，程序没有预设的真理标准。程序通过促进意见疏通、加强理性思考、扩大选择范围、排除外部干扰来保证决定的成立和正确性。”① 目前各省、自治区、直辖市主要根据国务院扶贫办关于印发《扶贫开发建档立卡工作方案》的通知中的要求，对贫困人口进行建档和识别，主要做法为“采取规模控制，各省将贫困人口识别规模逐级分解到行政村。贫困户识别要以农户收入为基本依据，综合考虑住房、教育、健康等情况，通过农户申请、民主评议、公示公告和逐级审核的方式，整户识别”。② 从该流程可以看出，扶贫对象的识别重在村级的识别，主要依靠村干部完成，虽然国务院扶贫办要求“贫困户和贫困村的识别工作要严格按照工作流程进行，贫困户识别要做到‘两公示一公告’，贫困村识别要做到‘一公示一公告’，要有相关记录和档案资料，要全程公开，接受监督，确保结果公正，”③ 但在执行中仍存在违反程序和有失公允等问题。

二　民族地区贫困人口精准识别中存在的问题

（一）精准识别程序上存在的问题

1. 申请环节知情权无法保障

“知情权实现的一个重要渠道就是新闻媒体。政府、媒体、公众的关

① 季卫东：《法律程序的意义：对中国法制建设的另一种思考》，中国法制出版社，2004，第 18 页。

② 国务院扶贫开发领导小组办公室：《扶贫开发建档立卡工作方案》，http：//www.cpad.gov.cn/art/2014/4/11/art_50_23761.html，最后访问日期：2019 年 3 月 3 日。

③ 国务院扶贫开发领导小组办公室：《扶贫开发建档立卡工作方案》，http：//www.cpad.gov.cn/art/2014/4/11/art_50_23761.html，最后访问日期：2019 年 3 月 3 日。

系，是任何一个国家在民主进程中都需要认真面对的问题。在媒体的中介作用下，政府有责任通过有效传播来保障公众的知情权。”[①] 对此，国务院扶贫办为保障精准扶贫对象能准确全面地了解该政策的主要内容，要求“各省按照国家统一部署，加大宣传培训力度。要把建档立卡工作的目的和要求、识别标准、识别程序等相关政策宣传到每个农户和每个行政村，确保群众的知情权和参与权。要认真组织各类业务培训，确保建档立卡工作规范有序”。[②] 但目前的难题是民族地区外出务工的农民工较多，村中多为中老年人和留守儿童，在农户申请环节上，无法保障外出务工人员的知情权。地方政府在宣传精准扶贫时，主要依靠当地报纸和地方电视台宣传，负责具体执行的村干部在宣传时，主要依靠悬挂标语和发放宣传单等方式进行，在部分村民文化水平不高和获取信息途径有限的情况下，宣传效果有限，使得部分农民的知情权无法保障。一旦错过申请时间，则丧失精准扶贫机会。

2. 民主评议环节参与程度不高

村民会议、村民代表会议、村民议事是农村民主管理的主要方式。民主评议是精准扶贫的关键步骤之一，亦是村民行使参与权的重要体现，但此环节村民参与程度不高。在精准扶贫对象认定结束后，大多数行政村直接跳过民主评议环节，进入公示阶段，虽违反了相关程序，但亦有其困境。究其原因如下。一是民族地区外出务工人员无法参加民主评议，部分村民参与热情亦不高，认为村委会已确定名单，民主评议无多大意义。二是农民法律意识不高，对评议过程中享有的参与权、投票权、表决权等认识不足，由于法律意识的淡薄，其对自身权利认识不足，无法充分行使相应权利。三是精准扶贫对象识别中利益诉求未获得满足的部分村民，认为识别环节存在各种不公开、不透明，导致其利益受损，基于这种不满情绪，部分村民拒绝参加民主评议。四是熟人社会使得民主评议的效果难以保障，“熟人社会中的‘人情’体现为感情、关系、规范和机制等层面。在人情的作用下，熟人社会成了一张微观权力关系网，因此也被整合为对内纷争较少、对外团结一致的亲密社群。在熟人社会中，人们的行为围绕着人情关

---

① 林爱珺：《知情权的法律保障》，复旦大学出版社，2010，第3页。

② 国务院扶贫开发领导小组办公室：《扶贫开发建档立卡工作方案》，http：//www.cpad.gov.cn/art/2014/4/11/art_50_23761.html，最后访问日期：2019年3月3日。

系展开，行为准则是人情规范，这种人情取向的行动规律就是‘乡土逻辑’”。[①] 由于上述因素的存在，民主评议阶段以走过场的形式结束，亦为部分村民所不满。

3. 公示阶段的监督权未充分行使

“乡镇人民政府对各村上报的初选名单进行审核，确定全乡（镇）贫困户名单，在各行政村进行第二次公示，经公示无异议后报县扶贫办复审，复审结束后在各行政村公告。”[②] 公示是认定扶贫对象的最后环节，但在公示中，各行政村村级事务公开制度执行较弱，加之农村信息化建设水平较低，互联网等还未普及，大多数行政村主要通过张榜告示的方式进行，村民若不前往村委会公示栏查看，无法获取相关信息，在公示环节的监督权无法充分行使，为精准扶贫过程中贪污腐败、优亲厚友，提供虚假信息，拆户、分户和空挂户，无法平均分配等留下了隐患。因此，在公示阶段，对村委会、乡政府和县扶贫办的监督十分重要。

（二）民族地区精准识别执行中存在的问题

1. 相对贫困人口识别漏洞较多

在各行政村中，都存在一些有目共睹的贫困户，大多为因病致残、致贫或丧失劳动力者。对这些家庭认定时难度最小，能获得大家的广泛认可，亦做到了精准识别，由于这些家庭所占的比重较小，优先保障这些家庭的利益，均无异议。认定过程中难度较大的为相对贫困的家庭，究其原因如下。首先，相对贫困家庭在村中所占比重较大，面对僧多粥少的局面，产生纠纷不可避免。一旦认定为贫困户后，就会获得相应的资金帮扶和政策支持，基于利益考量，部分村民力争成为精准扶贫的对象，导致认定过程中争议较大。其次，相对贫困家庭的认定难度较大，根据国务院扶贫办《扶贫开发建档立卡工作方案》确定的标准为：“以 2013 年农民人均纯收入 2736 元（相当于 2010 年 2300 元不变价）的国家农村扶贫标准为识别标准。各省、自治区、直辖市（以下简称各省）在确保完成国家农村扶贫标准识别任务的基础上，可结合本地实际，按本省标准开展贫困户识别工作，纳入全国扶贫信息网络系统统一

① 陈柏峰：《熟人社会：村庄秩序机制的理想型探究》，《社会》2011 年第 1 期，第 223 页。

② 国务院扶贫开发领导小组办公室：《扶贫开发建档立卡工作方案》，http：//www.cpad.gov.cn/。

管理。”[①] 上述标准在执行过程中难度较大，我国除东西部发展不平衡外，在各省市县乡内仍存在不平衡，一乡之内各行政村发展水平不一，难以按照统一标准执行。在商品化程度不高的农村，人均纯收入主要以粮食、牲畜等来衡量，认定过程中浮动较大。再者，家庭总收入无法确定，村干部在认定精准扶贫对象时，家庭总收入是重要的考量因素，若家庭总收入无法确定，就会影响认定的精确性，亦引起其他村民的不满和质疑。

2. 上访户的利益考量

“中国是一个有着五千年文明的社会主义国家，正在向市场经济国家转型。在这个巨大的转型中，社会利益在短时间内以较为激烈的方式被重新分配，人们的观念也随之发生着剧烈的变化，各种不同的人群基于不同的原因而上访。”[②] 虽然上访是维护自身权益的途径之一，但法律所保护的上访须是有理上访和合法上访。精准扶贫对象的识别大都按照相应的条件和程序加以认定，但各村都存在部分不尊重民主评议结果之人，对民主评议结果不认可，当自身利益诉求无法满足时，往往通过非正常途径表达诉求，甚至出现了打架斗殴、恐吓村干部和非法干扰村干部办公场所等情形。最常见的方式为越级上访和无理上访，直到自身利益满足为止。这些上访户并非真正贫困，而是看中了精准扶贫中的利益，村干部对这些上访户均了解和知情，因此，在精准扶贫认定时为息事宁人，为完成精准扶贫任务和保障精准扶贫工作的顺利进行，部分村干部委曲求全，甚至会预留部分名额给这些上访户，使扶贫对象的认定无公平性可言，亦损害了其他需被扶贫之人的利益。

3. 宗族势力的影响

在村级事务中，宗族的影响无处不在，直接影响精准扶贫对象的识别。“宗族始终是以本族利益为本位，其对民间纠纷的介入，对村级政权的渗透，都是从本族利益出发的，这种以本族利益为中心的宗族势力的存在，既不利于农村精神文明建设和民主进程的发展，也不利于农村社会的稳定。”[③] “在宗族观念下，以宗族亲疏划圈，遗弃孤立弱门寡户，甚至依仗自

---

① 国务院扶贫开发领导小组办公室：《扶贫开发建档立卡工作方案》，http：//www.cpad.gov.cn/art/2014/4/11/art_50_23761.html，最后访问日期：2019 年 3 月 3 日。

② 陈柏峰：《无理上访与基层法制》，《中外法学》2011 年第 2 期，第 228 页。

③ 杨正才、李国安：《地方灰色势力对村民自治的负面影响及对策》，《山东省农业管理干部学院学报》2008 年第 2 期，第 11 页。

己势大人多，在弱小户面前霸道蛮横，动辄打群架、械斗复仇。”① 因此，通过民主协商机制来决定扶贫对象的识别，从表面上来看，似乎合情合理，但大宗族借助人口众多的优势，在投票时往往占据绝对优势，使部分贫困家庭的利益诉求难以实现，甚至部分宗族在识别时强行要求给以本宗族成员一定名额，需求无法满足时，通过无理取闹等方式达到其目的。

4. **村干部自身的权威**

村干部是经村民选举产生的，在本村有一定威望和社会影响力。从历史上来看，村干部对农村的发展和社会稳定做出了突出贡献。但从村干部的当选情况来看，一般都是本村大宗族当选。因此，村干部在一定意义上是大宗族利益的代表，除对村级事务管理外，村干部也可对贫困户的识别产生影响。首先，村干部的优势地位导致其在识别时往往比普通民众更有发言权，村干部决定的候选人被最终认定的可能性最大，究其原因，村干部决定着本村的利益分配，部分村民基于自身利益考量，对村干部决定的人选往往选择默认或忍气吞声。其次，部分地区村民法律意识淡薄，法制观念不强，认为村干部是国家的代表，拥有一定权力，若与村干部意见相左，会导致村干部打击报复。再次，村干部是大宗族的代表，往往利用自身权力为本宗族谋取利益，提出的人员一般为本宗族成员或与本宗族有血缘关系和利益的人选，甚至出现了利益交换现象。

5. **对村干部监督不力**

2017 年 1 月 5 日，国务院扶贫办下发了《关于扶贫领域违纪违法 10 起典型案例的通报》，其中发生在村级的五起，分别为：“陕西省子洲县周家硷镇赵场村党支部书记王军、村委会主任侯世军套取及克扣扶贫项目资金问题；浙江省常山县同弓乡胡村村委会原主任卢根发套取国家扶贫类财政资金问题；海南省白沙县青松乡牙扩村原党支部书记、村委会主任兼互助社理事长李桂文骗取扶贫资金问题和吉林省延吉市朝阳川镇仲坪村原民兵连长、团支部书记柳吉善骗取国家扶贫专项资金等问题。”② 上述案件虽反映的是村干部的违法行为，但从侧面也反映了精准识别中监督不力的问题。

---

① 史凤仪：《中国古代的家族与身份》，社会科学文献出版社，1999，第 76 页。

② 《关于扶贫领域违纪违法 10 起典型案例的通报》，国务院扶贫办网站，http：//www.cpad.gov.cn/art/2017/1/5/art_343_501.html。

三 精准扶贫中的法治化保障

（一）提高民族地区的法律意识

“法律意识是社会意识的一种特殊形式，是人们关于法律现象的思想、观点、知识和心理的总称。”[①] 在中国传统社会中，重视公民法律意识的培养，“从夏、商、周三代的典籍中可以看出，那时统治者向人民灌输的是‘天命’和宗法观念为核心的法律意识。春秋战国时代的各学术流派中，儒家侧重于宣扬法服从礼和刑服从德的法律意识。墨家侧重于宣扬‘兼相爱，交相利’和‘赏当贤，罚当暴’的法律意识。道家侧重于宣扬‘法令滋彰，盗贼多有’的法律虚无主义。法家侧重于宣扬‘缘法而治’，‘以法治国’，‘刑无等级’，以及严刑峻罚的法律意识，一时成为‘显学’，并成为秦和汉初占统治地位的学说。但自汉武帝奉行‘独尊儒术’开始，以律学为典型代表，大搞以儒家经典注释实定法和‘以经入律’。并在事实上吸纳法家的主张。这一工程随着《唐律》和《唐律疏议》的出台而告一段落。这种以儒为主，儒法结合的法律意识，延续达两千年之久。在清末，虽然学者派、洋务派、改良派及革命民主派均在不同程度上接受了西方资产阶级法律意识的影响，但仍没有根本动摇传统法律意识体系”。[②] 自清末变法修律以来，我们开始了法律移植的进程，大量外国先进的法律制度被移植到我国。但这种“洋为中用”的法律移植模式在我国存在着水土不服的问题，脱离中国社会现状，缺少茁壮成长的土壤，甚至与中国传统文化格格不入。法律的生命在于适用和执行，随着社会的不断发展，人们获取法律的途径也多种多样，对民族地区广大群众来说，仍接触不到相应的法律知识。尚未形成对目前法治理念和相关法律制度的熟悉和了解，对精准扶贫中自身权利的维护、合法的救济路径均缺乏认识。从哲学上来说，物质决定意识，意识对物质具有反作用，法律作为上层建筑、社会生活的反映，是由经济基础决定的，因此，除了加大法制宣传的力度外，还应注重当地的经济发展，因此，在宣传精准扶贫的过程中，亦应增加法制宣传的相关内容，确保扶贫对象充分行使其权利。

---

① 孙国华：《法理学教程》，中国人民大学出版社，1994，第 247 ~ 248 页。

② 刘旺洪：《法律意识论》，法律出版社，2001，第 7 页。

（二）建立精准识别的监督机制

扶贫对象在识别的过程中之所以存在诸多问题，甚至出现了村干部的贪污腐败问题，根本原因在于尚未建立一套完善的监督机制。《村民委员会组织法》第 32 条规定："村应当建立村务监督委员会或者其他形式的村务监督机构，负责村民民主理财，监督村务公开等制度的落实，其成员由村民会议或者村民代表会议在村民中推选产生，其中应有具备财会、管理知识的人员。村民委员会成员及其近亲属不得担任村务监督机构成员。村务监督机构成员向村民会议和村民代表会议负责，可以列席村民委员会会议。"但我国目前的监督机制更多地强调事后追惩，却往往忽视事前预防、事中监督工作，这在相当程度上弱化了监督的效果和职能。因此，在精准扶贫中建立事前监督、事中监督和事后监督的机制十分必要。从国务院扶贫办公布的十个典型案例中可以看出，精准扶贫中的监督机制仍不完善，在扶贫资金被挪用、滥用后才被发现，需构建较为完善的监督机制，首先，建立事前的监督机制，确认是否属于精准扶贫对象时，应由村委会进行初审，经村民大会或村干部民主评议无误后报乡政府复核，复核后将初评结果向社会公开，接受社会大众的监督，从源头上确保识别的精准性。其次，通过事中监督机制接受社会大众的投诉，对经乡政府审查并公示后仍有异议的精准扶贫对象，应进行二次审查。再次，对通过非法途径获得扶贫资格的相关人员，只要证据确凿、事实清楚，应立即取消其资格。通过建立事前、事中、事后的监督机制，确保少数民族地区精准扶贫的公正运行，切实维护贫困人员的利益。

（三）建立完善的责任追究机制

"张文显教授在《法学基本范畴研究》一书中对'责任'这个概念进行考证，认为它在现代汉语中的基本含义有三层：其一，份内应做的事，实际上是角色义务，如'岗位责任'、'尽职尽责'等；其二，特定的人对特定的事项的发生、发展、变化及其成果负有积极的助长义务，如'担保责任'；其三，没有做好份内之事或没有履行助长义务而应承担的不利后果或强制性义务，如'违约责任'。"[①] 本文所指的责任应为第一种责任，在民族

① 张贤明：《论政治责任：民主理论的一个视角》，吉林大学出版社，2000，第 2 页。

地区有法不依、执法不严、违法不究等问题，较广泛地存在于基层社会。在国务院扶贫办公布的关于扶贫领域违纪违法十起典型案例的通报中，发生在民族地区的有三起，即甘肃省临夏回族自治州和政县扶贫办原出纳陈应山挪用扶贫资金进行网络博彩问题，青海省果洛藏族自治州达日县扶贫开发局原局长韩戈违反财经纪律问题和新疆自治区裕民县江格斯乡切格尔村原党支部书记、村委会主任邹金春违规发放扶贫羊问题。[①] 因此，对于精准扶贫识别中的国家机关工作人员和村干部等相关人员的违法违纪问题，应建立完善的责任追究机制，构成犯罪的应移交司法机关处理，因为“扶贫资金是贫困群众的‘救命钱’，一分一厘都不能乱花，更容不得动手脚、玩猫腻。坚决以‘零容忍’的态度和更加有力措施，集中预防和整治扶贫领域违纪违法问题”[②]。

（四）建立完善的诉求表达路径

在精准扶贫对象识别中必然存在有异议之人，为保障这些人的权利，构建完善的诉求机制十分必要。首先，村委会中应畅通村民表达利益诉求的渠道，但就民族地区群众反馈意见的途径只能找村干部，若村干部认为此人“难缠”或“不好说话”，往往避而不见或以简单粗暴的态度加以拒绝，则村民的合理要求无法得到满足，唯有找上级机关或通过上访维权。因此，对于在精准识别中有异议的村民，应构建合理的诉求表达机制，维护其合法权益。但亦存在部分村民无理上访的情形，“维权的视角通常会认为，上访人权利受到了侵犯，而基层政府要么是侵权人，要么放纵他人侵权，因此受侵害的权利无法得到救济。然而，事实并非总是如此。进入上访治理的场域，我们通常可以看到很多匪夷所思的无理上访”。[③] “基层政府面对的重要挑战之一，在于遏制其中的无理上访。基层法治实践中，由于无法有效遏制无理上访，无理上访有扩大化趋势，并出现了‘谋利型上

---

① 《关于扶贫领域违纪违法 10 起典型案例的通报》，国务院扶贫办网站，http：//www. cpad. gov. cn/art/2017/1/5/art_343_501. html。

② 《关于扶贫领域违纪违法 10 起典型案例的通报》，国务院扶贫办网站，http：//www. cpad. gov. cn/art/2017/1/5/art_343_501. html。

③ 陈柏峰：《无理上访与基层法治》，《中外法学》2011 年第 2 期，第 229 ~ 230 页。

访’”。[①] 对于这种谋利型上访，需构建完善的约束机制，对其非法要求应通过法律手段加以制裁，维护农村良好的法律秩序。

小 结

精准扶贫是民族地区贫困家庭和贫困人口摆脱贫困，进入小康社会的重要方式之一，在确保该政策执行的同时，为避免执行过程中的违法行为，保障贫困人口的合法利益，构建完善的监督机制、责任追究机制十分必要，“形成完备的法律规范体系、高效的法治实施体系、严密的法治监督体系、有力的法治保障体系”，[②] 从源头上杜绝腐败行为的发生，为各民族共同进入小康社会提供法制保障。

---

① 陈柏峰：《无理上访与基层法治》，《中外法学》2011 年第 2 期，第 228 页。

② 《中共中央关于全面推进依法治国若干重大问题的决定》，人民出版社，2014，第 4 页。

第五篇

其他研究

清水江杉木贸易发端问题新探

徐晓光*

摘要： 清朝初期“三寨值年当江”确立后林业贸易才得以大规模发展，在此之前清水江流域未曾有过“皇木采办”，更谈不上曾刺激清水江木材贸易；神话传说中的杉树大面积种植始于清朝前期；最早发生的“争江”事件反映了这一时期开始的利益冲突；清朝前期政府在清水江林业开发中，政治、经济、法律管辖齐头并进。

关键词： 清水江　杉木贸易　发端

有苗族和侗族分布的黔东南清水江流域地区，皆崇山峻岭，重峦叠嶂，气候温暖，雨量充沛，适宜林木生长，是一个纵横千里的大林区。但在自然经济占绝对优势的封建社会，苗侗等各族人民对森林资源的利用，仅是就地采伐以满足日常生产和生活所需。森林的自然生长蓄积量一直超过人们的采伐量，森林资源有增无减，越蓄越多。在清水江流域生长的各种林木中，尤以杉木为最佳：“干端直，大者数围，高七八丈，纹理条直，有赤白二种，赤杉实而多油，入土不腐，作棺不生白蚁。”① 史上在长期自然经济条件下，林业不能成为人们重要的经济范畴。而在当时当地，林业要变成本地重要经济来源，只有外部对林木形成了大量的消费才有可能。

一　清水江“皇木征派”肇始于康熙时期

明朝清水江“三寨”（锦屏的卦治、王寨、茅坪，即“内三江”）天柱

*　徐晓光，男，辽宁省盘锦市人，贵州师范大学原副校长、教授、法学博士、博士生导师。

①　（清）爱必达撰《黔南识略》卷二十一，道光二十七年罗氏刻本。

的远口等地民间已进行木材交易，这是清水江林业市场的萌芽阶段。朝廷在兴建宫殿的过程中，均定例向黔、川、湘等省的少数民族地区征派或“采办”杉、楠、樟等木材，供宫苑之建设，故名之曰“皇木”（或称“额木”“例木”）。此外，少数民族土司为了向皇帝邀功请赏，常有选巨木为贡品，奉献朝廷而获功晋升官职者。根据文献记载，明朝正德、嘉靖、万历九年间曾多次在湖广、贵州等处采办大木，只有一次涉及今黔东南地区。即“嘉靖三十有七年，采大木于镇远、偏硚、施秉等处”，[①] 大体在舞阳河一带，并未提到清水江采木的情况。明万历年间贵州巡抚郭子章虽然提及：“坐派贵州采办楠、杉大柏枋一万二千二百九十八根，该木价银一百零七万七千二百七十一两四钱七分六厘，计作四起查给。一给于开山垫路；二给于运到外水；三给运到川、楚水河；四给到京交收。”[②] 但具体采办点在何处则没有具体表明。据《四川通志·食货志》，康熙六年（1667）四川巡抚德地奏称：“臣查故明初年，委官采办，事克有济。迄至末年，信用木商，领银采办。”[③] 这次采木地点是今贵州省内的遵义和桐梓县，[④] 这时朝廷已委托有信用的木商代为采办皇木。

朝廷需要的是“大径木”，在黔东南珍稀巨木多生长在大山之中的“生苗地界”，“三寨”以上就进入该地区。康熙初年黔阳知县张扶翼说：“相传峒木出天柱清水江者为佳。清水江木所由以出，而非其产也。由清水江入生苗扳岩数百千里，悉皆苗寨，各有分界……又经诸生苗寨，必与其酋长交欢，递相传送，递者稍侵其界，鸡执刀相杀。虽有往者，尝苦不得出，此其所以难也。”[⑤] 说明当时湖南地方官知道由天柱水运来的巨木并非产自天柱，而是要到锦屏“三寨”以上采办，且采办工作十分不易。在当时清水江水道还没有疏浚的情况下，能在别的比较方便的地方取得朝廷所需要的一定尺寸的杉木，就不会到运输不便的清水江流域来采办。

---

① （清）犹法贤：《黔史》卷 3，光绪十四年刻本，第 8 页。

② 《明实录·神宗万历实录》卷 443。

③ （清）张晋生编纂《四川通志·食货志》，雍正十一年刻本，四川省图书馆藏。

④ 林芊：《清初清水江流域的“皇木采办”与木材贸易》，《原生态民族文化学刊》2016 年第 2 期。

⑤ （清）张扶翼：《望山堂文集》卷四，转引自张应强《木材之流动：清代清水江下游地区的市场、权利与社会》，三联书店，2006，第 50 页。

“清浪碑”位于天柱县与锦屏县交界的杨渡角之下。碑高4尺，宽2尺，共341字，是迄今为止在“外三江”发现的唯一的记录内、外三江争夺木材采运和木材市场过程的碑刻，因碑无名，遂命名为“清浪碑”。该碑前半部分是这样记录的。

> 尝思普天之下，莫非王土，其于山川水土，各有界至之攸。是以我等地方自开辟清水江以来，蒙前各大宪设立坌处为采办皇木之所。至康熙二十四年，客苗乱行，被黎平府之属毛坪、黄寨、挂治三处乘机霸市，擅设三关上下经控抚蕃、臬道名载，因豪恶龙永义等财多讼能，故失江坞，于我柱属王朝富、武仕仁、刘秀刚等充发口外，苦不堪言……

这个记载与史料记载的康熙二十一年（1682）朝廷的采木活动可能有直接的联系。在这一年康熙重启太和殿建造工程，分别派官到南方各省采木，其中“命……工部郎中图鼐往湖广，户部郎中齐穑往四川，采办楠木”。[①] 地方官员对此事非常重视，“设立坌处为采办皇木之所”。坌处在天柱境内，靠近“三寨”。明末清初坌处一带并不太平，经常出现不同规模的少数民族起义，到康熙二十四年（1685），因为“客苗乱行”，被“内三江”夺取了木材经营权，此次皇木采办是否因“客苗乱行”未成，或两者有直接因果联系，史料没有明确记载。就在这一年，湖广、浙江采办的木材不能及时运到，朝廷批准缓运，《清实录·康熙实录》称：

> 工部议覆、湖广巡抚石琳、浙江巡抚赵士麟疏言，楠木、杉木、不能如期运至，特请宽限。应不准行。上谕大学士等曰，朕闻明时采运楠木，从山至河、民力告竭、地方苦累。今运各省所备楠木、杉木，若程限太迫、恐山路崎岖、转运艰难。地方虽有良吏，不能不苦累百姓。其令部臣详议缓运，勿致累民。[②]

应该说康熙时期清水江流域开始了大规模的木材贸易，这与“三寨”取得木材经营权有直接关系。在此之前清水江流域未曾有过“皇木采办”，

---

① 《清实录·康熙朝实录》卷104，“二十一年九月乙丑”。

② 《清实录·康熙二十四年五月至八月》。

更谈不上曾刺激清水江木材贸易。[①]

到雍正年间新辟“苗疆六厅”，“苗疆”局势得以稳定。到乾隆时期锦屏“三寨”的皇木采办才有了可能。根据《采运皇木案牍》（中国社会科学院图书馆藏）载：湖南、贵州的例木采办活动是在几个地点进行的，主要采办地点是湖南常德、托口和贵州锦屏“三寨”。采办委员等在常德、托口采办小径木，在“三寨”采办大径木。18 世纪前后，此地所产的杉木成为制造帆船桅杆的最佳材料，[②] 正如乾隆十二年（1747 年）七月湖南巡抚的奏文所说：“桅断二木近地难觅，须上辰州以上沅州及黔省苗境内采取”，[③] 应该说大径木采于黔省边远偏僻的少数民族地区。

清朝建立后，由于建造宫殿和陵寝，大量官员或有官方背景的商人到西南各地采购木材；同时许多长江下游的城市兴建也需要大量的木材，所以对南方杉木需求也不断扩大。这时清水江流域杉木作为主要特产，其价值便显现出来了。如当地的民歌所唱的：“干千年（用作建造房屋称为‘干’），湿千年（用作堰坝地梁称为‘湿’），半干半湿几十年。”[④] 具有外部虽腐烂内部不变质等特点，侗族民歌对清水江流域木材质量也赞道：

清江两岸好木头，直的直来勾的勾。
直的连排洞庭走，勾的拿来做犁头。[⑤]

这里木材生长周期短，市场周转快，杉木品质又好，苗侗人民充分利

① 《侗族社会历史调查》作者认为：“天柱、锦屏自明至清初，属湖广荆州路辰州府之靖州所管辖，当时所记载的湖南木政，自然包括天锦一带”（该书第 9 页）。“清朝初年起，朝廷继续到清水江流域调动木材又刺激了当地人们对林业的开发，使当地林业开发达到一个高潮”（石开忠：《明清至民国时期清水江流域林业开发及对当地侗族、苗族社会的影响》，《民族研究》1996 年第 4 期）；“神宗万历时……，产自清水江沿岸‘苗杉’楠樟等大木均来自深山穷谷、山高路陡、地险夷密之地，实需开山垫路、山运外水，下沅江、涉洞庭、入长江，才得以曳运到天津的木厂（神木厂）……及至明末清初坐派木材数额以及专官司使夫役采运方式得以改变，称为按年例定木数，故称‘例木’”（刘毓荣主编《锦屏县林业志》，贵州人民出版社，2002，第 231 页）。这些观点在清康熙以前不针对清水江流域，有些武断。

② 唐立、杨有庚、武内房司：《贵州苗族林业契约文书汇编（1736－1950）》第 3 卷“研究篇”，日本东京外国语大学国立亚洲非洲语言文化研究所，2001～2003 年内部印刷，第 19 页。

③ 详见《皇木案稿》，锦屏县志编纂委员会编《锦屏县志（1991－2009）》，方志出版社，2012，第 1535～1541 页。

④ 廖耀南等：《清水江流域的木材交易》，载《贵州文史资料选辑》第 6 期，贵州人民出版社，1980，第 2 页。

⑤ 徐晓光主编，傅安辉编《侗族口传经典》，民族出版社，2012，第 41 页。

用土地不断植树造林，木材成批采伐下来后，可以在“三寨”木市进行正当交易，通过“水客”（外省木商）运至京城和其他地区。由此清水江流域的锦屏（清代曾名为“开泰县”）等县成为重要的杉木输出基地。随着林业市场的形成，木材贸易量加大，经常出现杉木供不应求，满足不了市场需要的情况。如何大面积种植杉木，同时加快生产周期，这是必须解决的关键技术问题。清水江流域人民根据传统的杉木栽培经验，结合内地“实生苗”① 技术和经验，在广大林区应用、推广了这一技术。

二　神话传说反映的杉树种植

前述，历史上在清水江流域世居的苗侗民族对森林资源的利用，仅是就地采伐以用于日常生产和生活。森林的自然生长蓄积量一直超出采伐量，天然的杉木资源有增无减，越蓄越多。由于明朝到清初民间木材贸易规模的不断扩大，采伐多种植少，杉木逐渐减少；加之大量移民的涌入，很多林地被开垦为田地，林地面积大幅度减少。清初清水江锦屏一带几近“荒山秃岭”，要想让林木贸易可持续发展，必须改良技术，大面积植树造林，这一过程在民间文学作品中得以资证。

黎平县大稼乡高稼村有300来户人家，是一个侗族聚居山寨。这里山多田少，村民世世代代以林业为生。山寨左侧的坡地上挺立着三株昂首云霄的“美班王”（侗语：“杉木王”），又称“仙女杉”。当地人把它们作为“风水树”和“护寨树”，视若神明，在任何时候，任何人都不得妄自乱动。不然神明不容、山民不富、子孙不旺，因此生长至今，树龄已超过300年。② 关于栽

---

① 清代爱必达等就杉木“实生苗技术”以至培育杉木成材采伐的全过程做了较为详细记载：“山多戴土，树宜杉。土人云：种杉之地，必预种麦及包谷一二年，以松土性，欲其易植也。杉阅十五六年始有子，择其枝叶向上者，撷其子，乃为良，裂口坠地者弃之，择木以慎其选也。春至则先粪土，覆以乱草，既干后而焚之，而后撒子于土面，护以杉枝，厚其气以御其芽也。秧初出，谓之杉秧，既出而复移之，分行列界，相距以尺，沃之以土膏，欲其茂也。稍壮，见有拳曲者则去之，补以他栽，欲其亭亭而上达也。树三五年即成林，二十年便供斧柯矣。”（爱必达撰乾隆《黔南识略》卷二十一，道光二十七年罗氏刻本）。

② 据贵州省林科所实测，这三棵大杉树皆为巨杉，株间距20余米。第一株树高43米，胸径112厘米；第二株树高46米，胸径109厘米；第三株40米，胸径91厘米，是贵州省已经发现的六株特大杉树中生产最旺盛的三株。据专业技术人员考察是本地原有杉木人工林，早年采伐时因生长旺盛、高大笔直、形同巨伞，作为风景林保留下来，树龄为280～330年（黎平县林业志办公室编《黎平县林业志》，贵州人民出版社，1989，第257页）。

树种杉的起源，在这一带有一个美丽的神话传说。

在很久以前，高稼侗寨有一个勤劳勇敢的后生叫巴岩，从小父母双亡，孤苦伶仃度日。一年秋天，巴岩牵着他的大黄牯牛在草坡上放牧。突然，一头大黑牯牛跑来与之相斗，几个回合后，黑牯牛败下阵来，眼看黑牯牛被推下悬崖，巴岩即刻向黄牯牛“吁”了一声，黄牯牛听到口令退了回来，不料黑牯牛此时性起，反将黄牯牛掀翻在地，欲置黄牯牛于死地。巴岩见势不妙，一个箭步冲了过去，用粗壮有力的双手把黑牯牛的双角抓住，逼着黑牯牛就地转了几圈，使之晕头转向，不得不匍匐在地上喘粗气。这一切，正好被山中走过的三个姑娘看得真真切切，惊喜万分。面对手捧山菊花微笑而来的三位姑娘，巴岩不慌不忙地擦了一把汗，大大方方即兴唱了一首山歌：

秋风过岭又过岩，仙姑姐妹何处来？
莫笑巴岩无才貌，山上放牛又砍柴。
莫笑侗寨人家穷，宝山千座锁难开。
何时寻得金钥匙，再约姐妹上歌台。

其中一姑娘对中间的姑娘说：“仙杉姐，你的歌最多最甜美，瞧这小伙子心地善良，就还他一首吧。”仙杉将手中山菊花一抛，那系在花束上的丝线像长了眼似的，正好挂在巴岩的胸口上，然后唱道：

云里来呀雾里来，姐妹最爱侗家寨。
又爱哥哥人品好，为牛解交宽胸怀。
更爱哥哥有志气，要把宝山锁打开。
侗家讲情又讲义，今朝有幸上歌台。

就这样，巴岩和姑娘一唱一和，共唱了 999 首山歌，最后来到了一座黄花遍地的山冈。“仙杉姐”伸手从头上的盘龙髻中取下一根银簪，含情脉脉地送给巴岩。巴岩接过银簪马上变成闪闪发光的金锏。“仙杉姐”接着深情地说：“巴岩哥哥，你不是寻找金钥匙吗，这就是金钥匙。你又有一颗黄金难买的心，心诚就会灵，你会成功的。”于是三个姑娘唱了第一千首山歌：

高高苗岭无云彩，弯弯清水没木排。

荒山秃岭空荡荡，无树无林锁不开。

金钥金匙在手上，年年挥锄把杉栽。

满山杉木满江排，你我再来登歌台。

唱完歌，三个姑娘突然不见了，在巴岩面前却出现三株高大挺直的“仙女杉”，杉树蓬蓬勃勃，枝繁叶茂，类似青春少女的长发，飘逸而洒脱，树上结满了成熟的果球。巴岩惊喜交加，又情不自禁地唱了一首山歌，果球随着歌声纷纷落下。巴岩捡了一袋又一袋，把它带回侗寨，认真整土、精心培育。第二年春天，一块块苗圃里的杉苗嫩翠，绿油油地茁壮成长。巴岩和山民们从此年年育苗，岁岁栽杉，这千山万岭变成了茫茫油杉，终于打开宝山的大锁，仙女杉的故事传说也世世代代流传了下来。① 这个神话传说是典型的“仙女种子”故事，带有浪漫爱情色彩。从时间上推定“仙女杉”距今300年，这正是清朝前期杉木被采伐过渡时期。此时天然林被砍伐殆尽，“弯弯清水没木排，荒山秃岭空荡荡”。在这种情况下，人们开始探索人工造林，并把人工造林与“仙女种子”神话相联系，同时交代了选种、苗圃育苗、种树栽杉的过程。这虽然是一则神话传说，但也是清水江流域杉木生产技术发展的反映。清朝乾隆年间贵州巡抚爱必达就杉木“实生苗技术”以及培育杉木成材采伐全过程的记录②及林业契约多出现在乾隆、嘉庆、道光时期的事实也说明了这一点。

三　清朝前期“争江”反映的利益冲突

早在“当江”制度确立之前，清水江下游一带经历了一个沿江村寨自主当江，而木商自发采买和集散发运的过程。沿江村寨都不同程度地享有木材贸易活动所带来的经济利益。在清水江木材采运市场网络的形成和运作的诸多主要历史事件中，后来常常被人们将之与不同村落间争取木材贸易利益和市场权利联系在一起，由于巨大商业利益的驱动，复杂的社会关系，尖锐的地域矛盾，“内三江”（茅坪、王寨、卦治三寨）与“外三江”

① “仙女杉”故事整理者白云，讲述者杨明山、吴滚兴，流传地区黔东南林区。资料转引自黎平县林业志办公室编《黎平县林业志》，贵州人民出版社，1989，第257～259页。

② （清）爱必达撰《黔南识略》卷二十一，道光二十七年罗氏刻本。

(天柱的清浪、坌处、三门塘三寨）之间围绕木业经营权，爆发了旷日持久的利益之争，时间延续两百余年。康熙时期天柱县境内沿江村寨发生了“串立十八关”阻木抽江事件。

康熙“争江”的根本原因出在“康熙二十四年，客苗乱行，被黎平府之属毛坪、黄寨、挂治三处乘机霸市，擅设三关……”。“三寨值年当江”制度有些像西方的“轮值主席国”制度，作为区域中心市场的卦治、王寨、茅坪轮流值年当江，一年一寨，秩序井然。后该制度明确为三寨各按甲子分配值年当江。当地一句谣谚说：“子午卯酉茅坪江，辰戌丑未王寨江，寅申己亥落卦治，三江轮流开木行。”实际上是确立了“内三江”对清水江木材贸易的垄断地位。到康熙四十二年（1703）木材贸易利益冲突集中体现出来，出于对“内三江”为核心的垄断趋势的抵制，由上至天柱坌处，下到湖南托口，沿江十八个村寨（即坌处、三门塘、荣溪寨、新市、远口、鸬鹚、中团、兴隆滩、朱场寨、埂洞、白岩塘、江东关、金鸡关、巨潭寨、瓮洞口、金子口、大龙关、托口），设立十八道关卡，史称“十八关”。这十八个村寨都是清水江下游沿江一带较大的村落，在过去的贸易发展中已经成为“鱼盐木货”的码头。他们联合起来，当“内三江”木排下运过境时，强行“抽江”收税。每关抽九两，才准木材通过。这样下河木商的经济利益受到严重损害，于是湖南木商伍定祥赴长沙控告，经湖南巡抚衙门下令禁革，清水江才恢复通商。① 这件事情肯定引起朝廷的不快，对天柱一带可能有很不好的印象，这可能是后来清廷一直不准在天柱设立木市的原因之一。所以雍正以后，朝廷多次驳回“当江立市”的申请，这种确立一直延续到光绪十五年（1889年）。

嘉庆十一年（1806）三月贵州布政使、贵州等处提刑按察使在处理“争江”案件的布告中说：

> ……照得黎平府属之茅坪、王寨、卦治三寨，滨临清水江，周围千余里，盘曲而来，与台拱、清江、古州等处犬牙交错，山深箐密，出产木植。向来分年运茅坪等三寨，听候各省客商携资赴三寨购买。该三寨苗人与主议价成交，商人即托寓歇主家雇工搬运、扎排、看守，每价与

① 《锦屏县林业志》，贵州人民出版社，2002，第306页。

一两，商人给钱四分，以为主家给商人酒饭、房租及看守木植人口，并扎排缆索等项费用。茅坪三寨等山多田少，穷苗赖以养膳……①

自卦治而上的清水江林区，凡经营木业者皆是当地侗族、苗族商人，只能在山上放木而下，运销木材至三江，谓此类商人为“山客”，他们是居住在清水江上游一带的贩卖木植的“黑苗”或“黑苗同类”，负责组织将山场的木植砍伐并运至木材交易的地方。“主家”是指三寨中有权在木材交易中联络“木商”和“山贩”的大姓房族和家庭，凭借其“语言相通，性情相习”，同时又懂汉语的优势，他们充当着沟通买卖双方、促成木材交易的中介角色。另外一个重要原因是“三寨穷苗借以养膳，故不敢稍有欺诈，自绝生理”，该地民风古朴，重视诚信，这是做生意的根本。但最为重要的是卦治地处熟苗和生苗的边缘地带，“三寨值年当江”制度很大程度上是从稳定苗疆方面考虑，这无疑是通过“三寨”形成与苗疆的关系中既有联系又有隔绝的“无形之墙”。

四 国家政治、经济、法律管辖齐头并进

清水江沿岸的木材交易中心从明末的托口（属湖南），到清初转移到天柱的远口。清康熙五年（1666 年），《黔阳县志》载：“托市上通天柱，为峒木所必由，明时木商皆聚于此，以与苗市。兵燹后市移天柱之远口司。托市之名尚仍其旧。”康熙前期王寨、卦治、茅坪因为全国各地木商追逐木材而形成商埠，可以说木材交易码头是根据木材的有无或兴或衰，从根本上说是木材市场的需要，但也有政府在政治上的考量。清初开始，官方的主流意识形态拓展到“归化”后的清水江流域民族村寨，锦屏文斗《姜氏家谱·记》中记载：“延及高祖凤台公，见势可转移，遂于康熙三十二年（1693 年），约齐各寨，输粮入籍。时下寨正与上寨隙，不愿同行，见上寨与各寨事成，遂捐银赴天柱投诚，所以一寨隶两属②，皆一时之愤致之也。未几柱官下手，丈田摊粮，始悔用心之误，不从吾祖之过也。后苗馁龙玉卿亦约承寨入籍，殆亦见吾高祖之举，而后踵之者乎。”文斗寨在林木逐渐

① 贵州省编辑组：《侗族社会历史调查》，贵州民族出版社，1988，第 51 页。

② 清代文斗寨在地域上分别归黎平府和镇远府管辖。——笔者注

成为与外界交换的商品之后，“输粮入籍”，归化朝廷，邻地中仰、羊告之苗族居民始迁文斗，经营“开坎砌田，挖山栽杉”的农林生产活动。

锦屏偶里乡平鳌“安民告示碑”记载，康熙三十六年三月十五日黎平知府发平鳌寨晓喻：“尔等既归版图，倾心向化，亦皆朝廷赤子，每年输火烟钱粮，务宜亲身赴府完解。每逢朔望，宣传圣谕，则孝悌日生，礼法稍知矣。今尔等愿归府辖，凡一切斗殴、婚姻、田地事件，俱令亲身赴府控告，不得擅行仇杀，倘故违，责有所得。各宜遵府示。”① 清朝初期对刚刚“归化”的平鳌寨即采取“礼法并用”的治理措施，同时表明国家欲对此地行使司法管辖的明确思路。因此，过去由习惯调整完全可以解决的案件，也逐渐由县级政府来管辖处理，习惯法在很大程度上失去往日的功能。由于该地区处在由单纯的民族社会向各种社会交织在一起的地域社会转变的过程中，法律制度也就开始从原来具有处理村寨各种案件功能的习惯法，向大量的民事、刑事案件须由国家法处理转变，起码从国家司法角度，是这样要求的。

“清水江文书”中，以清代契约文书在数量上所占比例最大，主要集中于乾隆、嘉庆、道光、光绪四朝。内容上主要涉及田地及山林山场买卖、租佃和典当、山林瓜分及按股份银，还涉及山场山林纠纷调解或争讼、乡规民约及其执行情况。康熙时期大力开展的植树种杉的效果已经显现出来，到乾隆以后几十年，锦屏地区十几年前种植的杉木大面积长成，成为商品逐渐流入市场，并形成了“滚动发展”的模式。面对林业商品经济的发展带来的利益，村民间及村寨之间因收益权而引起的纠纷不断增加，原本讨厌诉讼的苗侗民族，为保护自己的经济利益，诉讼意识迅速增强。苗侗民族村寨也遇到很多以前没有出现过的纠纷类型，有些纠纷已经不能在民间通过“鸣神”的途径解决，更多的或准备或已经诉讼到官，希望由官府来解决，使自己的权利得到更权威的保障，这种诉讼意识的提高在“清白字”“悔过字”等文书中有足够的体现。清水江流域在道光以后“健讼”之风大兴，村寨人民“只要觉得不平，人们即会书禀投论，由是被官府称为‘好讼之乡’”。②

---

① 该碑存偶里乡平鳌寨。《锦屏县碑文选辑》，第 109 页。

② 王宗勋：《文斗兴衰史略》，《贵州档案史料》2002 年第 1 期。

西藏历代法律制度与保护环境研究*

次仁片多**

摘要：环境的恶化是人类面临的挑战。全球变暖、雪山融化、雾霾天气的出现，人们不得不思考在经济快速发展的今天如何保护人类赖以生存的地球。西藏是全中国范围内环境遭受破坏相对较小的地区，这与西藏的地理环境、自然因素、经济发展程度有着密切的联系。但是经过笔者的调查研究，目前西藏地方遭受污染较小除了上述原因外，与西藏地方的历代法律制度及传统文化有着非常密切的关系，如吐蕃时期规定的“十善法”、帕木竹巴时期规定的有关植树造林的法律即树法、藏巴弟悉时期规定的封山禁林、五世达赖喇嘛时期规定的封山禁林等。历代法律制度对环境保护起到很重要的作用。在法律与宗教融为一体的制度中，把山、水、地敬为神山圣湖，在人们的意识中对山、水、地给予了生命，成为不可侵犯的客体，故自然成为保护环境的行为规范。本文通过对西藏历代法律制度与环境保护关系的研究，为建设环保的西藏做出贡献。

关键词：西藏　法律制度　保护环境

一　西藏地方历代法律制度概念的界定

人类社会发展到今天经历了五个历史形态，即原始社会、奴隶社会、封建社会、资本主义社会和社会主义社会。[①] 法的历史形态也是在一定的历

* 本文系2014年度国家社会科学基金项目“西藏历代法律制度与保护环境研究”（项目号：14BFX014）、2014年度中华人民共和国司法部国家法制与法学理论研究项目“西藏地方法制史”（项目号：SFB2007）阶段性成果。

** 次仁片多，女，西藏日喀则人，西藏大学政法学院教授。

① 《辞海》编辑委员会汇编《辞海》，上海辞书出版社，1989，第1781页。

史形态下形成的，由构成该社会形态的经济基础与上层建筑所决定而产生的法的样式与风貌。[①] 法律制度则是人类文化与文明在法律领域中的具体表征和历史沉淀。[②] 法律制度的构成包括微观和宏观两个方面。[③] 在微观上主要是法的概念、规则和原则，而宏观上则是法律的制定即各部门法。西藏地方的历史发展过程中，自吐蕃松赞干布时期才有了成文法。西藏地方的法律则是诸法合体，不分刑民，更没有实体与程序的划分，然而在法条中，对相应的内容做了较明确的规定，笔者认为西藏地方法律制度的环境保护的内容显然是宏观的范畴。在特定的地域、环境下，人们对客观环境有了独特的感触。之所以有这样的自然观，与青藏高原脆弱生态的认知有密切联系。[④] 人们对自然界以及人类与自然界的关系的基本认识，形成了藏族人特有的独特自然观。藏族注重人与自然的关系，认为对自然的迫害将会导致人类自身的毁灭。加上佛教思想的影响，人们为山、水、树赋予了生命，成为神山、神湖、神树。从此形成了对山、水、树的保护理念，在行为规范中也形成了戒律，出现了行为的规则，可以实施、禁止实施等具有约束力的法律规范概念。在佛教的因果关系的逻辑下，人们的心中形成了破坏山、水、树，将会遭到报应的思想，从而激励保护山、水和树。从吐蕃松赞干布开始，通过立法来进一步规范人们的行为，有了第一部成文法之后，历代地方执政者相继立了法，帕木竹巴时期的《大司徒降曲坚赞十五法》和《玉龙鸣宣十五法典》、第悉藏巴嘎玛丹迥旺布时期颁布的《十六法典》、五世达赖时期颁布的《十三法典》，还有不同时代地方官员的训令等，形成了西藏特有的法律制度，其内容上包括民事、刑事等案件的纠纷解决方式，也使用民间的习惯法等，形成了较为严密的制度。

二　环境保护的法律思想的初步形成

《智者喜宴》记载，松赞干布时期制定了六大法典，分别是《以万当十

---

① 肖光辉主编《法理学》，中国政法法学出版社，2011，第196页。

② 肖光辉主编《法理学》，中国政法法学出版社，2011，第245页。

③ 刘金国、蒋立山：《新编法理学》，中国政法法学出版社，2006，第184页。

④ 刘继杰、李静：《藏族生态知识认知的影响要素分析》，《北方民族大学学报》2014年5期，第18～19页。

万之法》、《十万金顶具鹿法》、《王朝准则法》、《扼要决断法》、《权威判决法》和《内库家法》。其中《王朝准则法》主要是规范人们行为的，是具有行为准则的法律。在该规范中，以成文的形式规定了不杀生，杀生了就以命价来赔偿。在松赞干布时期，佛教传入吐蕃，从此在法律制度中，深深地烙上了宗教的痕迹。“十善”[①] 法，既是道德规范又是对人们行为具有约束力的法律规范。其中规定的“不杀生”法，是制定环境保护法的理念的开始。刚开始比较狭义的理解是对杀人、伤人的一种规定，还划分了活命价和死命价，到后来由于佛教文化的影响，其上述的“生”扩展为凡是有生命的，即不仅包括人还包括其他动物，形成了不得随意杀害动物的环保理念。根据史料记载，吐蕃地方政权瓦解后近四百年的时间为分裂格局时期，其间没有发现地方立法。建立萨迦地方政权后，基本沿用蒙古法律，也没有严格意义上的西藏地方立法。[②] 公元 1354 年大司徒降曲坚赞建立了帕木竹巴西藏地方政权。[③] 在他执政期间制定了两部法典，即《大司徒降曲坚赞十五法》和《玉龙鸣宣十五法典》。这两部法典是以巩固政教合一制度为目的，以宗教理念为核心，[④] 进一步规范了不杀生的内容。他对不杀生的主体做了进一步规范，不仅一般百姓不能杀生，作为当时的地方政府官员以及地方政府对杀人犯不得使用死刑，应该以死者的命价来承担赔偿责任。他认为萨迦政权时期使用蒙古法律，杀人者偿命。他说，杀人偿命过于残忍，而吐蕃前代法王依据“十善”法制定妙善法典，并讲述了因果报应的思想来规范人们的行为，法条中“杀生者会折寿，多行不义必自毙，偷盗者积蓄不了财富，邪淫者会树众多敌，说谎者会遭人唾弃，离间者得不到智慧之神的眷顾，恶语中伤别人者将臭名昭著，语者将会变得不讲信用，贪得无厌者不会心想事成，坏心眼者会遭不测等”。[⑤] 他提倡即便一个人杀了另一个人，杀人者承担命价就行，地方政府没有必要给他判死刑。他在《玉龙鸣宣十五法典》中，为了更好地执行命价，把人分成了九个等级，其等级制度延续到西藏和平解放前夕，并且确立了立法的目的是要实现“老

---

① བོད་ཀྱི་སྔ་རབས་ཁྲིམས་སྲོལ་ཡིག་ཆ་བདམས་བསྒྲིགས། བོད་ལྗོངས་མི་དམངས་དཔེ་སྐྲུན་ཁང་།，第 41 页。

② 恰白·次旦平措：《西藏通史——松石宝串》，西藏人民出版社，2004，第 424 页。

③ ཏ་སི་བྱང་ཆུབ་རྒྱལ་མཚན་གྱིས་མཛད། ཏ་སི་བྱང་ཆུབ་རྒྱལ་མཚན་གྱི་བཀའ་ཆེམས། བོད་ལྗོངས་མི་དམངས་དཔེ་སྐྲུན་ཁང་།，第 216 ~ 217 页。

④ 多尔吉、刘勇、王川：《藏传佛教的文化功能与社会作用》，中国藏学出版社，2011，第 22 页。

⑤ གཙོ་འགན་དཔེ་སྒྲིག་པ་ཆབ་སྤེལ་ཚེ་བརྟན་ཕུན་ཚོགས། གངས་ཅན་རིགས་མཛོད་བོད་ཀྱི་སྔ་རབས་ཁྲིམས་སྲོལ་ཡིག་ཆ་བདམས་བསྒྲིགས།，第 51 页。

妪背金”的良好社会安定局面。大司徒降曲坚赞不仅继承和发扬了“十善”法，而且强调制定树法及要求臣民植树造林。在他的书中讲到在我们所管辖的全部地方，每年保证栽种二十万株柳树，要委派管理柳树的人，并进行清点查验，查明底细，种树是因为维修官方寺院、修缮百姓住房、修造船只都需要木材，因此不能不种树。树就是无穷无尽的宝藏。这样不仅能发菩提心，也能管理植树活动。由于所有地方的沟谷平川都树木稀少，因此，砍树要根据时令季节，不要连根挖掉或用镰刀、锋利的器具从地面处砍伐，要设法让砍伐后的树根部能够长出新枝。① 可想而知，他要求人们种树，而且不得乱砍树，砍树要看时节，同时讲究砍树的方式方法，这一举动，不仅能够造福子孙后代，还对保护环境起到积极作用。不杀生的思想和种树等思想的出现，在高原上有了比较朴素的环境保护的理念。加上藏族独有的自然观，把人类和大自然融为一体。如《格萨尔王传》中唱道“云彩若不彻底散开，太阳月亮不得见，太阳月亮不发光，大地水土怎温暖？大地水土不温暖，花草生长有困难，花草如果不生长，人畜生命怎保全？”藏族给予了山水树生命，人无权践踏他们的生命，否则将会遭受恶报。把法律思想和宗教思想融到一起，初步形成了藏族的环境保护理念。

三　西藏历代法律制度中有关环境保护的立法

帕木竹巴地方政权执政近 257 年终于在 1611 年被藏巴地方政权取代。第悉藏巴嘎玛丹迥旺布执政期间在原有的基础上再次立法，即《十六法》。《十六法》内容比以前的法律内容更加丰富，从英雄猛虎律到异族边区律。其中第三条镜面国王律又叫官吏执事律。② 在该法中对官吏的要求很严格，要求官吏摒弃谋私利，以公共事务为重；为佛法服务、不改变教派和信仰；不许发有关减租免税的凭证，对拖欠债务者要按规定征收；不得随意没收财产；对喊冤告状者，不得置之不理，而要以理服人，不得有偏向，执法

① ཏ་སི་བྱང་ཆུབ་རྒྱལ་མཚན་གྱིས་མཛད། ཏ་སི་བྱང་ཆུབ་རྒྱལ་མཚན་གྱི་བཀའ་ཆེམས། བོད་ལྗོངས་མི་དམངས་དཔེ་སྐྲུན་ཁང་།，第 216 ~ 217 页。

② 张怡荪主编《藏汉大辞典》，民族出版社，第 2673 页。

者不得因亲疏而厚此薄彼；每年佛教节日①的五个月期间要封山禁河。封山即下封山令，其内容是禁止入山打猎②。禁河是封闭川泽，禁止渔猎。③ 在该法律中，明确规定了官吏在执行各种职务的过程中，必须遵守上述规定，在上述时间段里，不得杀害野生动物，也不得杀害鱼类等小动物。要求每个人自觉遵守法律，让社会环境达到四种动物④那样和睦相处，才能过上幸福生活。这样以立法的形式，体现了人与自然和谐的环境保护内容。对吐蕃时期“十善”法中的禁止杀生，在杀人命价、伤人血价的基础上，进一步规定了其他生物不得杀害的法律。第悉藏巴执政期间环境保护内容法律化，尽管没有现在的环境保护的概念，但是其内容与我们今天保护环境、保护生态完全一致。第悉藏巴执政时间不算长，只有二十年的时间，后被西藏地方政权甘丹颇章政权代替。在五世达赖喇嘛时期，在原有法律的基础上，制定了《十三法》⑤。在《十三法》的第一条镜面国王律又叫官吏执事律中，保留了原有法律中的封山禁河的内容。在法律中规定，要求官吏在每年佛教节日的五个月期间，清扫各地仓库，修缮佛像、佛经、佛塔，维修道路。在规定的时间内，不得在山上打猎，也不许在河里渔猎。在五世达赖喇嘛以后，西藏地方政权甘丹颇章没有严格意义上的地方立法，但是有中央政府针对西藏地方的一系列的管理章程和历代达赖喇嘛的训令。西藏从萨迦地方政权开始实行政教合一制度。⑥ 由于宗教的影响，把山奉为神山，把湖奉为神湖，人们对山和水敬重，不随意侵犯。以上是西藏历代法律中关于环境保护的明文规定，这对后来西藏地方的环境保护起到积极作用。

四　传承西藏优秀传统法律文化对保护环境的正效应

从历代法律的立法到法律的实施都深受宗教的影响。通过“十善”法

---

① 张怡荪主编《藏汉大辞典》，民族出版社，第46页。

② གཙོ་འགན་དཔེ་སྒྲིག་པ།ཆབ་སྤེལ་ཚེ་བརྟན་ཕུན་ཚོགས།གངས་ཅན་རིགས་མཛོད་བོད་ཀྱི་སྔ་རབས་ཁྲིམས་སྲོལ་ཡིག་ཆ་བདམས་བསྒྲིགས།，第96页，大象、兔子、羊角鸡三种动物相互尊重、和睦相处、各自守规，招致地方安宁、人寿年丰的好景象。

③ གཙོ་འགན་དཔེ་སྒྲིག་པ།ཆབ་སྤེལ་ཚེ་བརྟན་ཕུན་ཚོགས།གངས་ཅན་རིགས་མཛོད་བོད་ཀྱི་སྔ་རབས་ཁྲིམས་སྲོལ་ཡིག་ཆ་བདམས་བསྒྲིགས།，第157页。

④ 东嘎·洛桑赤列：《西藏政教合一制度》，郭冠忠、王玉平译，西藏人民出版社，2008。

⑤ 2016年4月课题组在日喀则地区江孜县调研。

⑥ 2015年2月课题组在山南地区调研。

的规定及不杀生理念的产生、独特的自然观的形成、帕木竹巴时期杀人命价的严格规定，以及第悉藏巴时期封山禁河的规定，藏族百姓意识到了生命可贵，及对生命的尊重的理念产生，都融入了人们的习惯中。把习惯、道德、宗教和法律融为一体，这对现在的环境保护起到积极作用。在水资源保护方面，笔者在日喀则地区江孜县调研时发现，他们每年新年初一都到河边取该年的第一桶水，首先，供奉水神，同时祝愿一年四季风调雨顺，在一年里保证水不受损害，即不受污染。[①] 山南境的羊卓雍湖、拉姆拉措等被视为神湖，不得下河洗澡、洗衣物，不能从水中钓鱼；[②] 阿里地区马帕姆用措的人从不下河洗澡、洗衣物，即便接水洗衣物，也要把水拿到离湖较远的地方，生怕脏水流到湖中。[③] 因此这些湖，至今保持清澈，无污染。在林木保护方面，在日喀则定结县陈塘镇，当地居民的生活方式还保留冬营地和夏营地，一年里有两个聚居地，完全顺应自然规律而生活。在他们砍伐树木时先要拜树神，向树神讲述砍木的目的、用途，恳请树神恩准。[④] 他们认为，如果你有真正的需求，树神会同意的，要是乱砍，树神不会同意，因而砍树的人会遭到报应的。这样就形成了迫不得已才砍树的理念，也能够限制乱砍伐树木，所以，到目前该地方仍保留了原始森林的样貌。在林芝江达县，对特意保护的树木请喇嘛念经开光，开光后在树上结一个红带以示该树林属地方神树，因此，人们对该树敬而远之，无人破坏，[⑤] 使得树林很好地保留下来。从草场保护情况来看，那曲地区那曲县整个都是草原，他们十分珍惜草地，草地分为夏季牧场和冬季牧场，也分强壮牛羊用草地和比较弱的牛羊吃草的地方，过去因为人口相对较少，户头也少，所以草完全可以满足牛羊的需要。但是即便如此，他们十分珍惜草地，在变迁帐篷时，不得把草连根拔掉，这样做会遭鬼风。[⑥] 在野生动物的保护方面，在那曲地区那曲县对狼、野驴、藏羚羊等野生动物，本地人没有随意捕杀的行为，特别是野牛经常会到我们的牧场，而且与我们的牲畜混到一起，它

---

① 2017年8月课题组到阿里调研。

② 2016年6月课题组到日喀则地区陈塘镇调研。

③ 2016年6月课题组到日喀则地区陈塘镇调研。

④ 2015年3月课题组到那曲地区调研，通过群众的详细解释，我们了解到他们所讲的“鬼风”实际上是龙卷风。

⑤ 2015年3月课题组到那曲地区调研。

⑥ 2016年8月课题组到林芝地区调研。

对牧民的牛圈等破坏很大，但是牧民并不会因此而伤害他们[①]。林芝地区林芝县过去主要以狩猎为生，但这一习惯完全违背了封山令，所以他们为了制止这种狩猎习俗，建立佛塔，在佛塔内放进过去打猎时用的剑、刀、枪等，保证从此不再打猎。[②] 所以野生动物的保护在西藏能够很好地践行。在调研中发现，狼对牧民的生产带来一定程度的威胁，尽管国家有补偿制度，但无法完全补偿牧民的损失，工作人员说，传统的不杀生理念以及独特的藏民族的自然观，给我们帮了大忙，他们很容易接受国家对野生动物保护的政策。[③] 在调研中发现，也有传统环境保护无能为力的地方，例如：草地不断退化和沙化，以及草畜的矛盾突出，划分夏营地和冬营地，开始试种人工草，一头牛的草地为 16 亩，尽量不超出牛或羊的数量。[④] 日喀则城市湿地受到严重破坏，介绍说，湿地好比鸡蛋，蛋壳已被城市建设占领，目前正在危害蛋白，将来蛋黄也将受到威胁。[⑤] 经济发展与环境保护的冲突，使环境遭到破坏。地球的温室效应使许多雪山融化速度加快，著名神山岗仁波齐周边修路与建筑物等的建设，对雪山的保护面临破坏。[⑥]

总之，根据西藏地方地理环境与宗教思想的结合，在地方立法中规定了环境保护的内容，这对当时保护野生动物、保护资源、保护树林都起到了积极的作用。作为法律本身（条文），早已被废除，但其保护环境的思想及文化影响至今。我们有必要在继承和发扬优秀的环境保护传统法律文化的同时，结合目前的环境保护法等相关法律法规，采取更有效的方式方法，保持“西藏是世界净地，无污染”。

---

① 2016 年 5 月课题组到那曲地区调研。
② 2016 年 8 月课题组到林芝地区调研。
③ 2015 年 11 月课题组到日喀则调研。
④ 2015 年 11 月课题组到日喀则调研。
⑤ 2015 年 11 月课题组到日喀则调研。
⑥ 2015 年 11 月课题组到日喀则调研。

权力控驭与乡镇设治：清代贵州苗疆的寨款与乡约、保甲、团练

程泽时*

摘要：清代苗疆土司或府县衙门，基于施治“内地化”的倾向，皇权试图向下伸探，在寨款基础之上先后敷陈乡约和保甲制度，但乡约并未起到有效的教化作用，编联保甲多是虚应故事。唯有道光末年至咸同两朝，苗疆的营兵、屯军、土司等国家暴力机器，无力应付之时，寨款的自卫传统借助团练之名而复活、膨胀，兵燹之后，团款俨然成为一级地方政权，为民国时期的乡镇设治奠定了基础。

关键词：寨款　乡约　保甲　团练　乡镇设治

一　寨款

寨款是苗疆的一种古老的族群自治制度。它有组织形态，包括原生的和次生的，还有规范形态，包括口承形态与文字形态。苗疆进入王朝国家时代后，国家意志需要传递和贯彻到千千万万的苗户，并从各苗户手中征收、汇解皇粮国税以及地方官府的杂税，寨款不再保持其原生的组织形态。

侗族的“合款”、[①] 苗族的“议榔”[②]，均属于这种古老的族群自治制

---

* 程泽时，男，湖北阳新人，贵州师范大学法学院教授、法学博士。

① 关于“合款”，参见邓敏、吴浩《没有国王的王国——侗款研究》，中国社会科学出版社，1995，第25～86页；石开忠《侗族款组织及其变迁研究》，民族出版社，2009，第46～47页；徐晓光《款约法：黔东南侗族习惯法的历史人类学考察》，厦门大学出版社，2012，第38～54页；吴大华等《侗族习惯法研究》，北京大学出版社，2012，第1～67页。

② 关于“议榔”，可参见徐晓光、吴大华《苗族习惯法研究》，华夏文化艺术版社，2000，第49～56页；周相卿《黔东南雷公山地区苗族习惯法与国家法关系研究》，民族出版社，2014，第85～90页。

度。虽然“侗款”和“议榔”均已经分别成为侗族文化、苗族文化研究中约定俗定的概念，但是为了整体、宏观的历史研究，需要一个统摄二者的上位概念，笔者创设了“寨款”的统合概念，并无丝毫民族歧视的意味。因为“榔”在汉文中，并无丝毫的与政治法律关联的意思，而“款”则有多重意思，与法律相关。“款”字有内心之真意欲求、结交等基本义项，是达成“组织”“联盟”“自治”之必要条件。且侗语中“Kuant”的含义是连片的、联盟的、有血缘联系的。[①]

（一）款规的汉字成文化

康熙十一年（1672），贵州下江厅的高增寨、增冲寨几乎同时（前后相差一天）刊刻两块款碑，内容均是禁止偷盗、砍伐树木、内勾外引、男女拐带、失火等。[②] 这是贵州境内迄今为止发现的较早的汉字款约碑之一。

（二）寨款以里甲制度为基础、并补保甲之不足而复活

咸丰元年（1851），黎平府推行保甲团练，登记保甲团练清册，“大款户口或数百数千不等，小款亦有二三十户或百余户”。[③]

三穗县八弓镇杉木村香炉组收藏一份光绪十九年（1893）刻版印刷的“合款”。

邛水上里各洞合款各条

一捕盗之款。来自邛水多盗，无过近年，偷牛盗马，偷米盗谷，以及家财，间及妇女，各寨受害，实属不堪枚举。揆厥由来，皆系乡多游民，习为内痞，又以内痞勾结外痞，相互恣肆，或佩马刀，或佩双刀，或佩洋炮，各乡横行，不服盘诘，伺使举事，可估者估，可抢者抢。不估不抢，必出于偷，拿定被获，不过送究，送究不过责押，所以贼盗如此充斥。想我上里各洞，俱迩苗疆，而究不如苗疆之安静者，实由近蛮地而不能学蛮法，故益无忌惮，使唤奈何。今我等既经

---

① 石开忠：《侗族款组织及其变迁研究》，民族出版社，2009，第46～47页。

② 张子刚：《从江石刻资料汇编》，政协从江县文史学习委员会、从江县文化体育广播电视局2007年内部印发，第39～40页和第44～45页。

③ （清）胡林翼：《胡林翼集·书牍　批札　家书　诗文联（二）》，胡渐逵、胡遂、邓立勋校点，岳麓书社，1999，第55页。

合款，凡遇捕盗，有敢拒捕者，照例格杀勿论。即或跟踪追获赃真犯实者，鸣知大款，公同照苗疆水火二法，或沉塘或烹死。不使一盗偷生，则盗风自无不靖。抄窝家亦准此议。倘盗有尸亲，大款逗（斗）钱抵控，更好追抵党与（羽），斩草除根。

一合御痞之款。痞之所仗者，同类人多，又有凶器，又更有值价之说，所以放肆。今我等既合大款，一家之事，各洞共之，以各洞人抵数十痞，何难之有。现在行有保甲，凡甘服保甲约束者，非痞；不服保甲约束者，即痞也。各洞各先驱逐，倘有不服驱逐者，再鸣大款议处。

一合逗（斗）之款。今既公议捕盗禁痞之条，必需经费。又不能预定多少，兹不计多少，而计逗派，各洞皆以额粮为准，按亩均摊任。现问各洞总甲、里长、洞长等，归数每亩应派多少，临时大款酌量，另有知单。其余小条，各洞各议，大款不暇琐及。

光绪十九年四月吉日合款公议[①]

这里，邛水是镇远的分县，否认自己为“苗疆”，这是一种话语策略而已。其实，邛水相比剑河、台江等较早地纳入中央王朝，先王化的地区仍称后王化的地区（比如清江厅，即剑河县）为“苗疆”。其实，这里自明初至清雍乾年间就属于邛水十五洞蛮夷长官司管辖，隶属镇远府。雍正十年，才设邛水县丞。这就在一定程度上可以理解一般的里甲制度中并不常见的“洞长”的由来了。

这份合款是刻版印刷的，不同于一般的毛笔书写，也不同于刻碑，可以推断其传播范围较为广泛。

该合款是在里甲、保甲制度之上建立的，试图通过寨款的历史传统的力量，维护和强化保甲制度的效力。它提出“凡甘服保甲约束者，非痞；不服保甲约束者，即痞”。甘心服从保甲约束的，具有合款的正当性、合法，否则就不具有合款的历史合法性。其实，就苗疆而言，寨款的历史要早于保甲的历史，寨款是一项内生的基层政治制度，而保甲是一项外来移植的基层政治制度。光绪朝中期，保甲制度在邛水境内，可能不足以起到捕盗御痞的社会效果，使当地人们想起寨款、合款这种传统组织经验，历

① 贵州省档案局编《贵州清水江文书·三穗卷》第 1 辑第 2 册，贵州人民出版社，2016，第 115 页。

史又复活了。同时，合款的经费摊派，必须依仗里甲制度的税收征收功能，各户的田亩和额粮，只有里长、洞长清楚。

（三）寨款（齐榔）因流官衙门的不作为、乱作为而被利用和复活

联款、合款、齐榔，是苗疆族群自治的历史传统。当流官衙门软弱无力，施治不得民心时，部分苗人的上层就会利用它，对抗流官衙门，甚至试图推翻它。咸丰二年（1852）四月，瓮安刘瞎么等十余人，倡议以齐榔为名，敛钱建庙，担心民众不从。刘瞎么等四处宣传，历年来瓮安知县衙门“不作为”、不及时审理告官的词讼、不审究被控官的盗贼，还不如按苗例苗俗，由榔作主裁断，在乡寨私埋、沉河，以处罚盗贼，节省诉讼费用，并不准以后进城告官。各寨齐榔之后，一切钱粮改由榔作主，减少粮赋数额，不再服从官府的征缴和管辖。相信此宣传而服从的，畏惧刘瞎么等人而服从的，约各占十分之一。刘瞎么等在六里中的各村寨，选取素不安分、武断乡曲的人，充当头目，大者管领数千百户，小者管领百数十户。咸丰三年，摊派银钱并建成了庙。刘瞎么等又以榔的名义按户派造鸟枪，共造大炮。不愿入伙的，就被毁房屋、抢财产。刘瞎么等人的“榔”，俨然成为瓮安知县衙门，接受词讼，派差拘拿，捆杀多命，整个瓮安县百姓畏惧、信服和附和的，占有十之八九。咸丰三年八月三十日，胡林翼亲率黎平练勇二百五十名、镇远练勇七十名，驰抵瓮安镇压，并生擒了刘瞎么。[①] 胡林翼采取剿抚结合的策略，对于投诚的百余寨，逐一登明村寨户口，清查粮册，接办保甲。“昔日之榔，匪为政；异日之保甲，官为政。”[②] 瓮安县政何以至此呢？一是捕役不尽心尽力，“捕利盗之源，则匿之惟恐不深”；二是民承担不起缉盗送官的成本，“送盗需费，官不即理，苛求细故，问拟擅杀、擅伤、制缚诸法”；三是“民惧盗诬攀，事后报复，则惟有忍气吞声而已矣”。[③] 知县衙门不提供公共安全的服务，而“齐榔”本有捕盗自卫的传

---

① （清）胡林翼：《胡林翼集·书牍　批札　家书　诗文联（二）》，胡渐逵、胡遂、邓立勋校点，岳麓书社，1999，第105页。

② （清）胡林翼：《胡林翼集·书牍　批札　家书　诗文联（二）》，胡渐逵、胡遂、邓立勋校点，岳麓书社，1999，第103页。

③ （清）梅英杰：《清胡文忠公林翼年谱》，台湾商务印书馆，1978，第44页。

统功能，经刘瞎么等人的倡导，自然地苗人信榔而不信官。

何以“齐榔”民间社会组织，能够成为取代瓮安知县衙门的“第二政府”呢？其一，瓮安知县给当地苗人的印象是不理词讼，不究盗贼。清代苗疆厅县衙门，一般都设立较高的受理词讼的“门槛”，很多纠纷被拒之门外，苗人不得不寻求民间社会组织的帮助。锦屏县翁寨村收录一份应是清代黎平府的准予受理词讼的标准：

> 一、以赦前及远年□□之事，牵砌妄告者，不准；
> 一、不遵用状式，无代书戳记者，不准；
> 一、绅衿及老幼并妇女无□告者，不准；
> 一、被告五名以上、干证三名以上，违者，不准；
> 一、厅县所属民苗不赴厅县控理，及不候审断赴府越告者，不准；
> 一、不将厅县词批粘呈，混称冤屈，赴府捏告者，不准；
> 一、告诈赃，无过付证据及告奸拐，无地方、月日者，不准；
> 一、告争田房不粘呈契据、婚姻无庚帖者，不准；
> 一、投状不载明原批及原告、月日者，不准；
> 一、生监乡保，假托公事，连个具呈者，除不准外定行重究。[①]

其二，即使受理了词讼，也要遭遇官府衙役的勒索。地方官府差役不会放过任何一个接触苗民的机会，借端索要钱财。光绪十三年（1887）八月，黎平知府在一份要求“各地捐办义谷以备荒歉”的札中，清楚地刻印上“此次由局发给工食，雇请民间白役，送札前来，以免差役扰累，如遇天晚，准留一宿两餐。此外不许送给分文，特此谕知，切切”。[②]

（四）寨款常常因遭逢乱世而复活

遭逢乱世，中央政权或地方官府缺乏权威，常常导致盗贼横行，叛乱时有。1915 年 9 月 15 日乌山寨款约：“窃以时逢乱世，约我款而同心，约

---

① 张应强、王宗勋主编《清水江文书》第 3 辑第 3 册，广西师范大学出版社，2011，第 458 页。

② 张应强、王宗勋主编《清水江文书》第 1 辑第 2 册，广西师范大学出版社，2011，第 298 页。

之不齐，由禁之不严也”，“兹约乡邻同心一议，当知父戒其子，兄勉其弟，如有犯者，大则报款以经官；小则论刑而议罚”。[①]

二 乡约

乡约制度在清代贵州苗疆的推行应在乾隆年间，最早的证据有三。

一是乾隆四十五年（1780）九月二十日，署黎平府龙里长官司正堂杨光玉（次年正式继袭），委任姜佐章为加池寨乡约。[②] 与平鳌山水相连的加池寨，则的确在乾隆朝后期推行过乡约制度。杨土司认为，加池寨路通河道，公事繁多，需要为人诚实、办事公平的乡耆来办理，但其委任执照并未强调乡约的教化职责，强调的是事务性的公务职责。

二是康熙三十六年（1697）《平鳌附籍碑》。据载，康熙三十五年六月平鳌寨附籍，纳入大清版图；康熙三十六年五月十五日，黎平知府宋敏学应平鳌寨寨民姜明楼等要求，出示确认平鳌寨的输纳烟火银的规例，并要求“每逢朔望，宜传圣谕，则孝弟日生，礼法稍知矣”。[③] 这里的每逢朔望宣传圣谕，就是清代乡约制度的一项重要任务。不过，这只能表明宋知府有让平鳌推行乡约的意愿而已。

三是嘉庆元年（1796）四月平鳌寨姜氏和族公议订立的《平鳌四甲条规》。据载，“议：合族上下四甲，除乡公保长外，每甲公举四名甲首，凡遇公值年，甲首向前，其余甲首随后”。该条规尾部，列举了17位甲首的姓名。出名事务中人是新化所的黄白玉、潘廷选，江右（即江西省）的邹继先和湖广（即湖南省、湖北省）的杨廷祺。江西人邹继先还是代笔人。中人和代笔人均是外乡人。这里的基层组织单位的领导，依次有：甲首→保长→乡公。这里的“乡公”，笔者认为应指“乡约”，理由有三。其一，保长、乡约，应为官府委任，无须“公举”。其二，条规之一规定“议：乡规各其始守，守望相助，不得少凌长短，倚强欺弱，如有不遵者，是则败坏规条，必驱逐出境”。这里的“守望相助”，原出自《孟子·滕文公上》

① 张应强、王宗勋主编《清水江文书》第3辑第7册，广西师范大学出版社，2011，第473～474页。另外该册第476页亦有相同的一份款约。

② 张应强、王宗勋主编《清水江文书》第1辑第10册，广西师范大学出版社，2007，第6页。

③ 锦屏县地方志编纂委员会编《锦屏县志：1991－2009》，方志出版社，2011，第1509页。

的“乡田同井，出入相友，守望相助，疾病相扶持”。其三，条规之一规定“议：人生士农工商，贵执一业，若游手好闲，不士、不农、不工、不商者，定必楚（处）罚”，这颇有吕氏乡约的“德业相劝，过失相规”的意味。[①] 如果以上论证成立，则在嘉庆元年之前，平鳌寨已经有了官府委任的乡约和保长。因此，平鳌寨推行乡约制度也应在乾隆年间。

但是，苗疆的汉文教育普及程度不高，会影响到乡约的教化功能的发挥。

三 保甲

清代王朝并没有在雷公山地区等“新辟苗疆”推行保甲制度，直到咸同起义前，主要采取屯军制度防止少数民族的反抗，并继续利用原有寨款组织来管理。[②]

道光末年咸丰初年，苗疆推行保甲制的历史背景主要有二。一是清道光年间国家承平太久，自鸦片战争事起，道光皇帝尤其畏惧疆臣再生事，“各省大吏承风旨，惟务安静，乱机牙□，寇盗潜踪岭峤以南，骆越滇黔诸山中，奸宄、亡命勾结，兵役四出劫掠，官吏重发难，益相与粉饰，颟顸无敢擒治”。[③] 二是道光初年，湖广恶匪“草上飞”（杨定龙）等数十人，占据贵州清水江流域的平略、张化、南包地方，“串拴沿河一带地棍，掳掠妇女，霸斫杉木，强放木排，劫寨拱屋，捆人索价，偷牛盗马”。[④]

（一）咸同兵燹前的保甲

迄至清道光中期，清水江两岸保甲制度应未被推行，其证据有二。一是道光十三年（1833）一月十七日的文斗、平鳌、岩湾、加池四寨所签订的“为安靖地方，以保身家事”的抗御匪徒合同字。[⑤] 二是直到道光末年胡

① 陈俊民辑校《蓝田吕氏遗著辑校》，中华书局，1993，第 563 页。明正统六年，礼部取《农桑撮要》《蓝田吕氏乡约》，附以《国朝训典》为一书，刊印颁行，使人知勤，则民生厚而礼义兴。《英宗实录》卷 86。

② 周相卿：《黔东南雷公山地区苗族习惯法与国家法关系研究》，民族出版社，2014，第 72 ~ 73 页。

③ （清）梅英杰：《清胡文忠公林翼年谱》，台湾商务印书馆，1978，第 42 ~ 43 页。

④ 锦屏县地方志编纂委员会编《锦屏县志：1991 - 2009》，方志出版社，2011，第 1546 页。

⑤ 程泽时：《互动与共享：清代苗疆社会转型之理讼调适》，中国法制出版社，2017，第 54 ~ 55 页。

林翼到任镇远知府时，才边剿匪边编保甲的记载。道光二十七年（1847）十一月至道光二十九年（1849）三月，胡林翼委署安顺知府。道光二十九年四月至道光三十年八月，委署镇远知府四个月。道光三十年九月至咸丰元年（1851）六月，委署思南知府八个月；道光三十年十二月，补授黎平知府，至咸丰元年七月才到任，至咸丰二年十月交卸黎平篆。[①] 道光三十年正月，胡林翼率兵围剿台拱的革夷寨，生擒匪首二百九十八名，阵斩顽抗者多名，于是苗民震慑，先期自首的六十寨苗头带领生苗三千八百余人，诣军门请自今剃发摘环，编入保甲，听约束，如众人再有蠢动，自愿缚献。胡林翼令地方官编造册籍，给予腰牌，以贷其死罪。遣撤兵练，仍酌留委员，清查户口，安抚良苗。[②]

（二）咸同兵燹期间的保甲

胡林翼曾讲："保甲之法，实团练之根本，行之于贼匪已退，是亡羊补牢；行之于贼匪将至，是未雨绸缪。"[③] 咸丰元年，胡林翼在黎平府各寨清查户口，但尚多漏户。"或以早日犯窃，以及习惯为盗，不安本分之人，乡正、团长多不能与之同款。或以族戚之故，容隐不忍逐出。"胡林翼再次责成乡正、团长，逐一再查，不准遗漏一户。让那些有劣迹前科之人，出具甘结，并在印簿中注明，或写"自新"，或写"察看"，或写"游惰"。如果一二年真能无犯，则去之。如果有添新丁或病故的，亦须注明。大户余丁，多遗漏不载，也应一一清查，开列册内。[④] 由于担心连坐而漏报较多，故保甲推行得比较艰难。

当时，保甲是和团练一起推行的。咸丰二年（1852），胡林翼《申谕保甲团练章程》中规定：咸丰元年"行保甲团练，乡正、团长，按户量力派捐，存于各乡各寨，以备公用"。咸丰二年，"责成乡正、团长，除穷民免议外，均按户量力派捐，或谷或钱，交本寨殷实乡正、团长公管，存具备用。违抗者禀官究治，侵蚀者加倍议罚"。[⑤]

---

① （清）梅英杰：《清胡文忠公林翼年谱》，台湾商务印书馆，1978，第42~66页。

② （清）梅英杰：《清胡文忠公林翼年谱》，台湾商务印书馆，1978，第52页。

③ 《贵州县训》第3期，第7页。

④ （清）胡林翼：《胡林翼集·书牍　批札　家书　诗文联（二）》，胡渐逵、胡遂、邓立勋校点，岳麓书社，1999，第55页。

⑤ （清）胡林翼：《胡林翼集·书牍　批札　家书　诗文联（二）》，胡渐逵、胡遂、邓立勋校点，岳麓书社，1999，第55页。

（三）咸同兵燹后的保甲

咸同兵燹期间，基层组织建设重点在团练，而非保甲。因为战火纷飞，悬挂于门首的纸质门牌很难幸存。为躲避战乱，相当数量的失踪、失联的人口也不易统计，即使咸同兵燹后至光绪初年的相当长一段时间内，也无法编联保甲。下引一份光绪十七年（1891）的天柱县在文斗下寨张贴的关于《保甲条规》告示晓谕，就是反证。

钦加同知衔特授镇远府天柱县正堂加三级记录十次曾为编联保甲以靖地方事。照得柱邑为黔楚交界之区、插花之地，向系五溪十硐，八达四通，极为辽阔，虽地方瘠苦而风俗顽梗，民情刁悍，素称难治，本县在省闻之熟矣。及莅任后稽查积年旧案，大者淫掳烧杀，小者刁拐奸情以及敲磕窝盗等件，层见叠出，殊堪痛恨。若不教之于前，徒为惩之于后，是谓不教而诛，本县当不若是之心也。教之之法，尽有科条。其最切便者莫如编联保甲，设立门牌，俾各村之中，甲长得以约束牌长，牌长得以约束花户，务令安分守己，各谋生业，毋许再蹈前愆，自投法网。倘有不轨之徒不遵约束，有犯条教，许牌甲等投明团保，指名具禀来辕，本县即提案惩办，决不姑宽。该牌甲与团保等，既不得徇情阿比，反是为非，亦不得挟嫌虚诬、指鹿为马。本县另有访闻，一经查出，亦必治以虚诬反坐之罪。合行出示，剀切晓谕。为此示仰阖邑绅粮军民人等一体遵照，须知此举原为保护地方，安抚善良起见，尔绅民人等各宜仰体至意，实力奉行。倘有劣生刁棍从中阻抗，任意把持，许该地团保等禀请签提，照例惩办。本县言出法随，慎毋悔之晚矣，切切凛遵特示。

今将保甲条规开列于左

一、钱粮国课所关，宜早完纳，不准拖欠。违者，治以应得之罪；

一、团内不得以下犯上、以少凌长。违者，送县严究；

一、编联保甲之法，十甲（家）为一牌，十牌为一甲，所有各里团绅，均由本县择贤札委，以专责成。至于牌长、甲首即由该团绅择优举充；

一、保甲原古人守望相助之义，每甲置小锣一面，无分昼夜远近，凡遇有命盗劫抢重案，该处牌长立即鸣锣齐众捉解县，倘凶犯持械拒捕，格杀勿论，如坐视不理，致彼逃逸，罪坐牌长、邻右、家长；

一、各寨如遇邻近诸寨有事，立即鸣锣往救。如赴援不力或坐视不理，惟该寨团首牌长是问；

一、门牌团册，今年乃系本县捐廉自办，不取分文。该团保等挨户填好，务将男妇丁口姓名、岁数及工人仆妇邻右，并作何营生、田亩丁粮，如系佃业交租若干，一并注明门牌，裱悬门首，以便稽查；

一、绅衿富户尤为盗贼所窥觊，寺院更易招引匪类，保甲所以安善良而除奸宄，寺庙一律编查；

一、深山穷谷多有零星小户，原以便于耕田，但僻远单村善良既□□□□□，易于藏奸。嗣后团保牌甲等于此等户口，须认真编联，使零户附于大寨，易于保护，亦易于稽查；

一、盗贼生发必有窝户客留，保甲查察尤重于窝户，而弭盗之法必须互相稽查，你查我家，我查你家，小民不敢窝留，盗贼自必潜消，如一户为窝，九户能举报者，分别轻重有赏，不举报者连坐，与窝户一体同罚，决不轻纵；

一、客商旅店最易藏奸，店主须自立号簿一本，每日将所寓客商姓名、籍贯、作何营生、来往何处、一行几人，填注簿内，每日牌甲等往查一次，该团保等亦随时前往稽查，并本县因公下乡，以便调查。如滥留面生歹人，准该团保等禀官重究；

一、各寨子弟尤宜严加管束，勿使游手好闲，摇钱赌博，违者，惟该寨甲长家长是问；

一、□龙船，假充虎匠以及高大强汉，无友而作乞丐者，不许入寨，立即驱逐出境，倘敢倚强估抗，准该团保等捆送来县，从严惩办；

一、不准佩戴刀剑枪炮，如违，惟该家长、甲长、牌长等是问；

一、以上各犯，已犯者务宜改过自新，未犯者亦宜愈加警省，一年之内无有前项不法等事，皆由该团保甲牌等办理妥善，本县另有褒奖，以示鼓励。

右谕通知

光绪十七年八月二十三日

告示　　　　　　　　　　　　　　　　实贴文斗晓谕[①]

---

① 张应强、王宗勋主编《清水江文书》第3辑第7册，广西师范大学出版社，2011，第121页。

该告示希望文斗下寨编联保甲，保境安民，是否得到落实，没有直接证据验证。下引一份光绪二十四年（1898）的发给文斗下寨保正姜登泮的札，要求认真整顿保甲。可见此前，文斗下寨已经编联过保甲，且有了保正。

札

钦加同知衔特授镇远府天柱县正堂加五级记录七次杨　为

札饬遵照事。照得为政之道，首在安民，安民必先除暴诘奸。县属界连楚境，□与黎平、清江、镇远、台拱各属，在在接壤，五方杂处，良莠不齐，本县前下车，后当□严饬各乡编联保甲，稽查匪类在案，乃□日访闻各里地方，竟有不法之事，游手好闲，强乞估讨，或成群结党，游遍乡村，日以乞食为名，踩明路径，夜则肆意偷窃孤烟独户，受害实深。凡遇嫁娶丧葬，若辈则聚家滋闹，必饱其欲而后已，甚至用药迷拐妇女，持械拦夺客商，种种不法，实为地方大害。若不认真拿办，其何以靖闾阎，除饬差札团查拿解究，并示禁外，合行札饬。为此札仰该团首等遵照查到，速即编联保甲，遇有面生可疑之人，即得驱逐出境，如有强乞恶讨，聚家滋闹者，即将为首之人拿解来辕惩究，以儆刁风，倘有持械拦夺，用药迷拐匪徒，立即严拿解案，以凭尽法惩治，用警凶顽而安善良，尤宜密查窝留分肥之家，如有确实证据，许指名密禀提究，决不稍事姑宽，以清盗源。该首等务须实力奉行，不得虚应故事，更不得挟嫌妄拿妄禀，并干查咎，各宜凛遵，毋违特札。

右札仰循礼里上　保正　姜登泮　准此

光绪二十四年十月十一日札

此札上有批字："现在奉宪三百里飞札，饬认真整顿保甲，兹□刷甲册簿□□，速将该生草簿造成，每十甲（家）设牌首一人，百家设甲长一人，二百家以上设保正一人，均由该生派公正殷实之人充当，限二十日呈辕，以凭核夺，另册誊清。"①

① 张应强、王宗勋主编《清水江文书》第3辑第7册，广西师范大学出版社，2011，第128页。

该批字揭露了一些关键性的历史细节，文斗下寨为了应付天柱知县呈交甲册簿的要求，要求迅速编造“草簿”，然后誊成清册。其时保甲组织结构（家→牌首→甲长→乡正），比光绪十七年（1891）的《保甲条规》所规定的组织结构（家→牌长→甲首）多了一个层级。

同样时间、内容的一份札，也保存了下来，只是行文的对象稍有不同，变成了“右札仰循礼里上　保正　甲长　姜恩成、刘荣邦、龙露森、姜登泮、姜超贵　准此”。[①] 即早在光绪二十四年之前，还推举了保正姜登泮以外的四名甲长。估计文斗下寨约四百户。

上交官府的保甲册簿是一回事，而各户的门牌是否如实、准确填写则是另一回事。文斗下寨收藏了一份光绪二十四年十一月二十九日姜世官的门牌，填写信息十分细致，并注明“本牌内有抢劫凶犯，烧会赌博，窝户不即时举报，一家有犯，九家连坐”。[②] 文斗下寨为天柱县在黎平府境内的瓯脱之地，在整顿保甲的札下发之后，认真填写了各户门牌信息。

下引一份收藏在今锦屏县林星寨的刻版印刷的黎平府门牌单，只填写了“白岩塘”的寨名信息，其余信息皆是空白，就连男女丁口的信息也都是空白。

门　牌

本名刊发不取分文

府正堂万　为发给门牌事。照得编联保甲，预备团丁，原以稽内奸而御外侮，法善意良，亟应认真办理，仰该团长等按户照式填给，并严饬各户裱挂门首，以便清查，须至门牌者计开

路　　团　　白岩塘　　寨第　　牌第　　户

团丁　　年　　岁　　为业共男　　丁

女　　口

牌内什长

牌内军装

光绪二十八年十月　　日给[③]

① 张应强、王宗勋主编《清水江文书》第3辑第7册，广西师范大学出版社，2011，第356页。

② 潘志成、吴大华：《土地关系及其他事务文书》，贵州民族出版社，2011，第178页。

③ 张应强、王宗勋主编《清水江文书》第2辑第4册，广西师范大学出版社，2009，第328页。

不过，它清晰地反映了咸丰元年由胡林翼所创立的严密的团练保甲组织形式，依次是路→团→寨→牌（什长）→户→团丁。十个团丁内设一个什长。因到光绪末年匪乱已经平定，故团练的军事防卫功能弱化了。

保甲制度在民国北京政府时期继续得到延续。下引一则 1923 年的贵州省锦屏县公署的门牌，就是例证。

门 牌

贵州省锦屏县公署为发给门牌事，令据一区□保二甲四牌长呈称本牌花户 实系良民等语，合行发给门牌，以便稽查，须至牌者

计开

户主　王吉林　职业

男　丁

女　口

雇工　人

寄居　魁胆　人

牌长　王有宁

中华民国十二年七月九日①

民国南京政府时期，保甲制度更加得到重视，由县长委任甲长，下引 1930 年的委任令就是例证。

委任令

锦屏县政府委任令

委任姜志春充平鳌寨甲长，此令。

县长王槐熙（印证）

中华民国十九年四月十四日②

四　团练

团练是地方官府为了有效地应对咸丰、同治年间的地方叛乱，复活寨

① 张应强、王宗勋主编《清水江文书》第 2 辑第 10 册，广西师范大学出版社，2009，第 80 页。

② 锦屏县档案馆藏文书，编号：JPWS－JP－0193－姜承奎－1302，来源锦屏县平略镇平敖村。

款所具防卫功能的历史传统，而建立起来的地方民兵组织。贵州苗疆的团练，当创办在道光二十九年（1849）之前。因为“道光二十九年十二月晦日，率师讨苗匪，用兵千七百人，……用革夷附近之团练万七千人，环而集之，捣其巢穴”。[①] 能集结团练一万七千人，固然有寨款“款军”的历史传统，但应是官府严密组织训练之功。咸丰元年（1851）下半年，黎平府推行团练，“获盗三百余人，办团一千五百余寨，设卡栅四百五十余座，每卡派民夫四名至二十名，分班轮守，督委员绅耆按月巡视，互相稽核，周而复始”。[②]

道光二十九年，胡林翼所总结并制定的《镇远团练章程》，[③] 是最为典型的清代苗疆团练的模本，也是在黎平、镇远等黔东南地区施行并卓有成效的团练制度。其共有八个条目，依次为：(1) 内盗宜清、(2) 外盗宜捕、(3) 赏罚宜明、(4) 守望宜严、(5) 私派宜禁、(6) 私仇宜禁、(7) 路径宜清、(8) 防范宜周。

（一）组建团练的必要性

1. 苗疆驻军兵力十分空虚，战斗力不强

一则屯军逃亡。贵州屯军员额“九千余名，布置各堡，本极周密；然虚籍徒存，实政无补，数十年之积弊，不能一旦挽回。今日之食屯田者，半是刁生劣监，一旦绳之以法，则捏造黑白，勾煽愚苗，其祸且益速”。[④] 二则存在严重的武官吃空饷的现象。“瓮安额兵四十八名，实在不过八名，其四十人仅饱贪弁。若瓮安果有四十五十之兵，何至人情惊恐，动辄欺官耶！”[⑤] 三则兵营内部，任人唯亲，消解战力。“每兵百名，侵蚀空旷，殆将及半。其半在伍者，皆城中稿房队目之姻娅、仆妾之党耳；否则革兵、老

---

① （清）胡林翼：《胡林翼集·书牍　批札　家书　诗文联（二）》，胡渐、胡遂、邓立勋校点，岳麓书社，1999，第107页。

② （清）梅英杰：《清胡文忠公林翼年谱》，台湾商务印书馆，1978，第58页。

③ （清）胡林翼：《胡林翼集·书牍　批札　家书　诗文联（二）》，胡渐逵、胡遂、邓立勋校点，岳麓书社，1999，第15～17页。

④ （清）胡林翼：《胡林翼集·书牍　批札　家书　诗文联（二）》，胡渐逵、胡遂、邓立勋校点，岳麓书社，1999，第118页。

⑤ （清）胡林翼：《胡林翼集·书牍　批札　家书　诗文联（二）》，胡渐逵、胡遂、邓立勋校点，岳麓书社，1999，第123页。

兵、死兵之子孙耳；否则将弁、仆妾、侍妇之子若孙，及婿及姻亲耳。”[①]因此，“古州营兵，习气独深，怯于公战，勇于私斗”。[②]

2. 招募民兵团练的比较优势

一则“召远方之惰民以充练，不如即本境之农民以自守，耳目习而地形之险要熟”。二则“性惰朴而自保身家之念切”。三则“在官兵役，视国帑为应得之物，受恩而不知感；小民勤劳，得微利而感激，出于至诚；武弁文吏，身列仕途，恩极则滥，即自以为应得之物；而士民之稍异庸流者，望顶戴官职如登天，驾驭而用之，破格以优之，其力自倍”。[③]

3. 苗疆的特殊地形不宜官军的大规模进剿

“其地林密箐深，高山尤孤峭，势难仰攻，苗人翻山越涧，矫健如飞，或分或合，忽聚忽止……官甫出而盗先逃，官甫归而盗乃聚。”[④] 故胡林翼认为：“惟有以民卫民而使贼无可入，以盗捕盗而使盗自相疑，尤不失为中策。”[⑤]

（二）团练的内部组织

团练的内部组织结构，依次是知府→知县→总团乡正→团总（二人）→头人（牌长）→户。依赖原有的寨款组织，组建团练，有时一个大寨为一团，有时合款的数寨为一团，官府监督和控制。《镇远团练章程》规定：“乡村堡寨，周围二三十里，作为一团。一团之中，公举正派绅耆二人，作为团总；公举强干晓事八人，作为头人（苗寨中苗民亦照此例办理），董司捕务。其团总、头人及各户姓名，均注明印簿。如一团中有窝户引线，及交结匪类，平日为盗之人，该团长、头人，即先捆送到官。送官之后，审系真正盗犯，必当尽法惩治，有死无生，以免报复尔等之患。如或诬攀，尔等送盗之人，一概不究。即使尔等从前胁从为盗，只要此时能将盗匪捆送，本府亦不追究，以免攀累尔等之苦。经此次晓谕之后，如尔等再为包

① （清）胡林翼：《胡林翼集·书牍　批札　家书　诗文联（二）》，胡渐逵、胡遂、邓立勋校点，岳麓书社，1999，第 106 页。

② （清）胡林翼：《胡林翼集·书牍　批札　家书　诗文联（二）》，胡渐逵、胡遂、邓立勋校点，岳麓书社，1999，第 49 页。

③ （清）胡林翼：《胡林翼集·书牍　批札　家书　诗文联（二）》，胡渐逵、胡遂、邓立勋校点，岳麓书社，1999，第 46～47 页。

④ （清）梅英杰：《清胡文忠公林翼年谱》，台湾商务印书馆，1978，第 49 页。

⑤ （清）梅英杰：《清胡文忠公林翼年谱》，台湾商务印书馆，1978，第 50 页。

庇隐容，事发，即以窝盗论。”[①] 咸丰三年（1853），胡林翼《凯里绅士团练谕》又提出：“发去印册，将某寨若干户，十户一牌，立一牌长。一寨一团，立一团长。数团之中，设为总团，立一乡正。印册一本缴府，一本存乡，交乡正手。”[②] 咸丰三年，胡林翼曾命令开泰县魏知县“立即持带本府团练总册，按团按款，传集守御，并酌带总局银两，将劳苗民”。[③]

姜海闻所著的《三营记》载，咸丰元年，在黎平知府胡林翼的支持下，瑶光、河口、塘东、格翁、井宗、苗吼、韶霭、培亮、甘塘、文斗上寨、文斗下寨、平鳌、岩湾、加池、中仰、张化、鸠佑、南路、岩寨、八洋、寨藻、甘乌、扒洞、平略、归故、新寨、大坪，举办了团练，并坚持到光绪十二年（1886）兵燹结束。其中，文斗上寨的姜通戴，文斗下寨的姜国珍、姜世扬，平鳌寨的姜国轩、姜东盛，岩湾寨的范本清，是乡正。[④] 由此推断，其中至少有 4 个总团的团练组织。

团练组织的最高首领乡正，一般由官府委任。下引一份收藏在锦屏县乌山寨的光绪十四年（1888）的乡正委牌，就是例证。

委　牌

□□□□□□正堂加三级纪录五次□　　　为

委□乡正统率公干事。照得本司查□该寨原先乡正病故，一切□□统率不前，故以人心散荡，凡遇公，多则推诿，岀特本司实查得该寨之吴天祖，为人诚实，办公勤能，足堪可充乡正事，是以准给委当乡正。为此合行委给乡正吴天祖遵照，自受委充当之后，倘有往来大小公事，各宜踊跃当先，统率团长、牌甲、寨头人等勤快认真办理，不得推延怠玩，自干未便。懔之慎之，须至委牌者

右仰乡正吴天祖准此

① （清）胡林翼：《胡林翼集·书牍　批札　家书　诗文联（二）》，胡渐逵、胡遂、邓立勋校点，岳麓书社，1999，第 15 ~ 16 页。

② （清）胡林翼：《胡林翼集·书牍　批札　家书　诗文联（二）》，胡渐逵、胡遂、邓立勋校点，岳麓书社，1999，第 133 页。

③ （清）胡林翼：《胡林翼集·书牍　批札　家书　诗文联（二）》，胡渐逵、胡遂、邓立勋校点，岳麓书社，1999，第 131 页。

④ 锦屏县地方志编纂委员会编《锦屏县志：1991 – 2009》，方志出版社，2011，第 1545 ~ 1556 页。

光绪十四年十二月初三日

司　　　　　　　　　　　　□满日销缴[①]

（三）官府对团练的赏罚

官府拥有赏罚权力，以保证对团练组织的监督和控制，相邻的团练承担连坐责任。《镇远团练章程》规定："团练之寨，每寨每季，官为捐牛一只，酒五十斤，由官亲自巡阅给发，以作犒赏。能生擒强盗一名者，官赏银二十两；格杀一名者，官赏银一十两。当官给发，决不食言，决不迟延。其勇往杀贼，致被贼匪伤者，当众验明伤痕轻重，官为赏银医治；医治不效者，官赏银五十两，以恤其家。至强盗入寨，一家有事，而团中不肯尽力相助；或失事后并不追赶者，一经报案，照印簿所载户口，按户提究；并将本团罚牛一只，邻四团罚酒八十斤，以示惩警。"[②]《凯里绅士团练谕》加大了杀死盗贼的奖赏力度，每名赏银百两或五百两不等。[③]

官府还必须限制这些民兵组织暴力的非正当行使，比如用于私仇械斗和强制摊派。

（四）官府承担必要奖赏、抚恤和赔偿的费用

咸同年间，黎平府的经费捉襟见肘。胡林翼在黎平组建团练，防堵缉捕，开始时"尚有私囊"（私人钱财）；"私囊甫竭"时，得到上级官府两次拨给"八千金"，交地方"绅士专管"，"官府不私一文"。后有胡子和等倡议捐款接济，超过二万两。咸丰二年冬至咸丰三年，防堵剿捕经费超过了二万五千两。[④] 除奖赏之外，还包括抚恤练勇的死亡疾病，赔偿练勇所必需损毁的民房，胡林翼承诺"或用火攻，所烧毁之民房，本府出银百两修补"。[⑤]

---

① 张应强、王宗勋主编《清水江文书》第3辑第7册，广西师范大学出版社，2011，第356页。

② （清）胡林翼：《胡林翼集·书牍　批札　家书　诗文联（二）》，胡渐逵、胡遂、邓立勋校点，岳麓书社，1999，第16页。

③ （清）胡林翼：《胡林翼集·书牍　批札　家书　诗文联（二）》，胡渐逵、胡遂、邓立勋校点，岳麓书社，1999，第134页。

④ （清）胡林翼：《胡林翼集·书牍　批札　家书　诗文联（二）》，胡渐逵、胡遂、邓立勋校点，岳麓书社，1999，第125页。

⑤ （清）胡林翼：《胡林翼集·书牍　批札　家书　诗文联（二）》，胡渐逵、胡遂、邓立勋校点，岳麓书社，1999，第133页。

（五）官府招募练勇

官府一般不给团练工食，只给牛酒奖赏。但胡林翼为了组建一支精干二三百人的练勇队伍，向苗疆三厅（古州、剑河、台拱）等地招募壮勇。胡林翼许诺“各寨如有实在敢死、有武艺之苗民，本府招为练勇，另给工食”。[①]“每月工食四千为准，其头目则五千六千”，为此，其世交好友但文恭“助钱五百千”。[②]

（六）民户承担团练的经费

团练的经费由民户承担，筹集方式有三：一是民户捐款；二是民户卖木见十抽一，[③] 下营总理姚廷桢，“或出乡抽木”；[④] 三是民户田谷见十抽三，即所谓“抽田制”。[⑤] 抽田制，各款各寨略有差异。

1. 有的“抽田制”区分战乱时期和和平时期

> 立分合同字人塘东、河口、加池、岩湾、文斗上下两寨、平鳌、中仰、韶霭、干塘、大坪界上款内众等，因逆匪逼近款地，众等公议设立，将各地方有田者三七均派，业主占七股，出战用力者占叁股。众境有无得力同心，如翌日匪徒一战尽殄，复转屯所业，现有田者受四股，出力战斗者受六股。其有富户米粮见丁除八石，余存办粮，地方得以安靖，国家赖以平康。今闻众等公议，一则曰永清四海，再则曰国泰民安。恐后无凭，人心不古。立此合同字永远存照。
>
> 塘东姜朝魁、姜沛霖，河口姚廷桢、姚廷煊，加池姜世明、姜沛清，岩湾范本清、范玄祖，文斗姜含英、姜钟英，平鳌姜文清、姜国研，中仰陆景嵩、潘国乾，韶霭李国梁、龙家琮，大平干塘孙鱼龙、

① （清）胡林翼撰《胡林翼集·书牍　批札　家书　诗文联（二）》，胡渐逵、胡遂、邓立勋校点，岳麓书社，1999，第134页。

② （清）胡林翼撰《胡林翼集·书牍　批札　家书　诗文联（二）》，胡渐逵、胡遂、邓立勋校点，岳麓书社，1999，第128页。

③ 锦屏县地方志编纂委员会编《锦屏县志：1991－2009》，方志出版社，2011，第1546页。

④ 锦屏县地方志编纂委员会编《锦屏县志：1991－2009》，方志出版社，2011，第1550页。

⑤ 锦屏县地方志编纂委员会编《锦屏县志：1991－2009》，方志出版社，2011，第1548页。

黄世刚、吴绍春

咸丰六年十二月初九日　众等公立①

以上分关合同字中的“款地”，表明塘东等十一寨属于传统的“寨款”组织。在战乱期间，“有田者”把自己的十分之三的田，抽出交给“出战用力者”占有、使用和收益。在和平时期，则已经抽出的田业，转变为类似于军屯的田业，仍由“出战用力者”及其亲属耕种、管业，但其收益的十分之四要归原来所抽出的“有田者”。

2. 有的“抽田制”不区分战乱时期和和平时期

立捐田字人本寨姜明经，为因贼匪入境，扰乱地方，今弟兄打贼匪退去，今众等商议，将本名捐出见十抽三，毫无异论，凭中捐出与姜兆、大荣、兆清、开周、开望、开庆、开廷、龙文明众等，承捐为业，地名党周从松卯田一坵，谷担半；又顾上世太大田一坵，坎下大小三坵，谷八担；老根下坎一坵，谷一担；又大田一坵，捐田四担半，共捐出田十八担，自捐之后，任凭受主管业，并无异言，恐后无凭，立此捐田字为业。

凭中　高老伍　姜世元

明经亲笔

外此大田四担半明经占

咸丰七年正月廿八日②

加池寨姜明经的捐田字中的“见十抽三”，其实就是抽田制，不同的是明确了哪一坵田归“出战用力者”中的哪一个人永远管业，从此成为他人田业，与原来田主无关。接受捐田的一方，还常常出立“领捐田字”。③不过，不论名义是“捐田”或“抽田”，其实质是一个以公益为目的的附条件的赠予行为，如果接受赠予一方，不听从调遣，奋勇抗匪，则各款各寨可以收回田业，并驱逐出款地界外，不能受到团款的庇护，下引为证。

---

① 王宗勋：《清水江历史文化探微》，云南美术出版社，2013，第35页。

② 张应强、王宗勋主编《清水江文书》第1辑第9册，广西师范大学出版社，2007，第267页。

③ 张应强、王宗勋主编《清水江文书》第1辑第9册，广西师范大学出版社，2007，第220页。

立抽田字人姜东仪、之玕、上锦、国干、启先、姜卓、东吕、东滨、德清等，为因贼匪作乱，扰害地方，富者出资，贫者出力。无如地方穷苦，无资所出，富户情愿将田叁柒抽给，出田者占柒股，受田者占叁股。除上田在外，余者照谷石出叁，与众抵贼。自抽之后，任凭受田子孙管业。所有贼匪临境、官府提调，随传随到，不得躲闪委靡退缩。如有此情，将田退出充公，逐出境外。凡开仗有损伤者抚恤俱在叁股田之内。今欲有凭，立此抽田字为据。

凭中乡正　文清、国干

存字人则相、国望、文光、东佐　代笔姜子清

咸丰柒年柒月初五日　姜作弼笔立[①]

不过，抽田制推行得并非顺利，有田者未必都乐意爽快地答应，尤其“捐给”外寨的，于是就演变成团丁依靠暴力，要田要地，发生纠葛。[②]

（七）团练的民兵武装力量若得不到官府的控制和信任，就会被认为不具合法性

团练的民兵武装力量，是一把双刃剑，由官府控制，并相互信任，会发挥建设性作用。如果不被官府控制，不被官府信任，则其存在就被官府认为不具合法性。1911 年武昌起义，贵州于 1911 年 11 月宣布独立，成立大汉贵州军政府。11 月 10 日，古州士绅傅良弼等公推时任贵州兵备道的吴嘉瑞和古州镇总兵的谢凤笙为镇远军政分府正、副都督，治所设在古州（今榕江），由傅良弼署理。黎平府、开泰县的前清官员逃亡，百姓无主，土匪四起。1912 年正月，姜登泮等联络东、南、北三路团练，设立互卫总局，并任总董，以御土匪，以保公安。先后向军政分府要求：一是由互卫总局征收府县钱粮，自解正供；[③] 二是互卫总局在“北路一带地方，每石谷田抽钱十五文，以作各处团丁军饷并阵亡之恤赏”。[④] 傅良弼只答应了后一

① 王宗勋：《清水江历史文化探微》，云南美术出版社，2013，第 35 ~ 36 页。

② 程泽时：《互动与共享：清代苗疆社会转型之理讼调适》，中国法制出版社，2017，第 49 ~ 52 页。

③ 潘志成、吴大华：《土地关系及其他事务文书》，贵州民族出版社，2011，第 206 页。

④ 潘志成、吴大华：《土地关系及其他事务文书》，贵州民族出版社，2011，第 210 页。

请求，且所拟抽之钱尚未缴到互卫总局开销，但随即诱捕了姜登泮，指控罪名有二：一是私收丁粮肥己，阻碍各处花户完纳府县丁粮，即所谓“收粮致防国课”；二是擅杀，即所谓“设局扰害民生”，[①] 由开泰县令英龙审讯。[②] 姜登泮被羁押期间，兴和团、致和团、中营七寨团、龙里款、清平款、四知款、附忠款、地方耆绅纷纷上禀，要求释放，但姜登泮还是被刑杀。

本族的姜德相、杰相、发相、圳相、炳相致祭礼，其祭文曰：

> 大清末世，盗出如林，抢掳劫夺，民不聊生，府县通禀，上台发兵，统领李姓，率军游巡，亲蹈各地，礼接乡练，拿斩多匪，饬联大团，关切梓里，兄独热心，劝人遵办，团务整新，众志既翕，盗贼潜形。未几独立，省省同行，吾黎平党，恢复心殷，守旧一派，视若仇人，官思弹压，札调三营，派兵急往，以保安宁。域人误会，衅从此生。我虽不校，彼则猜嫌，清官畏葸，挂印夜行，黎开无主，大势将倾，地方推举，逼进省城，兄不辞劳，直向筑垣，请委府县，以奠人心，政府批委□书杨君，署理府篆，管辖黎民，城绅争利，其衅愈深，南路匪起，烧杀乡村，渐逼邻境，到处心惊，北路一带十余大团，共结团体，保家保身，局设鳌市，互保为名，互相保卫，义正词明，剿盗拿贼，排难解纷，乡民便利，衙役无权，物议之来，此其甚焉。众议开会，壬子初春，四乡代表，来者成群，公举总董，投票为凭，最得多票，惟有我兄，总董局务，日夜惟勤，东乡绅士张石廖陈，到局拜苦，包胥同情，连接官札，饬往救援，兄见不忍，催兵起程……[③]

按祭文所述，姜登泮的确禀明了大汉贵州军政府，要求尽快委任黎平府、开泰县的官员，尽快使地方脱离无地方政府权力的真空状态。姜登泮的儿子（应为过继子）姜元赓、姜登泮的弟弟姜登熙、登奎及侄儿元良等所致的堂祭文，详曰：

---

① 潘志成、吴大华：《土地关系及其他事务文书》，贵州民族出版社，2011，第 214 页。

② 潘志成、吴大华：《土地关系及其他事务文书》，贵州民族出版社，2011，第 208 页。

③ 张应强、王宗勋主编《清水江文书》第 3 辑第 7 册，广西师范大学出版社，2011，第 133 ~ 134 页。

祸于去年反正，四境动摇，黎平府县札调三营团丁，进城保护，乃于九月尾，下王寨借款，晋进庆贺，革命党则急于恢复，守旧则视若寇仇，误会民国，疑为暴动，有不相投之机，即见不相容之势，各乡不服，公举吾父进省，乃于十月十二日，同杨、吴各君起程，一禀地方情形，一清委署府县，至十二月二十，方转回家，途中往返，受尽艰辛，路遇贤愚，遭多惊恐。明受辛苦者不足惜，暗受人恨者已无穷矣。本年正初，接各团之信，定开会之期，乃于初八日，由格翁而过上营，越二日，由边沙以往鳌市，至期各代表到者数十人矣。十三日开会，且投票选举执事人员，吾父得票最多，推为互卫局总董，局中一切，尚未就绪，越日而东南路，绅士陈世杰、张西堂等，到局求救，不异于包胥之哭。黎平、开泰县，亦飞札调援，吾父见同胞之受害，不啻自己之受害，各同事见吾父之许可，亦同声皆为许可，遂传各团于二十日出兵，廿一而后，率团丁千余，由潭溪平茶、兴隆至特祠。廿五日团丁在乍团，与贼接仗得胜，杀贼四人，获马一匹。廿九至岑管，次日贼对敌得胜，我军毙命三人。二月初二日，在牙□交战。初三在南江交锋，俱皆得胜，只毙一人。初七在控洞大战，杀贼以数十计，我军伤毙者二十人，两军各退，贼从此畏惧，退回广西矣。此后不来侵我界，曾受我军之大挫也。黎平府城之安危、古州镇道之得功，皆由我父统军剿灭所致。及团众撤回，月饷需银，恤赏需银，约团绅进郡，请府筹款，请县筹款，磋商抽项，以开团丁，官乃出示，每挑田出钱十五文，以作恤赏饷项之用。回局调查，飞传催缴，信虽发而钱未收，绅已疑而官已忌。岳飞战胜，为桧所谋；韩信功高，为君所恨。接梁县发来书信，说传道仰其声名，请急来城，面商要务，吾父信以为实，同事不以为欺，公然上道，路至新屯，乃遇传官，胁拥而上，及进城，即交梁贼，乃堂讯而用非明，横暴如此，文明奚在，诬以重罪，幽之禁中，可怜白面书生，竟在楚囚对泣，欲将北路团绅一网打尽，幸得吾父担过，不致牵连，各款邀恩，公呈递者十余纸，多绅求见面晤，言者数十人，都以好言相诓，实则居心谋害，吹毛求疵，追三营缴其借款，东挪西借，害百姓尽张罗，银已缴而命难全，天理何在？……太平本是将军定，不许将军见太平，古来向如此，于今又何怪……①

① 张应强、王宗勋主编《清水江文书》第3辑第7册，广西师范大学出版社，2011，第221页。

姜登泮究竟依据何种法律被处死，无处可考。有学者提出，姜登泮事件反映了士绅阶层与地方官府之间互相依赖又互相独立的复杂关系。士绅和地方官府都在争夺控制地方社会的权力。[①] 笔者以为，姜登泮的擅兴团练，违反了“天下有道，则礼乐征伐自天子出”的中央集权原则。[②] 制礼作乐的立法权、出兵征伐的军权，由中央掌握。孙中山早已说过：权之分配，不当以中央或地方为对象，而当以权之性质为对象。权宜属于中央者，属之中央可也；权宜属于地方者，属之地方可也。例如军事外交，宜统一，不宜分歧，此权宜属于中央也。[③] 军权由中央集中掌握是一贯的原则。团练是民间武装力量，其目的只能是补充国家武装力量的不足，并时刻接受中央的委托和控制。咸丰初年，黎平知府胡林翼就通过奖惩措施控制对方团练。地方自治权力是受到上级知府的监督的。

五　寨款、乡约、保甲和团练的关系

（一）寨款传统是团练产生的前提和基础

贵州苗疆在纳入王朝帝国版图之前，普遍存在寨款组织。寨款的功能有二：一是抵御外侮；二是管理地方。三营团练产生之前，这里原来存在青山界四十八苗寨大款，大款下分有若干小款，小款下有各村寨。[④]

（二）乡约是和平时期流官衙门沟通和驾驭寨款的桥梁

乡约既要在寨款中有一定威信，且家道殷实，又要代表流官衙门，传达官府政令。流官衙门不会给乡约薪俸工食，但赋予乡约的一定足以抵抗寨款的某种王朝身份和外来性的权威。

（三）保甲是团练得以建立并有效运作的必要条件

“攘外必先安内。”胡林翼认为“欲清内匪莫如保甲，欲御外寇莫如团

① 潘志成、吴大华：《土地关系及其他事务文书》，贵州民族出版社，2011，第219页。

② 《论语·季氏》。

③ 陈之迈：《中国政府》，上海人民出版社，2012，第566页。

④ 王宗勋：《清水江历史文化探微》，云南美术出版社，2013，第37～38页。

练”，“以保甲册籍为团练张本”。[①] 通过编联保甲，摸清苗户丁口男女等基本情况，为挑选团丁做准备工作。

（四）团练在和平时期事实上演变为县级政权下的又一准基层政权组织

有学者提出，辛亥革命所引发的清水江地区战争结束后，三营团练演变成地方基层自治组织。其职责是排解民事纠纷，缉拿盗贼，维护社会治安，替官府催派赋税徭役。[②] 还有学者研究清代九寨联款地区的保甲团练档案文书，认为侗族社会已经从自治社会进入国家社会，侗族传统社会的自治组织“款”已经被政府委任的乡团所取代，新兴的保甲团练首领成为基层权力核心。[③] 这两种观点中“自治”的含义是不一样的。前者的“自治”是辅助“官治”之不足，而与“官治”相依存的“自治”；后者的“自治”是不受王朝官府管辖之意。笔者以为，团练组织事实上演变成一个准基层政权组织，类似于后来的乡镇、区等基层政权，也为后世的乡镇设治打下了历史基础。清末的团练组织，拥有缉拿，甚至就地格杀盗匪的权力，具有审结抢劫、偷盗等刑事案件的权力，具有征缴官府钱粮以外的抽提田谷、木价的征税权力。当然，团练还在一定程度上维护了地方经济利益，与官府讨价还价，官府也尊重团练的意见，下引一则札为证。

> 钦赐花翎郎补清军府署镇远府天柱县正堂金　为
>
> 札饬督催赶办事。案据该绅首等以再恳酌减等情公禀到县，除原禀叙入告示，饬差各处张贴，并通饬各里绅首一体督催赶办外，合亟札饬。为此札仰该团绅等遵照，札到立即督催各寨业户务将买田房白契赶紧赴辕投税，切勿仍前观望隐匿，其有税价本县俯从该绅首之请，格外轸恤民艰，定章减为每千收钱十三文外，本署纸笔房费等钱三文，团绅经手盘费钱三文，绝不格外索取，抑且随到随印，并不稽违时日，倘各业户仍敢隐匿抗延，准该绅首指名具禀，以凭提究。该绅等务须

① （清）梅英杰纂《清胡文忠公林翼年谱》，台湾商务印书馆，1978，第56页。

② 王宗勋：《清水江历史文化探微》，云南美术出版社，2013，第34页。

③ 龙泽江：《清代贵州清水江流域的保甲与团练——九寨侗族村落保甲团练档案的文献价值释读》，《原生态民族文化学刊》2017年第2期。

实心赶办，勿稍徇延。切切特札。

右札仰循礼里上　团绅　姜恩成、刘荣邦、龙露森、姜登泮、姜超贵　准此

光绪十八年十一月廿一日札①

团绅要求官府降低契税标准，被天柱知县接受。笔者并未发现天柱县循礼里上所属的文斗下寨的白契投税的清单，但是发现其邻寨平鳌寨民国时期的《计开我甲大小红白田山契验契税清单》，详细记载了该甲30户所藏红契、白契的数量，以及相应的契税费额（白田契贰角，红田契贰元），“红白验契尾，共洋贰拾贰元六角”。② 但考虑到清代的锦屏文书红契占比不少，因与团练保甲组织的督促有较大关联。

（五）乡约、保甲是苗疆流官衙门治理“内地化”的表现，是寨款基础上的“架床叠屋”

乡约、保甲是内地郡县制下基层治理的比较有效的措施，苗疆流官衙门希望复制过来。这是一种经验主义的思维，也是一种普遍主义的思维，没有考虑到苗疆的社会文化基础——寨款。故而乡约并不能发挥出教化功效，许多苗寨推行保甲，也只是虚应故事而已，并未实行连坐责任制度。

① 张应强、王宗勋主编《清水江文书》第3辑第7册，广西师范大学出版社，2011，第125页。

② 锦屏县档案馆藏文书，编号：JPWS－JP－0192－姜承奎－1048，锦屏县平略镇平敖村。

图书在版编目(CIP)数据

法律人类学论丛．第6辑／吴大华主编．-- 北京：社会科学文献出版社，2019.4
ISBN 978-7-5201-4532-9

Ⅰ.①法… Ⅱ.①吴… Ⅲ.①法学-人类学-文集 Ⅳ.①D90-059

中国版本图书馆CIP数据核字（2019）第048553号

法律人类学论丛（第6辑）

主　　编／吴大华

出 版 人／谢寿光
责任编辑／陈　颖
文稿编辑／高欢欢

出　　版／社会科学文献出版社·皮书出版分社（010）59367127
地址：北京市北三环中路甲29号院华龙大厦　邮编：100029
网址：www.ssap.com.cn
发　　行／市场营销中心（010）59367081　59367083
印　　装／三河市龙林印务有限公司

规　　格／开　本：787mm×1092mm　1/16
印　张：17.5　字　数：283千字
版　　次／2019年4月第1版　2019年4月第1次印刷
书　　号／ISBN 978-7-5201-4532-9
定　　价／128.00元

本书如有印装质量问题，请与读者服务中心（010-59367028）联系